翻译教改实践与创新

陈定刚　著

NORTHEAST NORMAL UNIVERSITY PRESS
WWW.NENUP.COM

东北师范大学出版社

图书在版编目（CIP）数据

翻译教改实践与创新 / 陈定刚著． — 长春 ： 东北
师范大学出版社， 2019.7
ISBN 978-7-5681-6019-3

Ⅰ．①翻… Ⅱ．①陈… Ⅲ．①英语—翻译—教学研究
—高等学校 Ⅳ．① H315.9

中国版本图书馆 CIP 数据核字（2019）第 140746 号

□ 策划编辑：王春彦

□ 责任编辑：卢永康　　　　　□ 封面设计：优盛文化

□ 责任校对：曾英新　　　　　□ 责任印制：张允豪

东北师范大学出版社出版发行
长春市净月经济开发区金宝街 118 号（邮政编码：130117）
销售热线：0431-84568036
传真：0431-84568036
网址：http://www.nenup.com
电子函件：sdcbs@mail.jl.cn
定州启航印刷有限公司印装
2019 年 7 月第 1 版　 2019 年 7 月第 1 次印刷
幅画尺寸：170mm×240mm　 印张：15　 字数：275 千

定价：68.00 元

　　英语专业翻译教学，就是指为了培养英语专业学生翻译能力而进行的教学与实践活动。随着全球化步伐的加快，国际交往日益频繁，社会对翻译人才数量的需求和质量的期待大大提高。目前各高校的英语专业基本上都开设了翻译课程，但是学生毕业后，许多人仍然无法完成实际工作中涉及的翻译任务，能从事与翻译相关工作的学生更是寥寥无几，造成这种现象的主要原因是我们翻译教学存在与社会需求不相适应之处。

　　从整体上讲，培养翻译人才重要环节之一的英语专业翻译课程存在许多问题：在教学理念上，不能正确区分翻译教学与教学翻译的本质，就会影响和制约教学效果；学生主体地位被忽视，影响学习效果和积极性；教学设施落后和策略陈旧，影响教学效果；课程设置不合理，培养模式不科学，不能适应市场需求。师资水平有待提高，师资结构有待完善，复合型的翻译教师非常缺乏，这在实践中严重制约了高校英语专业翻译教学目标的实现。

　　《翻译教改实践与创新》一书以翻译教学理论为基础，从英语翻译理论概述、英语翻译人才培养现状、英语翻译人才培养模式、翻译教学策略改革、翻译教学与跨文化交际结合、翻译教学创新模式改革等方面全面论述了适合中国教育现状的大学英语翻译教学策略，希冀本书能为我国大学英语翻译教学的研究与发展贡献一份力量。

　　对于在本书的编写中未列出的引用文献和论著，我们深表歉意，并同样表示感谢。由于时间仓促，加之编者水平有限，书中难免存在不足之处，我们真诚地希望读者对本书提出宝贵的意见和建议。

目 录
CONTENTS

第一章 英语翻译概述

第一节 英语翻译的性质与分类

一、翻译的定义

随着世界经济全球化的不断加深，国与国之间的交流日益频繁。翻译作为媒介和信息转换的手段，其重要性也日益凸显。事实上，自翻译活动产生以来，人们对翻译的各种研究就没有停止过。本章首先对翻译的各种基础知识进行介绍，包括翻译的定义与分类等，以帮助读者对翻译活动有一个整体上的认知和把握。

翻译活动至今已经走过了千百年的历程，可以说，无论是在东方还是在西方，翻译活动都源远流长、历史悠久。但是，对于到底什么是翻译，学术界一直众说纷纭，不同的学者有不同的看法。下面将从国外和国内两个视角来介绍不同的学者对翻译的界定。

1. 国外较有代表性的翻译定义

（1）英国 18 世纪著名学者约翰逊（Samuel Johnson）认为，翻译就是将一种语言换成另一种语言，并保持原文意思不变。（To translate is to change one language into another language, retaining as much of the sense as one can. ）

（2）美国翻译理论家尤金·奈达（Eugene A. Nida）认为，所谓翻译，是指从语义到文体在译语中用最贴近且最自然的对等语再现源语的信息。（Translating consists in reproducing in the receptor language the closest natural equivalent of the source language message, first in terms of meaning and secondly in terms of style. ）

这是国外比较有代表性的翻译定义。

（3）杜波斯（Dubois）认为，翻译是把一种语言（源语）所表达的东西用另一种语言（目的语）重新表达出来，尽量保持语义与语体方面的等值。〔Translation is the expression in one language of what has been expressed in another language, preserving semantic and stylistic equivalence.〕

（4）英国著名语言学家和翻译理论家卡特福德（J. C. Catford）认为，翻译是一种语言（源语）的话语材料被另一种语言（目标语）中的对等的话语材料替代。〔Translation may be defined as follows: the replacement of textual material in one language (SL) by equivalent textual material in another language (TL).〕卡特福德认为翻译主要有两种存在状态：一是源语即译出语；一是目标语即译入语。

（5）纽马克（Peter Newmark）认为，翻译是把一个文本的意义按原作者所意想的方式移入另一种文本。（Translation is rendering the meaning of a text into another language in the way the author intended the text.）

（6）韦努提（Venuti）认为，翻译是译者依靠解释所提供的目的语中的能指链替代构成源语文本的能指链的过程。韦努提一反传统的"对等"角度对翻译的定义，否定了结构主义所信奉的所指与能指的对应关系，认为能指和所指是可以分裂的，符号与意义之间是不一致的，因此文本意义具有不确定性。在韦努提看来，翻译只是用一种表层结构代替另一种表层结构。

（7）图瑞（Gideon Toury）认为，在任何情况下，译文都表现为或被认为是目的语文化中的一种目的语文本。（A translation is taken to be any target-language utterance which is presented or regarded as such within the target culture on whatever grounds.）这一定义提出了"目的语文化"这个概念，并使翻译研究的范畴从语言层面向文化层面拓展。

（8）苏联语言学派翻译理论家费道罗夫（Fedorov）认为，翻译是用一种语言在内容与形式不可分割的统一中把另一种语言业已表达出来的东西准确而完全地表达出来。

（9）苏联翻译家巴尔胡达罗夫（Barkhudarov）认为，翻译是把一种语言的言语产物在保持内容方面（也就是意义）不变的情况下改变为另外一种语言的言语产物的过程。

（10）考利（Malcolm Cowley）认为，翻译是一门艺术，它涉及用另一种语言为不同背景的读者重新创作一部作品。（Translation is an art that involves the recreation of a work in another language for readers with a different background.）

（11）塞杰尔（J. C. Sager）认为，翻译是由外力激发，以信息技术为支撑，随交际方式的变化而变化的一种产业活动。（Translation is an externally motivated industrial activity, supported by information technology, which is diversified in response to the particular needs of this form of communication.) 这一定义进一步扩大了翻译的外延，将翻译视为一种产业活动，其动力来自外部，并以信息技术为辅助手段。

（12）威尔斯（Wilss）认为，翻译是从源语言文本开始的，目标语言文本尽可能接近对等语言，前提是理解原文的主张和风格。（Translation leads from a source-language text to a target-language text which is as close an equivalent as possible and presupposes an understanding of the content and style of the original. ）

（13）诺德（Christiane Nord）认为，翻译是功能性目标文本的产物，它与源文本保持联系，该源文本由目标文本的预期或需求的功能指定。（Translation is the production of a functional target text maintaining a relationship with a given source text that is specified according to the intended or demanded function of the target text. ）

（14）弗米尔（Vermeer）认为，翻译是一种信息模仿过程，"翻译是用 Z 语言模仿 A 文化的 A 语言所提供的信息来提供信息，以实现所希望实现的功能。翻译不是通过换码的方式把词语或句子从一种语言转换成另一种语言，而是某人在新的功能、文化和语言等条件下，在新的环境中，通过尽可能模仿原文的形式特点来提供某文本信息的复杂活动。"

2. 国内较有代表性的翻译定义

（1）茅盾认为，文学翻译是用一种语言把原作的艺术意境传达出来，使读者在读译文的时候能够像读原作一样得到启发、感动和美的感受。

（2）吕俊认为，翻译是一种跨文化的信息交流与交换活动，其本质是传播，是传播学中的一个有特殊性质的领域。

（3）林煌天认为，翻译是语言活动的一个重要组成部分，是指把一种语言或语言变体的内容变为另一种语言或语言变体的过程或结果；或者是把一种语言材料构成的文本用另一种语言准确而完整地再现出来。

（4）沈苏儒认为，翻译是把具有某一文化背景的发送者用某种语言（文字）所表达的内容尽可能充分、有效地传达给使用另一种语言（文字）、具有另一种文化背景的接受者。

（5）王克非认为，翻译是将一种语言文字所蕴含的意思用另一种语言文字表达出来的文化活动。

（6）孙致礼认为，翻译是把一种语言表达的意义用一种语言传达出来，以达到沟通思想情感、传播文化知识、促进社会文明，特别是推动译语文化兴旺昌盛的目的。

（7）林汉达认为，正确的翻译就是尽可能地按照中国语文的习惯，忠实地表达原文中所有的意义。

（8）王以铸认为，好的翻译绝不是把原文的一字一句硬搬过来，而主要是传达原来文章的神韵。

（9）范仲英认为，翻译是人类交流思想过程中沟通不同语言的桥梁，它能够使通晓不同语言的人通过原文的重新表达而进行思想交流。翻译是把一种语言（即源语）的信息用另一种语言（即译语）表达出来，使译文读者能得到原文作者所表达的思想，得到与原文读者大致相同的感受。

（10）张今认为，翻译是两个语言社会（language-community）之间的交际过程和交际手段，它的目的是促进本语言社会的政治、经济和文化进步，它的任务是把原作中包含的现实世界的逻辑映像或艺术映像完好无损地从一种语言移注到另一种语言中去。

（11）谭载喜认为，翻译是把一种语言文字的意义用另一种语言文字表达出来的过程，它主要是一门技术，也具有许多艺术的特征，如它的创造性，但它绝不是科学。谭载喜主要强调了翻译的技术性和艺术性。

（12）张培基认为，翻译是运用一种语言把另一种语言所表达的思维内容准确而完整地重新表达出来的语言活动。

（13）许钧认为，翻译是以符号转换为手段、意义再生为任务的一项跨文化的交际活动。

以上我们介绍了国内外学者对翻译的各种见仁见智的定义。无论是外国学者还是中国学者，都将翻译视作一种文字之间的转换活动。具体来说，这种转换过程主要包括以下特征：第一，在信息和风格上要力求使翻译作品与源语言作品等值；第二，这种等值应是尽可能地接近，而不是机械地生搬硬套，一味追求形式上的对等，牺牲某些更重要的东西；第三，要注意不同体裁的作品在各个方面的诸多不同，不能千篇一律，要注意各种文体在个性上的差别。

在翻译的定义中还需注意一点，即在翻译这一转换过程中，译者的任务只是转换文字而不是改变其意思。翻译有两个要素，即准确性和表达性。准确性是翻译的首要条件，即译者必须谨慎地遵循原作者的意思，所选用的字词和句式结构必须如实地传达原文的思想。表达性是为了让译文易于理解。也就是说，译者必须用自己的方法尽可能地将原文的思想清晰地表达出来。准确性使译文的思想明确无误，表达性则使译文生动有魅力。

二、翻译的性质

翻译是什么？不同的人对此有不同的看法，不同的看法会产生不同的翻译方法和策略。我们首先来看看持不同翻译观的学者是如何解释翻译的。

语言学翻译观可分为传统型和当代型两种。传统型语言学翻译观以 19 世纪以来的传统语言学理论为基础研究翻译问题。当代语言学翻译观主要受当代语言学的影响，把研究的着眼点从语言本身扩展到交际语境、语域、语用等领域，并认为翻译是一种交际活动。这种翻译观从语言的功能和交际的角度来研究翻译，一般注重翻译信息而不是文字，目的是与接受者沟通。在西方翻译理论上，持交际翻译观的代表人物是尤金·奈达。奈达认为："翻译就是在译入语中再现与原语的信息最切近的自然对等物，首先是就意义而言，其次是就文体而言。"这一定义常常被人引用。奈达认为，理想的译文应该由读者的反应来衡量，即译文读者对译文的反应应该与原文读者对原文的反应大致相同。我国著名翻译理论家刘宓庆则认为"翻译的实质是语际的意义转换"。蔡毅也认为翻译的定义应该是"将一种语言传达的信息用另一种语言传达出来"。

　　文艺学翻译观从文艺学的角度来解释翻译。他们认为，翻译是一种艺术创作的形式，强调语言的创造功能，讲究译品的艺术效果。巴斯内特（Bassnett）、兰伯特（Lambert）、拉斐维尔（Lefevere）等人是典型的文艺学派，他们认为"翻译就是对原文重新摆布"。在我国，持文艺学翻译观的人也很多。例如，傅雷的"神似说"和钱锺书的"化境说"。傅雷认为，"以效果而论，翻译应当像临画一样，所求的不在形似而在神似"；钱锺书在《林纾的翻译》一文中则提出："文学翻译的最高理想可以说是'化'。把作品从一国文字转变成另一国文字，既不能因语言习惯的差异而露出生硬牵强的痕迹，又能完全保存原作的风味，那就算得入于'化境'。"

　　文化学翻译观则以文化为重点来研究翻译。持文化学翻译观的学者认为，翻译不仅是语言符号的转换，而且是一种思想文化的交流，"翻译是将一种语言所蕴含的意思用另一种语言文字表达出来的文化活动"（王克非）；"翻译是跨语言、跨文化的交流"（沈苏儒）。不少西方学者使用"跨文化"来形容翻译这一活动。例如，Snell-Hornby 把翻译看成"是一种跨文化的活动"。巴斯内特（Bassnett）和拉斐维尔（Lefevere）认为，"翻译研究进入 20 世纪 90 年代，其历史性的转折点是文化研究"。

　　从以上持不同翻译观的学者和翻译理论家对翻译的定义或解释来看，翻译过程不仅涉及两种语言，还涉及两种文化。由此可见，翻译既是一种语言活动，也是一种文化活动。语言是文化的载体，翻译是通过语言机制的转换连接或沟通自身文化与异国文化的桥梁。

三、翻译的分类

（一）不同视角下的分类

"翻译"这个术语是一个笼统的概念。广义地讲，翻译包括语言之间和非语言符号之间的转换。而我们要讨论的翻译则集中在语言上，就是将某一语言活动的言语产物转换到另一种语言中去。整个翻译活动可以按照不同的处理方法把翻译分为若干类型。

就翻译使用的语言和媒介而言，翻译可分为语内翻译（intralingual translation）、语际翻译（interlingual translation）和符际翻译（intersemiotic translation）。语内翻译指在同一种语言内部的不同语言变体之间进行翻译。例如，将古代汉语译为现代汉语、上海话译为普通话、四川话译为广东话等。语际翻译就是把本族语（native language）译为外族语（foreign language），或将外族语译为本族语。例如，将汉语译为英语、将德语译为汉语等。符际翻译指各种非语言符号之间的转换。例如，当我们处在一个陌生的语言环境中时，即使自己不懂该环境的语言，但当我们看到公路上红绿灯亮了，仍能解读出其含义。

就翻译的活动方式而言，翻译可分为口译（interpreting）、笔译（translation）、机器翻译（machine translation）和网络翻译（online translation）。口译多用于外交会晤、经贸谈判、学术研讨和参观游览等场合。笔译多用于公文往来、商务信息、科学著作和文学翻译等活动。机器翻译主要利用计算机程序和其他设备进行，人工只起辅助作用。网络翻译则是随着计算机网络的普及而发展起来的一种新兴的、快捷的翻译方式，主要依靠网络进行。

就翻译材料的文体而言，翻译可分为新闻文体、科技文体、应用文体、文学文体和论述文体。新闻文体包括新闻报道、电讯、新闻评论等。科技文体包括科学著作、实验报告、情报资料、设备和产品说明等。应用文体包括广告、启事、通知、契约、合同、公函、私人信件等。文学文体包括小说、散文、诗歌、戏剧等。论述文体包括社会科学著作、政治文献、演说报告等。

就翻译活动的处理方式而言，翻译可分为全译、节译、摘译、编译。全译就是把原文原封不动地照译出来，译者不得任意增删或自行改动，但必要时可加注说明或加序评论。节译就是根据原文内容把原文的全部或部分进行节缩译出，但应保持原作内容相对完整。摘译就是译者根据实际需要摘取原文的中心内容或个别章节进行翻译，内容一般是原作的核心部分或内容概要。编译是指译者在译出原文的基础上以译文为材料进行编辑加工。

按译文文字的表达方式而言，翻译主要可分为直译（literal translation）和意译（free translation，liberal translation）。

（二）雅各布逊的分类

美国语言学家、翻译理论家罗曼·雅各布逊（Roman Jakobson）认为，翻译是用另一种语言解释原文的语言符号。（Translation is an interpretation of verbal signs by means of some other language.）他在《论翻译的语言学问题》（*On Linguistic Aspects of Translation*）中，从语言学和符号学的角度，即按所涉及的两种代码的性质，将翻译分为语内翻译（intralingual translation）、语际翻译（interlingual translation）和符际翻译（intersemiotic translation）。可以说，这三种类型的翻译几乎包括了一切语言的交际活动。这种翻译分类也打破了翻译的传统框架，开阔了人们对翻译认识的视野。此后，翻译的领域作为一个概念得到了扩展，翻译方法的研究也开始进入一个崭新的阶段。下面就来详细分析这三种翻译类型。

1. 语内翻译

语内翻译是用同一语言来阐释其言语符号。（Intralingual translation is an interpretation of verbal signs by means of the same language.）换句话说，语内翻译是同一语言间不同语言变体的翻译，如把用古英语写的《贝奥武甫》译成现代英语，把用古汉语写的《史记》译成现代汉语，把客家话译成普通话，把黑话、行话译成普通语言等。语内翻译就是把一种语言材料用同一种语言换一种说法，即重新解释一遍。语内翻译包括古代语与现代语、方言与民族共同语、方言与方言之间的转换。英语学习中解释疑难句子常用到的 paraphrase 其实也是一种语内翻译，即同一种语言内部的翻译。

语内翻译不一定要指向某个预设的真理，它可以沿着不同的路线导向到达不同的目的地。唯一能够确定的是，对同一文本的阐释有着共同的出发点。在某种程度上，语内翻译不需要将意指对象完整真实地显现出来，它仅是一种表现形式，体现着人类精神的相互沟通、相互阐发的过程和人类精神文化的创造过程。下面是有关语内翻译的几个例句，通过前后两个句子的对比，我们可以理解语内翻译的基本内涵。

【例1】Radiating from the earth, heat causes air currents to rise.

Heat causes air currents to rise when it is radiating from the earth.

【例2】余闻而愈悲。孔子曰："苛政猛于虎也。"吾尝疑乎是，今以蒋氏观之，犹信。

我听了（这些话）更加感到悲伤。孔子说："苛酷的统治比猛虎还要凶啊！"我曾经怀疑这句话，现在从姓蒋的遭遇看来，这是可信的。

【例3】子曰："学而不思则罔，思而不学则殆。"

孔子说："只读书而不思考，会迷惘；只思考而不读书，会精神疲倦页无所得。"

2. 语际翻译

语际翻译是运用另外一门语言来阐释源言语符号。（Interlingual translation proper is an interpretation of verbal signs by means of some other language. ）换句话说，语际翻译是一种语言的符号与另一种语言的符号之间的口头或笔头的转换，如英译汉、汉译英等。实际上，语际翻译也就是人们通常所指的真正意义上的翻译，也可以说是狭义的翻译。

可见，语际翻译是对原文符号在另一种文化中的解读，原有文本中所有的符号都置身于一个宏观的文化背景中，或称"非语言符号体系"中。要想达到语际翻译层面的对等，就要使处于源语文化中的符号在目的语文化中进行正确的解读与传译。从符号学的角度来讲，一个语言符号的指示意义由三种意义共同构成：语义意义、句法意义和语用意义。而如何正确地传达出这三种意义便是实现语际翻译的重点所在。例如：

【例 1】His criticisms were enough to make anyone see red.

【译文】他那些批评足够让任何人火冒三丈。

【例 2】空山不见人，但闻人语响。

返景入深林，复照青苔上。

【译文】A hollow mountain sees no soul,

But someone's speaking does echo.

As the setting sun penetrates the deep woods,

The reflective tints shine down on the moss.

【例 3】子曰："学而不思则罔；思而不学则殆。"

【译文】Confucius said, "Reading without thinking results in bewilderment; Thinking without reading results in slack. "

3. 符际翻译

符际翻译就是运用非言语符号系统来阐释言语或非言语符号。（Intersemiotic translation is an interpretation of verbal signs by means of nonverbal sign systems. ）也就是说，符际翻译是言语与非言语符号或两种非言语符号间的翻译。言语与手势语间的翻译、英语与计算机代码间的翻译、数学符号间、音乐符号间、美术符号间、手势语与旗语间的翻译都属于符际翻译。例如，$S=vt$，即路程等于速度乘以时间。

前南京大学外国语学院许钧教授在一次学术讲座中指出，所谓符际翻译就是人类掌握的语言文字、音乐、绘画、舞蹈几种符号之间的翻译。这需要通过感知，领悟音乐、绘画、文字和数理等符号系统来完成。一般来说，掌握的符号越多，符号之间的翻译能力越强，感知世界的能力也就越强。可见，符际翻译是指原文符号在非言语层面上的解读。它并不传递原文的意义，而是传递对原文的直接感觉，是对作为图像符号意义本身的特性的翻译。具体来说，符际翻译对等表明了原文与译文的一些相关的物理特征。相对而言，英汉差异使译文在长度、标点符号使用上难以达到对等，但在符际翻译中至少要达到外观结构上的大致对等。

（三）卡特福德的分类

英国语言学家和翻译理论家卡特福德根据翻译的范围、层次和等级对翻译进行了分类，具体如下：

（1）根据翻译的范围，可将其分为全文翻译和部分翻译。全文翻译是指源语文本的每一部分都要用译语文本的材料来替代。部分翻译是指源语文本的某一部分或某些部分是未翻译的，只需把它们简单移植到译语文本中即可。部分翻译并非节译，而是某些词由于种种原因不可译，只能原封不动地搬入译文。

（2）根据翻译的层次，即语法、词汇、语音、词形等语言层次，翻译可分为完全翻译（total translation）和有限翻译（restricted translation）。完全翻译是指源语的语法和词汇被等值的译语的语法和词汇所替换。有限翻译则是指源语的文本材料仅在一个层次上被等值的译语文本材料所替换。

（3）根据语言的等级，即词素、词、短语或意群、分句或句子，可将翻译分为逐词翻译（word – for – word translation）、直译（literal translation）和意译（free translation）。逐词翻译是建立在单词级上的等值关系，意译"不受限制，可以在不同等级之间变动，总是趋于向较高级的等级变动……甚至超过句子的层级"，直译则是介于逐词翻译和意译之间的翻译。

第二节　英语翻译的基本原则

一、翻译的基本原则

翻译的基本原则是翻译实践的准绳和衡量译文优劣的尺度。国内外对翻译标准的讨论一直都没有停止过，正是在对翻译标准的讨论中，翻译理论的研究才得到不断的发展和完善。因此，我们运用前人的研究成果来指导翻译的实践，即在翻译实践过程中应遵守以下两个基本原则：忠实（faithfulness）和通顺

（smoothness）。忠实指正确地理解和表达原文的思想；通顺指译文文字流畅地道。

忠实即译文要准确地表达出原文的思想、内容和文体风格，要再现原文的特色。翻译不是译者的独立创作，而是把原作品用另一种语言表达出来，译者不得对原文进行任何篡改、歪曲、遗漏或任意增删。如果译文与原作不符，那就不能称之为翻译。对译者来说，要实现译文忠实于原作，首先便要对原文有正确的理解，并且吃透原文的词义、语法关系和逻辑关系。例如：

【例1】Scientists defined the temperature requirements necessary for survival of the black carp.

[原译]科学家们规定了青鱼生存的必需温度。

[改译]科学家们查明了青鱼生存所需的温度。

【例2】Such a system must be tailored quite closely to the machines it monitors.

[原译]这样的系统必须对监视的机器十分接近地配置。

[改译]这种系统必须调整到与其所监控的机器十分协调。

【例3】目的是使领导干部年轻化。

[原译]The aim is to make our leaders younger.

[改译]The aim is to ensure that more young people will rise to positions of leadership.

所谓通顺，指译文语言通俗易懂、自然流畅，符合译文语言的表达习惯，没有文理不通、晦涩难懂等现象。例如：

【例4】Darkness released him from his last restraints.

[原译]黑暗把他从最后的顾忌中解放出来。

[改译]在黑暗中，他就再也没有什么顾忌了。

【例5】你们谁想参加春游就在星期五之前报名并交费。

[原译]You whoever wants to go spring outing please sign up your name and pay dues before Friday.

[改译]Whoever wants to join the spring outing should sign up and pay the expenses before Friday.

【例6】语言这个东西，不是随便就能学好的，非下苦功不可。

[原译]Language is something difficult to learn well and to learn it well one has to study very hard.

[改译]The mastery of language is not easy and requires painstaking effort.

综上所述，翻译离不开"忠实、通顺"这两条目前翻译界公认的原则。实际上，忠实和通顺相辅相成。忠实而不通顺，读者就会看不懂译文，失去了翻译的意义。通顺而不忠实，脱离了原文的内容和风格，译如不译。

二、翻译工作者的基本原则

翻译教学涉及两种相互联系又各有目的的教学模式，即教学翻译和翻译教学。根据我国目前的实际情况和社会需要，在我国高校的外语教学中，无论是非外语专业还是外语专业，教学翻译和翻译教学这两种教学模式是缺一不可的，它们是相辅相成的。

我国各级英语教学对翻译的基本教学要求正是从翻译的基本原则出发而制定的。在我国英语专业和非英语专业英语教学大纲中，甚至在各种英语过级考试中，我们可以看出翻译的"忠实和通顺"始终贯穿于英语教学中。

我国高等院校英语专业对翻译的教学要求是分级的，如下所列。

（1）入学要求：能将内容不超过高三课文难度的短语和句子翻译成汉语，要求理解正确、语言通顺。

（2）二级：能独立完成课程中的各种翻译练习，要求理解准确、语言通顺。

（3）四级：能独立完成课程中的各种翻译练习，要求译文忠实于原文、表达流畅。

（4）六级：初步了解翻译基础理论和英、汉两种语言的异同，并掌握常用的翻译技巧，能将中等难度的英语篇章或段落译成汉语。译文忠实原文、语言通顺，速度为每小时 250 ～ 300 个英文单词；能将中等难度的汉语篇章或段落译成英语，速度和译文要求与英译汉相同；能担任外宾日常生活的口译。

（5）八级：能运用翻译的理论和技巧，将英美报刊上的文章以及文学原著译成汉语，或将我国报纸、杂志上的文章和一般文学作品译成英语，速度为每小时 250 ～ 300 个英文单词。译文要求忠实原意，语言流畅。能担任一般外事活动的口译。

高等院校英语专业四级、八级考试对翻译的测试要求如下所列。

（1）汉译英项目要求应试者运用汉译英的理论和技巧，翻译我国报纸、杂志上的论述文和国情介绍以及一般文学作品的节录。速度为每小时约 250 ～ 300 字。译文必须忠实原意，语言通顺。

（2）英译汉项目要求应试者运用英译汉的理论和技巧，翻译英美报纸、杂志上有关政治、经济、历史、文化等方面的论述文以及文学原著的节录。速度为每小时约 250 ～ 300 词。译文要求忠实原意，语言流畅。

我国高等院校非英语专业大学英语教学对翻译的教学要求也是分级的。由于大学英语教学分为基础阶段（一至二年级）和应用提高阶段（三至四年级），全国高等院校非英语专业英语教学大纲对翻译的教学要求也分为两个阶段。

（1）基础阶段对翻译的基本要求（达到四级）：能借助词典将难度略低于课

文的英语短文译成汉语，理解正确，译文达意，译速为每小时 300 个英语单词。能借助词典将内容熟悉的汉语文字材料译成英语，译文达意，无重大语言错误，译速为每小时 250 个英语单词。

（2）基础阶段对翻译的较高要求（达到六级）：能借助词典将难度略低于课文的英语短文译成汉语，理解正确，译文达意，译速为每小时 350 个英语单词。能借助词典将内容熟悉的汉语文字材料译成英语，译文达意，无重大语言错误，译速为每小时 300 个英语单词。

（3）应用提高阶段的专业英语对翻译的教学要求：能借助词典将有关专业的英语文章译成汉语，理解正确，译文达意，译速为每小时 350 个英语单词。能借助词典将内容熟悉的有关专业的汉语文字材料译成英语，译文达意，无重大语言错误，译速为每小时 300 ～ 350 个英语单词，

（4）应用提高阶段的高级英语对翻译的教学要求：能借助词典将有一定难度的英语文章译成汉语，理解正确，译文达意，语言通顺，译速为每小时 400 个英语单词。能借助词典将题材熟悉的汉语文章译成英语，内容完整，译文达意，语言通顺，译速为每小时 350 个英语单词。

英语自学考试大纲对翻译的基本要求是能将阅读的材料译成汉语，译文基本正确，文字通顺，笔译速度达到每小时 300 个英语单词。能把结构不太复杂、由常用词构成的汉语句子译成英语，译文基本正确。

可见，忠实和通顺是翻译实践中必须遵守的原则。要达到上述原则，必须不断提高英汉两种语言的水平，掌握丰富的知识，熟悉英汉两种语言国家的社会风俗，了解它们的政治、经济、历史、文化等各方面情况，还要掌握一定的翻译方法和技巧。

三、翻译工作者的基本要求

首先，翻译人员应具备良好的知识水平。具备包括扎实的汉语和英语功底在内的基础知识和专业知识，是翻译工作对译者的基本要求，通晓和掌握汉语与英语的基础知识是从事英汉互译工作的起码条件。专门知识对译者来说也是很重要的，译者必须懂新闻才能译好新闻文章，懂文学才能翻译出优秀文学作品。

其次，译者还需具备包括自然科学和社会科学在内的百科知识体系，这类知识体系并无固定的专业范围。此外，译者还需了解有关国家历史、地理、政治、经济、军事、外交、科技、风俗习惯、宗教信仰、民族心理、文化传统等各个方面的基本情况。

再次，译者应力戒两种语言转换过程中狭隘的对等意识。固然，在翻译过程

中，两种语言的确存在对等现象，但由于各个民族在自然环境、历史传统、风俗习惯、民族心理和文化传统等方面存在着巨大差异，这种差异必然会体现在语言上，即两个民族必然会采用不同的词语或表达方式来描述同一事物或现象。如果一味地追求对等，必然导致译文让读者困惑难懂，无法理解。例如，一旦将英语中的"level"与汉语中的"水平"机械地对等起来，那么汉语的"英语水平""生活水平""游泳水平"就很可能译为"English level""living level"和"swimming level"，而实际上，它们在英语中的对应词是"English proficiency""living standard"和"swimming skill"。又比如：

【例1】We are here today and gone tomorrow.

【译文】我们今天在这儿，明天就到别处去了。

[改译]人生朝露。

【例2】The scientific and the metaphysical tempers still pursue their opposite courses.

【译文】科学和形而上学的性质仍然遵循着对立的路程。

[改译]科学和形而上学仍然分道扬镳，大异其趣。

【例3】The pines on top of the mountain above us looked as if the fingers of their long boughs were folding a white cloud.

【译文】山顶上高高的松树看上去好像是它们长长的粗大的树枝用手指抚摸着白云。

[改译]我们头顶的山巅之上，苍松挺立，一眼望去，修长的枝条宛如手指在轻轻地抚摸着白色的云朵。

因此，在翻译实践中，译者切忌望文生义，而应在准确理解原文的基础上，采用适当的翻译技巧和手段，做到忠实、通顺，用贴切的词语或句子来表达原文的意思。再看几个直译与意译的例子。

【例4】For father know and I know that if you only dig enough, a pasture can be made free.

[直译]因为我父亲知道，我也知道，只要挖到一定程度，早晚可以在这里辟出一个牧场。

[意译]因为我父亲知道，我也知道，功到自然成。

【例5】I give my youth to the sea and I came home arid give her (my wife) my old age.

[直译]我把青春献给了海洋，我回家的时候便把老年给了我的妻子。

[意译]我把青春献给了海洋，等我回到家里与妻子团聚的时候，已经是白发苍苍了。

【例6】But Diana's champions were overwhelmingly women. Like many of them, she had a heartless husband, in-laws from hell, and fickle boyfriends.

[直译] 可是黛安娜的冠军绝大多数是妇女。像她们中的很多，她有一个无情的丈夫，来自地狱的姻亲，感情易变的男朋友。

[意译] 而拥戴黛安娜的绝大多数是妇女。因为她的遭遇和她们中的许多人相似：丈夫无情无义，婆家人蛮不讲理，男友个个负心。

最后，译者应具有爱国主义意识。根据我国的国情，选择好的作品进行译介，运用正确的立场、观点和方法来分析研究和深入理解原作的内容。同时，译者还应本着让世界各国人民了解中国的原则，积极对外宣传我们党的路线、方针、政策，宣传我国的社会主义建设成就，宣传社会主义道德、风尚和文化，积极推动对外交流，促进中国人民同世界各国人民之间的友谊。

第三节　翻译基本问题的阐述

一、直译与意译

直译与意译一直是一个争论不休的问题。在有些情况下，直译和意译不构成翻译问题，如"I like the movie"译成"我喜欢这个电影"就没有直译和意译之争，因为直译和意译完全是一回事。但由于英汉语言间差异非常大，译者往往会面临两种选择，即一个句子可以直译也可以意译。在这种情况下到底采取直译法还是意译法就会引起人们的争论。当然，不同的人在用这两个概念时所指可能会十分不同，有些人认为逐字翻译为直译，但大部分人都认为直译不一定要到"逐字"翻译的地步。一般来说，比较遵照原文语言结构的译法就是直译，而脱离原文语言结构的束缚，只译意思的译法可称为意译。逐字翻译、直译、意译和解释翻译之间并没有十分清楚的界限，但将直译和意译这两个概念用来讨论翻译还是很有用的。比如，下面这句话既可直译也可意译："The Negro lives on a lonely island of poverty in the midst of a vast ocean of material prosperity."有人译成："黑人依然生活在物质富裕的汪洋大海中贫乏的孤岛上。"这是比较接近原文的直译法，用了和原文相同的形象，如"物质富裕的汪洋大海"，其优点是保留了原作者的比喻。但恰恰是由于不肯割舍比喻，结果在可读性方面就差了些，行文比较别扭，"汪洋大海"这个常有负面含义的比喻和"物质富裕"放在一起也显得很不协调。这时，多一点意译成分就可避免直译的弊端："黑人仍生活在贫困的孤岛上，尽管放眼四周是一片繁华景象。"这个译法提高了可读性，当然其不足之处是没有反映出原文的比喻。再如，"The Negro is still languishing in the corners of American society and finds himself an exile in his own land."这句有人译成："黑人依然在美国社会的角落中饱受痛苦，并发现自己是自己国土上的流亡者。"这是比较贴近原文的直译法，特别是后半句照搬了原文的语言结构，结果可读性就自然差些。增加意译成分似可提高可读性："黑人仍然在美国社会的角落里过着痛苦的生活；美国虽是他们的家园，而他们却感到流落异乡。"译者做了语境的解读，因此翻译时就有了更大的自由度。又如，"But if you look back at the sweep of history, it's striking how fleeting supremacy is, particularly for individual cities."可译成："然而如我们对历史稍做回顾，便会惊觉尘世的霸权地位是多么变动无常，尤其是一座座的城市。"但这种比较直的译法在可读性上并不得分。意译可以使意思更清楚，并提高可读性："然而你若纵观历史，便会惊觉鼎盛繁华转瞬即逝，城市的兴衰更是弹指间的事。"但是意译并不等于肆意改动、添油加醋，如下面的译文就有过度诠释之嫌："回首风云变幻的人类历史，你会感到任何辉煌的事物都如昙花一般转瞬即逝，特别是城市更容易被历史湮没。"译文中的"风云变幻""昙花一般""被历史湮没"都是不当的添加，虽然符合部分言外之意，但放在句中反而繁复累赘，失去了译文的简洁。

　　直译的缺点显而易见，它常使译文读起来吃力，所以大多数人主张不把直译作为翻译的主要手段，只在一些特殊的文本中酌情使用直译。但也有人给予直译更高的地位，如翻译理论家纽马克就认为自己颇认同直译这个概念（I am somewhat of a literalist.）。他的观点是基于他自己在印欧语言之间翻译的实践，并不一定适用于英汉翻译。在英汉翻译领域，尽管直译应该有一席之地，但广为大众接受的译文几乎很少是以直译为主要手段完成的。

　　意译虽然被大多数译者采用，但有时它也会带来一些问题。意译超出了限度就会扭曲原文的意思，把原文没有的意思加到译文中。一般来说，如果原文的意义不是通过语言形式表达的，那么意译不会丧失意义。但如果原文的意义有一部分是通过语言形式本身表达的，意译往往会抹掉那些由形式附带的意义。上述说法在理论上是正确的，但在英汉翻译实践中可能行不通，如有些文学作品中的意义是通过语言手段表达的，用直译法表达才可反映出语言形式所承载的意义。但英汉语言差别很大，照原文搬过来的译法在印欧语言间也许可以接受，在英汉翻译时汉语不能接受这类表达法。因此，有些中国学者主张在翻译文学作品时应多用意译。刘宓庆也将诗歌之类的文学作品放到不求字面对应，但求保证可读性一类，认为有时必须完全意译方能达意。这种主张与西方理论家将文学作品列入表情类，应采用直译的理论似略有不同。其实文学作品也不能一概而论，有些作品适合多用直译，有些则适合多用意译，要因文本而定。

英汉翻译中有些句子显然应该用直译，有些则只能用意译。而对那些显而易见的情况，译界往往没有争议，直译和意译常常是交替使用，相互取长补短。但在翻译实践中译者还常会遇到一些既可直译也可意译的情况，这时到底取直译还是取意译就会成为一个问题，如"A man may usually be known by the books he reads as well as by the company he keeps, for there is a companionship of books as well as of men."这句话有人采用比较直的译法译成："人往往可以从一个人所交往的朋友以及所阅读的书去猜他的为人。这是因为人与人之间有友谊，同样的，人与书之间也有书谊。"但有的译法意译成分更多："所谓欲知其人，先观其友，猜一个人读什么书也能了解一个人，因人不仅能与人为友，还能与书为友。"上面两句虽然都有些值得进一步推敲的地方，但都是中文读者可以接受的。这就引出了一个问题，如果两种方法都可以，到底用哪一种？回答这个问题必须从更大的范围着眼，孤立地谈直译和意译实际上没有多大价值。一个句子到底应直译还是意译，往往要考虑到文本、读者甚至翻译目的等因素，没有一个一成不变的定理。北京大学辜正坤教授在讨论文学翻译时，对直译和意译有一段十分精彩的论述，概括得很全面："直译，意译，各有千秋，译者依据功能、审美、读者层三要素，宜直译就直译，宜意译就意译，能神游于规矩之内，亦能神游于规矩之外，能循规蹈矩，亦能叛道离经，方称得上翻译的行家里手。"

但有一点应该特别牢记，当今英汉翻译活动的主体并非文学翻译。在经济、科学、新闻、政论等文本中，语言形式不是关键的因素，译文就应尽量保持译入语的特色。在英汉翻译中发挥中文的优势始终是译者要努力的方向，这一点在当今全球化的大背景下尤为重要。因此，假如直译法有悖汉语行文习惯，造成翻译腔，译者就应该采用意译法。换句话说，在大多数情况下，略偏重意译仍然是应该提倡的。不过，对于较正式的文本，如政治、经济、法律方面的文件等，不过度偏离原文的译法仍然会被频繁使用。

二、功能对等与形式对应

这一对概念实际上早有人提出，后由奈达加以完善，成为翻译理论研究中一对很重要的概念。所谓功能对等就是指译文要在语言的功能上和原文对等，而不是在语言的形式上和原文对应，形式对应是机械的，表面上看和原文一样，但由于语言系统不同，相同的语言形式并不一定能达到相同的效果。比如，"He is the last person I will ask for help."这句可以译成"他是我会要求帮助的最后一个人"，以求形式上与原文对应。但本句的实际意思是"我是不会求他的"。后面的译法在语言形式上完全和原文不同，却在语言的功能上和原句对等。再如，美国的中学生常会和家长说："Tomorrow is a minimum day, could you pick me up at noon？" 其中 minimum day 要是译成"最小日"，是保留了原文语言的形式，但谁都看不懂是什么意思。所以译者应求得本句在汉语中功能的对等，而放弃形式对应："明天只上半天课，提前放学。能在中午就来接我吗？"

根据奈达的理论，功能对等是以读者的心理反应为基础的，也就是说原文读者读原文取得的心理反应和译文读者读译文的心理反应相似。功能对等理论有很多优点，最主要的就是有利于信息的交流。用功能对等法译出的句子符合译入语行文的习惯，没有翻译腔，一看就懂。反对功能对等的人则说，功能对等太灵活，会漏掉或歪曲原文中的信息。

虽然功能对等和意译、形式对应和直译在概念上不同，但它们实际上从不同的概念出发，殊途同归，指出了跨语言交流中的问题所在。

三、原文形式与内容

内容和形式之争是文学批评领域的焦点，在跨语言交流中就显得更加突出。大部分情况下原文语言形式不是译者要翻译的，英汉两种语言在语言形式上截然不同，所以在翻译中不必反映原文的形式，只要将原文的内容译出来就可以。但作家的艺术特征是由语言形式来反映的，因此形式就变得很重要了，这种情况下就有必要在反映内容的同时也照顾到语言的形式。

在翻译过程中译者面临的最大障碍是原文的语言形式，但过于强调形式的译法往往使译文缺乏可读性。所以，尽管在个别情况下有必要在译文中反映原文中有特殊意义的形式，翻译过程中总的策略还是应该偏重内容。

四、源语与译入语

前面几对概念主要和言语行为有关。而源语和译入语这对概念还涉及语言体系。有人主张译文应靠近原文，因为语言反映文化，原文中的语言特色即便不是作者风格的体现，也有必要在译文中表现出来，因为原文语言特色反映原文所在文化的特色，译者有必要将这种特色介绍过来。他们还认为过多地为读者着想，会"宠"坏了读者，应该相信译文读者有解读原文语言形式的能力，靠近原文的译法把读者拉到源语中，使读者能"身临其境"地欣赏外国作品，是文化交流的重要内容。

这种说法实际上让翻译承担过多的责任。语言形式不应该拿来当作文化介绍的工具。除了为某一特殊目的，如用靠近源语的译法翻译以反映原文表达的文化特点，以供学术研究所用，大多数情况下译者翻译的任务还是以传达信息为主。介绍源语文化不应该以牺牲译入语表达习惯为代价，因为靠近源语的译法总会生成很多不符合译入语习惯的句子，真正想通过语言了解外国文化的话，有必要鼓励读者学外语、读原文，因此翻译的基本方法应该主要是向译入语靠拢，尽量发挥译入语的优势。

五、原作者与读者的中心问题

这对概念从不同的角度讨论上面谈到的同一问题。如果译文以原作者为中心，则可能反映出原文的一些行文特色；如果译文以读者为中心，则可能发挥译入语的优势。原则上讲，不应以原作者为中心，但这也要看原作者是否重要。一个会议记录的作者和一个获奖文学作品的作者就不能说是同样重要的。大部分文本的作者都应该"隐藏"在文本背后，不应该在文本中显露出来。一篇电脑软件使用说明、一个法律条文、一则食品广告都不会呈现原作者的"影子"，也就是说，读这些文本后读者看不出作者为何人。但有些文本可能"文如其人"。一读作品，读者马上就会感到与众不同：遣词造句，甚至布局谋篇都有原作者留下的痕迹。因此，一般认为如果文如其人，译者除了翻译原文的内容外，也有必要使译文也能文如其人。而大部分西方翻译家都认为在译文中保留原文的语言形式是使译文文如其人的方法。但也有人认为相对等的语言形式在译文中不一定起到同样的效果，而主张用符合译入语的相似的语言形式来达到文如其人的效果。如果这样仍做不到的话，也就只好把它归入翻译的不可译性。我们并不绝对排除有时以原作者为中心是译者应采取的方法，但这种译法所占的比例是相当小的。翻译的总原则是以读者为中心，这一点在英汉翻译中尤为突出。

六、原作者写作与译者翻译的联系

人们动笔写作一般都有目的，不论是原作者还是译者总是为了某一目的而动笔的。在大多数情况下，原作者的目的和译者的目的基本一致。用英文写电脑操作过程的人是为了让顾客了解如何操作电脑，翻译这个操作过程的译者也是为了让不懂原文的顾客了解如何操作电脑，所以原作者和译者目的相同，都是要将信息准确地传达给读者。一则服装广告的作者希望用广告影响顾客的行为，使看了广告的顾客花钱买产品，一个译者翻译同一则广告的目的也是为了影响顾客，促进消费。一份经济合同的作者希望合同能成为某项经济活动的基础，翻译这个合同的人也希望不懂原文的人能看懂原文的内容，以便使合同中的经济活动可以展开。一则交通信息广告的作者希望用广告将有关交通的信息告诉大众，同一则广告的译者也有相同的目的。因此，大部分翻译工作的目的和原文写作的目的相同，这些文本有一个特性，即都是为一个非常实用的目的而写，翻译的目的也十分实用。但不是所有翻译的目的都和原作目的相同。诗人写一首诗可能是为了表达自己的情感，而译者将诗直译成中文，以便进行英汉语言对比，译者的目的就和原作者不一样。戴高乐在"二战"时的一些讲话有鼓舞士气的目的，半个世纪后戴高乐的讲话已成历史文件，翻译这些讲话就不是为了戴高乐原来的目的。

这就引出不同目的、不同读者和不同译文的问题。由于译者的目的和服务对象会和原文的目的和对象不同，所以同一个原文有几个不同的译文是完全正常的。《圣经》写作的目的是要将上帝的话传给世人，但写作时用的语言不是以儿童为对象，有人将《圣经》译成儿童语言，读者对象不同，但目的依然如故。为了适合不同读者群，用不同的文体来译同一个原文应该得到允许。一首英文诗可译成五言诗，供喜爱唐诗的人欣赏；也可译成词曲，供喜爱词曲的人欣赏；更可译成现代诗，供喜欢白话诗的人欣赏。译者服务对象不同，目的不同，译文也可以迥异。但也有人不同意上面的看法，认为原作只有一个，译文也只能是一个，不应该千面千腔，最终在译文中找不到原作的影子。翻译毕竟有其局限性，很多文化内涵强的作品一旦完成，就很难恢复其原貌，因为时过境迁，作品依旧，但作品存在的环境变化了。同一语言文化已如此，更何况跨语言文化的翻译。因此，翻译文化内涵丰富的作品从来都有侧重，因为译者服务的对象不同，翻译的目的不同。下面这句话最能概括这个道理："Who is translating what, for whom, when, where, why and in what circumstances？"

分析了这几对概念之后，我们对"原文的意思在译文中表达出来"就有了一个理性的认识。这些概念从不同的角度切入，讨论翻译的核心问题。虽然角度不同，但都落实到同一个焦点上，即如何将原文的意思在译文中表达出来。了解了这些基本概念后，我们就能更清楚地认识那些五花八门的翻译标准和原则。这些标准和原则是不同的人从不同的角度，在不同的时空里，对同一问题的解决之道，它们一方面反映了标准设立者在翻译研究上的聪明才智，另一方面也反映了他们在翻译研究中左右为难的境遇，因为翻译本身就是一件令人左右为难的事。

不同的人有不同的理论，依照些理论从事翻译实践，译出来的文章有原文的影子，但依照另一些理论从事翻译实践，译出来的文章就完全像译入语。原文的影子在译文中可浓、可淡、可无。有人主张在译文中保留一些"异国情调"，有人则主张用地道的译入语。这之间如何把握、如何拿捏不仅在理论上有着重要的地位，在实践中也是需要倾注大量的精力去研究的。

第二章 英语翻译教学的现状与理念

第一节 英语教学的内涵、理论基础与原则

一、英语教学的内涵

显而易见,英语教育既是语言教育,又是文化教育。通常而言,语言教育是以培养学生运用语言的能力为目的的。只通过学习语言来研究这门语言的知识的人就不是以运用语言为目的,他们学习语言的目的是研究语言知识,如学习古希腊语、古汉语等已经不再运用的语言。

对于中国学生来说,英语是一门外语,英语教育也就是外语教育。纵观人类外语教育的发展历史,对于已经基本形成母语运用能力的学生的外语教育离不开外语知识教育,因为以外语知识为基础的外语教育才能更有效地培养学生运用外语的能力。因此,作为语言教育,英语教育的本质是培养学生运用英语的能力。

当然,英语不仅仅是一种语言,还是文化的载体。由此便可得出,英语教育也是一种文化教育。

二、英语教学的理论基础

(一)比较语言学

19世纪,在语言研究内部发展需求的推动下,在比较解剖学、生物进化学说等自然科学以及其他因素的影响下,语言学家开始将语言作为一个独立的对象进行研究,并形成了历史比较的研究方法,从而形成了语言学史上的第一个相对独立的学派——历史比较语言学。历史比较语言学是把两种或两种以上的语言放在一起加以共时比较,或把同一种语言各个不同的历史发展阶段进行历时比较,以

找出它们之间在语音、词汇、语法上的对应关系和异同的一门学科。利用这门学科既可以研究相关语言之间结构上的亲缘关系，找出它们的共同母语，或研究各种语言自身的特点以对语言教学起到促进作用，又可以找出语言发展、变化的轨迹和导致语言发展、变化的原因。比较语言学起源于 18 世纪的欧洲，被广泛应用于 19 世纪印欧语的研究中，并获得了较大的成果。

（二）结构主义语言学

结构主义语言学认为语言是一个内部相对独立、自足的抽象符号系统，这一理论关注语音、词素、单词、短语、句子等语言单位在整体符号系统中的地位，主要从共时角度对各语言成分之间的关系进行描述。索绪尔的结构主义语言学理论主要产生了下面两个影响。

1. 为现代语言学的研究指明了方向

索绪尔除了系统地阐述语言的符号性质，明确现代语言学的研究方向外，还规定了语言学研究的任务，即把语言作为一个单位系统和关系系统进行共时的结构描写和分析，目的是揭示语言结构的共时特点和规律，从而认识语言的本质。在索绪尔结构主义语言学理论的影响下，二十世纪二三十年代，语言学从历时研究转向了共时分析，语言学界不仅出现了结构主义的三大流派（即哥本哈根学派、布拉格学派、美国描写语言学派），还启发并影响了其他学派（如伦敦学派、莫斯科学派以及后来的系统功能语法、生成语法等）。

2. 为现代语言学奠定了方法论基础

根据结构主义的基本理论，索绪尔对语言做出了几种相互关联的二分，即语言和言语、共时和历时、内部和外部，并且提出语言各个层面的要素都存在着两种根本的关系，即对立与互补、组合与聚合。索绪尔的这些分析和思考不仅明确了语言研究的范围，而且奠定了结构主义语言学的方法论基础。

（三）社会语言学

语言是人类社会的特殊现象及最重要的交际工具，语言离不开社会，语言学必然离不开社会。人类语言的发展与社会发展密切相关，相互依存，语言不可能离开社会而独立存在，没有了语言，人类社会就会停滞和崩溃。人类虽然有语言的生理本能，但离开了社会环境就会丧失这种本能，即语言习得也离不开社会。社会语言学就是研究语言及社会的相互关系、相互作用、相互影响的学科，它运用语言学和社会学等学科的理论和方法，从不同的社会科学的角度研究语言的社会本质和差异。社会语言学的观点是，语言的最本质功能是语言的社会交际功能。海姆斯认为，社会是一个儿童习得母语的最好环境，这不仅能使他们理解本族语的习惯并说出符合语法的句子，而且能在特定的场合和情景中恰当地使用语言。

1996年，海姆斯提出了"交际能力"理论。他指出，交际能力是运用语言进行社会交往的能力，既包括言语行为的语法正确性，又包括言语行为的社交得体性；既包括语言能力，又包括影响语言使用的社会文化意识的言语能力。

（四）行为主义心理学

行为主义产生于20世纪50年代的美国，华生（J. B. Watson）和斯金纳（B. F. Skinner）是其代表人物。华生认为，人和动物的行为有一个共同的因素，即刺激和反应。心理学只应该关心外部刺激怎样决定某种反应，而不应去关注行为的内部过程。他还指出，动物和人的一切复杂行为都是在环境的影响下由学习而获得的。斯金纳在其出版的《言语行为》一书中，提出了行为主义关于言语行为系统的看法。他认为，人类的言语、言语的每一部分都是由于某种刺激的存在而产生的。这里的"某种刺激"可能是言语的刺激，也可能是外部的刺激或内部的刺激。关于斯金纳的条件反射理论，这里有一个非常恰当的例子：一个人口渴时会说，"I would like a glass of water."斯金纳还指出，人的言语行为跟大多数其他行为一样，是一种操作性的行为，是通过各种强化手段获得的。因此，课堂上如果学生做出了操作性的反应后，教师要及时给予强化，学生回答正确就说"好"或"正确"，回答错误就说"不对"或"错了"，这样学生的言语行为就会得到不断强化，发生错误的可能性就会降低，从而学会使用与其语言社区相适应的语言形式。语言学习是在不断强化的过程中形成的，当反应"重复"出现时，学习就发生了。

（五）人本主义心理学

人本主义心理学追求"以人为本"和"以整体人为对象"的理论宗旨。因为人本主义心理学存在着与行为主义心理学和精神分析学派不同的理论旨趣和思维方法，所以心理学界把人本主义心理学称为心理学中的"第三种势力"。人本主义学习理论的观点如下。

（1）人本主义学习理论强调人的价值，重视人的意识所具有的主观性、选择能力和意愿。

（2）人本主义学习理论认为，学习是人的自我实现，是丰富人性的形成。

（3）人本主义学习理论强调，学习者是学习的主体，应该得到尊重，任何正常的学习者都有能力教育自己。

（4）人本主义学习理论还提出，人际关系是学习者有效学习的重要条件，它在学与教的活动中创造了"接受"的氛围。

总之，语言学习既离不开教师对语言知识的传授，又离不开大量的语言实践活动；学习语言的目的是交流信息、沟通思想，因而教师与学生面对面的语言交流和互动才是最有效的学习途径。由于情感因素是人本主义学习理论的最大特点，所以教师在语言教学中，要坚持以学生为中心，突出学习过程和自我实现的价值，认真贯彻"以人为本"的原则。

（六）发生认识论

瑞士著名心理学家皮亚杰（J. Piaget）在20世纪60年代初提出并创立了"发生认识论"，综合运用哲学、心理学、逻辑学、生物学等基本理论，研究什么是知识、知识从何处来以及认识的形成条件等，着重探讨知识的个体发展和历史发展，目的是建立能综合个体发生资料和种系发生资料的普遍认识发展理论。该理论试图以认识的历史根源、社会根源以及认识所依据的概念和"运算"的心理起源为根据来解释认识，特别是解释科学认识。发生认识论主要研究知识是如何形成和发展的。

皮亚杰指出，不管人的知识多么高深、复杂，都是从童年时期开始的，甚至可以追溯到胚胎时期。所以，儿童从出生起怎样形成认识，如何发展智力思维，它受哪些因素制约，它的内在结构怎样，各种不同水平的智力、思维结构按怎样的顺序出现，都是值得探究和思考的问题。

（七）建构主义理论

建构主义理论是由认知主义学习理论发展而来的，它从认识论的高度提出了认识的建构性原则，强调了认识的能动性。建构主义的代表人物有皮亚杰、科恩伯格（O. Kernberg）、斯滕伯格（R. J. Sternberg）、卡茨（D. Katz）、维果斯基（Vygotsky）等。在皮亚杰提出的"发生认识论"的基础上，科恩伯格进一步研究了认知结构的性质与发展条件；斯滕伯格和卡茨等人强调个体的主动性在建构认知结构过程中的作用，并探索了认知过程中如何发挥个体的主动性；维果斯基提出的"文化历史发展理论"强调学习者所处的社会文化、历史背景在认知过程中的作用，并提出了"最近发展区"的理论。这些研究进一步丰富和完善了建构主义理论，为其更好地应用于教学创造了条件。

建构主义理论的基本观点是，学习需要在教师的指导下坚持以学生为中心的原则。也就是说，该理论主张学生是信息加工的主体，是意义的主动建构者，而不是外部刺激的被动接受者和被灌输的对象。教师是学习的意义建构的帮助者和促进者，而不是知识的传授者和灌输者。20世纪90年代，随着科学技术的迅猛发展，多媒体和网络技术为建构主义理论学习环境提供了技术支持，使得基于建构主义学习理论的教学设计得以实现。

（八）二语习得理论

作为一门独立的学科理论，二语习得理论真正形成于20世纪70年代。该理论的主要代表人物是美国南加州大学语言学系的教授克拉申（S. Krashen）。克拉申是在总结自己和他人经验的基础上提出这一理论的。该理论共包含了五个假设，即习得 / 学习假设（the acquisition/learning hypothesis）、自然顺序假设（the natural order hypothesis）、监控假设（the monitor hypothesis）、情感过滤假设（the affective filter hypothesis）和输入假设（the input hypothesis）。

1. 习得 / 学习假设

根据习得 / 学习假设，培养外语能力主要有两种途径：习得和学习。习得是一种自然的方式，它是一种不被察觉的过程：学习者在有意义的交际中，通过对语言的理解和使用，自然地形成使用语言的能力。而学习则是一种有意识地学习语言规则的过程。学习的目的是弄懂语言知识，并能表述出语言的规则。正确的学习方式能促使学习发生，对错误的纠正有利于帮助学习者弄懂规则，但学习不能导致习得。

对"习得"和"学习"的区分，以及对它们各自在习得者第二语言能力形成过程中所起的作用的认识，是克拉申理论的出发点和核心。在习得 / 学习假设中，克拉申将习得和学习明确地分开，他将习得看作在学习者无意识的状态下获得语言的过程，学习是学习者有意识地通过课堂学习等方式获得语言的过程，甚至可以说，习得和学习得到的知识处在大脑的不同部位。

2. 自然顺序假设

研究发现，正如第一语言习得一样，第二语言习得也揭示出一种可以预见的顺序习得语言规律。学习者对某些规则掌握得快慢并不仅仅由规则的简单或复杂决定，最简单的规则不一定是最先习得的规则。即使在第二语言教学的课堂上，同样存在这种自然顺序。无论是否接受正规课堂教学，外语学习者总是以一种大致相同的顺序习得第二语言，如一般现在时中，第三人称单数要加 -s，这个规则十分简单，但即便高水平的第二语言习得者在其语言产出中也往往无法正确地使用它。

3. 监控假设

监控假设与习得 / 学习假设有着密切的关系，它体现了语言"习得"与"学习"的内在关系。语言习得系统（潜意识语言知识）才是真正的语言能力，而语言学习系统（有意识的语言知识）只在二语运用时起监控或编辑的作用，这种监控作用既可能发生在语言输出前也可能发生在其后。

需要指出的是，监控能否发挥作用还取决于以下三个条件。

（1）要有充足的时间。

（2）必须将注意力放在语言形式的正确性上。

（3）需要知道如何运用规则。

4. 情感过滤假设

"情感过滤"是一种内在的处理系统，它在潜意识中以心理学家称之为"情感"的因素阻止学习者对语言的吸收，它是阻止学习者完全消化其在学习中所获得的综合输入内容的一种心理障碍。

5. 输入假设

输入假设也是由克拉申提出的重要的语言习得理论。他认为，只有习得者接触到"可理解的语言输入"，即比现有的语言技能水平略高，而他又将注意力集中在对意义或对信息的理解而不是对形式的理解上时，才能产生习得。这一理论的公式为：i + 1（i 表示习得者现有的语言技能水平，1 表示略高于习得者现有水平的语言材料）。

克拉申的输入假设和斯温纳（Swain）的输出假设分别是从两个不同的侧面来讨论语言习得的，都有其合理成分，都对外语教学有一定的启示。与克拉申的输入假设不同，斯温纳认为，输出对二语习得的影响更大。斯温纳根据自己的"沉浸式"教学实验，提出了输出假设。斯温纳认为语言输入是二语习得的必要条件，但不是充分条件；要使学习者达到较高的外语水平，除了靠可理解的输入，还需要可理解的输出；学生需要被迫利用现有语言资源，对将要输出的语言进行构思，保证其更恰当、更准确，并能被听者理解。这样既可以提高学习者语言使用的流利程度，又能使他们意识到自己在使用语言的过程中存在的问题。因此，在外语课堂教学中，教师应给学生足够的时间和机会使用语言，以提高他们使用语言的流利性和准确性。

三、英语教学的原则

（一）以学生为中心

学生是教学活动的主体与内在因素，因而在英语教学中应坚持"以学生为中心"的原则，充分发挥学生的主观能动性，从而使教学质量得以提高，教学任务顺利完成。

以学生为中心就是在教学过程中从学生的实际情况出发（包括真实的学习目标、真实的学习机制、真实的学习动机、真实的学习兴趣、真实的学习困难等），设计和开展英语教学活动，鼓励学生参与、体验教学活动，使他们在整个活动中处于中心地位，从而培养学生的语言能力、交际能力和可持续发展能力等。

教与学是英语教学活动的两个重要方面，二者有着密切的关系。在英语教学中，既要发挥教师的主导作用，又要努力调动学生的学习积极性，树立以学生为中心的思想。只有将教与学协调配合起来，才能提高英语教学的质量。具体来说，教与学二者缺一不可。学生是学习的主体，要努力学习，勤学苦练；而教师则要为学生的学习创造条件，并随时为学生提供帮助。换句话说，教师的教应建立在学生的学上，教学中的一切工作都应围绕学生的学进行，即英语教学应以学生为中心。

（二）交际性

语言，是人类最重要的交际工具之一。语言的最本质功能是交际功能。美国社会语言学家海姆斯（D. H. Hymes）指出，交际是在特定语境中说话者和听话者、作者和读者之间的意义转换。由此我们便能总结出交际的以下几个特点。

（1）交际有口语和书面语两种形式。

（2）交际只在特定的语境中发生。

（3）交际需要两个以上的人参与。

（4）交际需要两个或多个参与者互动。

学习英语的目的在于用英语进行交际，而英语教学的目的是培养学生使用这种交际工具的能力。能够运用所学的语言知识在不同的场合与不同的对象进行有效、得体的交际就是交际能力的核心。因此，在英语教学中我们必须贯彻交际性原则，使学生能够运用所学英语与人交流，在教学过程中要努力做到以下几点。

（1）充分认识英语课程的性质。

（2）为学生创设各种情景。

（3）注意培养学生语言使用的得体性。

（4）做到精讲多练。

（5）确保教学内容与教学活动的真实性。

（三）系统性

要认识英语教学是什么以及其与交际的关系，还必须看到英语教学的系统性。系统是什么？ The American Heritage Dictionary（1982）对 system 下的定义是：A group of interacting, interrelated or interdependent elements forming a complex whole. 系统论的创始人贝特朗菲认为"系统"即有相互作用的元素的综合体。辩证唯物主义认为："我们所面对着的整个自然界形成一个体系，即各种物体相互联系的总体……这些物体是相互联系的，这就是说，它们是相互作用着的，并且正是这种相互作用构成了运动。"现在人们已经认识到无论是物质世界还是思维领域都具有系统性。大到人类社会是一个系统，小到我们的人体也是一个系统，一个工厂、一个车间、一台机器都是一个系统。研究事物系统性的科学就是系统论。系统性原则的作用主要体现在三个方面：首先，使学生对所学内容有比较系统、完整的概念；其次，能够建立起各个部分知识之间和新旧知识之间的联系；最后，能够明确且有层次地消化所学内容。

　　系统性原则要求合理的教学内容的安排。教学要求的逐步提高和完成应有一定的顺序和系统，要引导学生逐渐地、不间断地掌握知识和技能。知识和技能是逐步地点滴积累和培养而成的。新的知识和技能是在旧的知识和技能基础上获得的，比较高的技能只有在最基本的技能基础上才能获得。只想培养较高的技能而忽视基本功的训练是达不到目的的，但仅仅停留在基础阶段，不向较高的方面发展，也不能完成学校的培养目标。为此，研究各年级的练习体系是十分重要的。科学的练习体系与提高教学质量有着密切的关系。一门课程的系统知识和技能只能是长期地、逐步地、点滴地取得的，而不是依靠短时期集中突击生效的。否则，即使暂时取得某些极不牢固的知识和技能，也很快就会遗忘消失。因此，教师应在教学中坚持系统性原则。遵循系统性原则，应从下面几个方面入手。

　　（1）教学内容的安排要有严密的计划和顺序。

　　（2）教师应该有计划、有步骤地进行教学工作。

　　（3）指导学生系统连贯地进行学习。

　　（4）要注意各年级语言材料、知识、技能之间的衔接。

　　（四）真实性

　　所谓真实性原则就是为了提高英语教学质量、教学效率和教学成绩，英语教师应该对教育因素的真实内涵，尤其是英语教育的真实目的、学生的真实学习目的和动力、真实学习兴趣、真实学习困难以及真实的英语学习动机等有所把握，并保证英语教学中的语义、语境、语用材料、教学过程、教学策略、教学方法和技巧以及教学技术等因素的真实性。在英语教学中，遵循真实性原则就是保证各个环节的真实，以培养学生综合语言运用能力为总目标，以交际法和任务型教学为策略，在真实的环境中获得真实的语言能力。

　　在英语教学中要实现真实性原则需要做到以下几个方面。

　　（1）把握真实语言运用的目的。

　　（2）采用语用真实的教学内容。

　　（3）设计组织语用真实的课堂教学活动。

　　（4）设计编排语用真实的教学检测评估方案。

　　（五）循序渐进性

　　所谓循序渐进性原则，是指教学活动要结合学科的逻辑结构和学生的身心发展情况，有次序、有步骤地进行，以期使学生能够有效地掌握系统的知识，促进身心的健康发展。这一原则是科学知识发展的客观要求，也是教学制约于学生身心发展规律的反映。循序渐进有利于将学生的已有知识、生活经验及好奇心联系起来，有助于他们认清事物发生及发展的过程，明晰所学内容的条理，逐步掌握解决问题的方法，形成解决问题的能力。贯彻这一原则需要做到以下几个方面。

（1）精心设计每个教学环节，明确各个教学环节的目标，选择最佳的方法及手段，使知识的呈现生活化和生动化，使形象向抽象逐步过渡，使操作技能与逻辑思维的发展有机结合。

（2）保证每个教学环节过渡自然，做到承上启下。

（3）有序拓展知识网络，懂得每一次的学习都是知识的又一次积累和补充，以便形成较为完整的知识体系。

（六）发展性

教学是传授知识的过程，也是促进学生身心发展的过程。在传授知识的同时，促进学生的身心发展是教学过程的客观要求。教学的发展性规律主要是指教学在传授知识的同时，影响着以智力为核心的身心发展，学生以智力为核心的身心发展又影响着学生对知识的掌握。据此，我们着重分析一下掌握知识与发展智力之间的关系。在教学过程中，向学生传授知识和发展学生智力并不是相互对立和相互排斥的，而是相互促进、相互影响、相辅相成的。因此，学生的发展可以被看成是一个生命整体的成长，并且这个发展过程既有内在的和谐性，又有外在能力的多样性以及身心发展的统一性。要实现英语教学的发展性，需要做到下面三点。

（1）教师要关注每个学生的成长，以保证所有学生都得到发展。

（2）充分挖掘课堂存在的智力和非智力资源，并合理、有机地实施教学，使之成为促进学生发展的有利资源。

（3）为学生设计一些对智慧和意志有挑战性的教学情景，激发他们的探索和实践精神，使教学充满激情和生命气息。

（七）文化导入原则

众所周知，语言是文化的载体，语言离不开文化，语言也不能脱离社会而存在。此外，语言还是了解社会现实生活的向导。通过分析语言特征和使用过程，我们可以了解一个民族的思维以及生活的特点。可以说，语言是每个民族文化和风俗习惯的一面镜子，也是文化的表现形式。因此，在进行英语教学时要重视英语国家民族的文化和社会习俗，帮助学生了解文化差异，拓展视野，不能回避，也不能胡乱解释或随意更改。由于学英语是为了用英语，用英语是一种文化交际，如果不尊重英语民族文化，就很难得体地使用语言，进而妨碍彼此的沟通。我国教育部制定的《全日制义务教育普通高级中学英语课程标准》中明确指出："此次英语课程改革的重点就是要改变英语课程过分重视语法和词汇知识的讲解与传授，忽视对学生实际语言运用能力的培养倾向……使语言学习的过程成为学生形成积极的情感态度、主动思维和大胆实践、提高跨文化意识和形成自主学习能力的过程。"普通高中的英语教学要求尚且如此，大学英语教学更要注重文化的导入。

在英语教学活动中，我们可以从以下几个方面来进行文化教学。

（1）注意捕捉教材中的文化信息。

（2）运用真实的情景教授文化知识。

（3）认真分析中西方文化的差异。

（4）充分利用多媒体与网络进行教学。

（八）可持续发展原则

在完成基础英语教学阶段的学习之后，学生还要向更高级别的英语教学阶段发展，继续进行英语学习。因此，在英语教学中，教师就要坚持可持续发展原则，在实践中自觉地为学生打好高级阶段学习的基础。具体可从以下两个方面入手。

1. 做好知识的前后正迁移

遗忘是学习任何知识都不可避免的问题，因此我们必须通过巩固来习得语言知识。但是，仅凭消极的巩固往往得不到满意的效果，因此需要在教学中培养学生的英语实践能力，也就是在发展中达到巩固，以巩固求发展。而巩固和发展的需要会在概念同化、知识和技能的迁移中体现出来。例如，在讲解间接引语"Granny told you not to be late for school."这一新句型时，需要由学过的旧句型"Don't..."引入。可以说，在讲解句型"Don't be late for school."时也对旧句型进行了复习，这就达到了巩固的目的，提高了"Don't..."的可利用性。但新旧句型还是有一定区别的，其关键是要将"don't..."改成"not to..."因此，教学中应尽可能地通过各种方法增大正迁移量，以便学生更好地掌握知识以及提高实践能力。

2. 培养学生学习英语的正确态度

结合学习内容讨论情感态度问题。在日常的英语课堂教学中，教师要注意融入积极的情感态度的培养，针对学生学习过程中出现的具体问题进行具有针对性的引导，帮助学生解决情感态度方面的问题，建立情感态度的沟通渠道。情感态度的沟通和交流渠道可以通过教师在课堂教学中建立起来，如建设融洽、民主、团结、相互尊重的课堂氛围等。有些情感态度宜集体讨论，有些则需要师生之间进行有针对性的单独探讨。但在沟通和讨论过程中，教师要注意尊重学生的感受，避免伤害学生的自尊心。同时，情感态度具有外在和内在的表现，教师要仔细观察，了解学生，以培养学生积极的情感态度，消除消极的情感态度。

第二节　国内英语翻译教学现状

翻译作为一种具体实用的教学手段，被适度而合理地运用于外语教学实践中。随着"一带一路"的开展，国际交流更加频繁，综合素质高、专业精通、外语扎实、具备较强翻译能力的实用复合型翻译人才日益受到用人单位的青睐。显然，只靠规模有限的英语专业来培养翻译人才，是无法满足这种需求的，况且英语专业学生的理工科知识极其缺乏，有时根本就无法胜任科技英语的翻译工作。事实上，目前不少翻译工作者都是非英语专业的。他们具备较强的专业知识，通过实践的磨炼，翻译能力得到极大的提高，完全能够胜任翻译工作的需要。这昭示着非英语专业学生是可以成功转型为翻译人才的。然而，这种转型给英语教学改革带来了前所未有的巨大挑战。传统的大学英语翻译教学只是教学翻译，并存在着诸多问题，不利于学生翻译能力的培养，更不利于学生的成功转型。

当前，我国大学英语教学正在进行新一轮的改革。为了适应高等教育新的发展形势，深化教学改革，提高教学质量，满足新时期国家和社会对人才培养的需要，教育部已颁发了《大学英语课程教学要求（试行）》（简称《要求》），作为高校组织非英语专业本科生英语教学的主要依据。《要求》明确指出："大学英语的教学目标是培养学生英语综合应用能力，特别是听说能力，使他们在今后工作和社会交往中能用英语有效地进行口头和书面的信息交流，同时增强其自主学习能力，提高综合文化素养，以适应我国社会发展和国际交流的需要。"英语综合应用能力包括听、说、读、写、译五个方面，其中翻译是有效进行口头和书面交流信息的重要技能。因此，翻译教学是大学英语教学的重要组成部分。

一、翻译教学理论和实践的关系现状

南京大学外国语学院博士生导师柯平教授认为，能够帮助学生对翻译的原则形成较为健全的意识，并能使其自觉地将所学到的翻译知识运用于自己的翻译实践是翻译教学最重要的目标之一。而这种健全的翻译原则意识很明显只能建立在某种健全的理论基础之上，所以任何一种严谨的翻译教学都要以中肯且切要的理论作为指导。和其他课程相比，翻译的实践性较强。因此，翻译教学不能只局限在教师讲解或学生练习的单项活动的层面上，而应是一种教师讲解理论知识，学生实践练习的一种较广泛的教学策略。作为初学者，学生所上的理论知识课程一般只涉及翻译操作的一些基本知识和技巧，所以他们的每节课上教师讲解的内容没有其他课程那么多，这也就使得有时候教师会认为初级翻译课程没什么可讲的，他们会将大部分时间留给学生去进行英语翻译练习。而相对于这门课来说，翻译练习确实需要占用很多的时间。所以如何组织学生进行翻译练习，如何调动学生练习的积极性，如何激发他们的兴趣和合作精神，如何让他们主动而不是被动地参与练习，就是翻译教师们需要摸索和探讨的问题。学生由于自身的个体性，他们接受事物的能力都存在一定的差异，因此如何选择翻译材料的难易等问题都会影响到教师的课堂组织与管理。而在学生进行翻译实践的过程中，一般情况下，他们基本没有或很少将理论运用于实践中。因此，如何选择翻译材料就成为教师必须考虑的一个问题，如果翻译材料较为简单，就不易引起学生足够的重视；但如果翻译材料太难，又会让学生失去翻译的兴趣，有时甚至会导致学生放弃翻译。可见，英语翻译教学中诸如此类的因素常常会直接或间接地造成教师的理论讲解和学生的实践练习结合不起来，或者使学生在实践中不能将已学的理论知识运用起来，导致理论与实践脱节。

二、教学与测试的关系现状

当前，由于缺乏统一的英语翻译教学的教材和教学大纲，各学校在教学安排上也具有较强的随意性，这也就造成了英语翻译教学重点不突出，翻译能力测试评估不规范，翻译教学内容覆盖面较窄，翻译测试目的不明确，缺乏较为统一、客观、科学的评价体系的结果。而且在测试中常常不会涉及学生翻译的技能测试，也就导致学生认为考试不考，所以也不学习，最终无法巩固所学知识的现象，即翻译教学和测试不同步。此外，从四、六级考试上来看，英语翻译考试只占到了四、六级整体考试分数的 5%，而听力及阅读占的比重很大，这也导致学生对翻译学习的倦怠，甚至完全没有把翻译能力重视起来。

三、教学内容现状

随着科学技术的快速发展和社会的不断进步，今天我们已经处于一个经济、文化多元化发展的新时代，人们的思想意识和观念也随之产生了变化。这种大氛围的改变使得学生的思想、个性也从根本上发生了改变，从而需要更丰富、更新鲜的教学内容刺激他们的神经，激活他们的学习动力。但是，在今天，大部分院校的英语翻译教学仍旧大量沿袭和采用传统教材，这些传统教材的专业性一般都较强，且比较偏重理论，也不能反映现代社会现实，而能够反映时代气息的科技、外贸、影视、媒介、法律、军事等题材的教材则很少。这种情况下，学生不仅无法掌握更多的相关专业知识和专业术语，传统教材中落后的内容也给学生的翻译学习和实践造成很大的困难。

此外，有的学校给所有专业的学生配备了同一本翻译教材，而专业不同的学生对英语翻译的需求也是不同的，因此这种情况不仅不能满足各个专业的教学需求，还会导致学生学不到和自己专业相关的语言知识，更不用说学到更多的翻译技巧了。同时，学生的学习兴趣会大减，学习的积极性、主动性也会受到很大的打击。可见，在现代社会环境下，英语翻译教材的内容是否新鲜和全面都会在很大程度上影响学生的英语翻译学习以及英语翻译能力的培养和提高，因此英语翻译教学内容与时代同步已经成为改革英语翻译教学刻不容缓的重要举措。

四、教学模式现状

纵观几十年的大学英语教学，翻译一直未受到足够重视。受考试的影响，在听、说、读、写、译五项技能中，翻译一直摆在最次要位置。教师只重视与四、六级考试有关的英语听力与阅读的学习与训练，对"译"的处理则完全局限于课后的翻译练习。而我们知道，课后的翻译练习是用来检查和巩固学生对课文的语言知识的理解的，至于翻译习题的讲解则仅仅是对照标准答案，既不系统地讲翻译技巧，也不提任何翻译理论。更何况，这种练习一般都只是以词和句子翻译的形式出现。句子的翻译如果离开了语境将什么也不是，一个词在新的语境当中将会是一个崭新的词汇，会呈现一个新的含义。根据德利尔的观点，这种教学方式为"教学翻译"而不是"翻译教学"。有的教师虽然讲解了一些单句的翻译技巧，但并无系统化，结果造成了学生在课堂单句翻译时，尚能将理论与实践对应，而一旦进入课外的真实语篇翻译，就会发现方法、技巧似乎一条也用不上。有时是该用的地方根本想不到要用，有时是张冠李戴，不该用的地方胡乱套用，从而导致了学生学习兴趣的下降。陈旧的教学模式严重阻碍了学生翻译能力的发展和提高。

五、学生个人翻译素质现状

（一）学生个体素质的差异性对翻译教学的影响现状

大学英语教学是一门公共必修课，它针对的是非英语专业的大学本科学生，因此学生的个体存在较大差异，他们的总体英语水平也不尽相同，也就会对英语翻译教学有不同层面的要求。学生的个人英语水平也直接影响着翻译教学的效果。这并不是说学生英语水平高，翻译质量就高，但假如该学生有较丰富的词汇功底，并能在听力、阅读、书面表达等其他方面都有较高水平的表现，那么对于他的翻译教学效果就应该会比较好；而假如该学生英语水平较低，那么想要达到预期的翻译教学效果就会相对比较困难。

（二）学生的英语功底现状

（1）学生英语功底不扎实。近年来我国高校开始不断扩招，从某种意义上讲，如今的学生平均综合能力水平不如以往。学生英语基本功不扎实，不仅会直接影响到翻译课程教学，也给教师的翻译课程教学带来了一定的困难。颁布于 2004 年 1 月的《大学英语课程教学要求（试行）》（以下简称《要求》）中对大学生的英语翻译能力提出了广泛的要求，《要求》提出，高校大学生应能借助词典对题材熟悉的文章进行英汉互译，英译汉的速度应最少为每小时 300 个英语单词，汉译英的速度应最少为每小时 250 个汉字。翻译的译文应基本流畅，使用一定翻译技巧。根据目前的调查发现，虽然我国对大学生的翻译能力提出了具体要求，但是这一要求对今天已经学完大学英语教材的学生来说还是有一定的难度的。在大学英语翻译教学的实践活动中，我们常常可以看到这样的现象：一方面，学生能够明白某篇英语文章以及文章中的某些段落和句子的意思，做阅读理解或选择填空这种客观性较强的练习时基本上可以很好地完成，但是如果要他们用母语（汉语）将这些英语文章或段落、句子准确地翻译出来，就比较困难了，大多数学生在进行英语翻译时，常常会拘泥于原文句子的结构和词序而对其进行直译；另一方面，如果需要将汉语翻译成英语，对学生来说困难就更大了。

翻译能力是语言综合运用能力之一。学生的英语翻译水平在很大程度上影响了他们语言的学习及其他能力的培养。然而，从被公认为可以衡量英语学习者水平的一些大型标准化语言测试可以看出，学生的翻译能力却有待提高。学生在学习翻译的过程中，发现自己的不足后，有的非常重视，对翻译学习也持认真的态度，然而他们没有找到适合自己的学习方法，以致事倍功半，并且产生了畏难情绪。另外还有些学生，学习态度不端正，往往是看看答案，或者是大致地翻译后便去对照答案，这种学生的依赖心理和惰性都比较强，一旦发现自己的翻译能力总是不能提高，就会产生盲目焦虑的情绪。从平时学期考试和历届四、六级考试的成绩看，学生的实际翻译水平亟待提高。

（2）学生对英语文化不甚了解。目前我国学生对英语文化知识的了解较少，这也是造成他们在进行英语翻译时语误频频的重要原因。调查发现，现阶段我国大多数院校在英语翻译的教学中对与英语相关的文化知识重视不够，这就使得学生对英语国家文化中的习惯、信仰以及价值观等方面的背景知识不甚了解。同时，在英语翻译学习中学生也没有进一步了解英语单词在不同句子中的不同意思，导致他们只会按照字面上的意思翻译。举例来说，英语单词 help 最普遍的意思是"帮助"，但是它在不同的句子里却有不同解释，拿"Please help yourself to some pork."这个句子来说，意思是"请随便吃点肉"，help 在这里充当的是句式的一部分，因此不能拿来单独翻译；而句子"The medicine helps a cold."意思是"这种药可治疗感冒"，可见在这个句子里也不能直接将 help 翻译成"帮助"，而要依据上下文的意思进行翻译，在这里"治疗"就比"帮助"更加确切。学生因为对西方文化缺乏一定的了解，再加上受汉语语言习惯和思维惯性的影响，在具体的英语翻译实践中，常常会造成对英语的误解，致使出现翻译语误。例如，在"You are a lucky dog."这个句子中，我们就不能将 lucky dog 翻译成"幸运狗"，而应将其翻译成"幸运儿"。之所以这么翻译，是因为在西方国家里，dog 被看成是人类的好朋友，因此也就有褒义的成分。此外，在学习英语翻译的过程中，学生也常常会因为对西方语言环境及文化的不了解，译出一些中国式的英语，从而闹出笑话，类似的例子有将"好好学习，天天向上"翻译成"good good study，day day up"，将"给点颜色瞧瞧"翻译成"give some colour see see"等，产生这些现象的根本原因往往是由于学生对西方的思维方式、表达习惯不了解。

六、教师素质现状

大学英语教师队伍中，有的是从学校到学校的教师，他们的翻译实践较少，甚至为零，根本不知道如何把握翻译的时代脉搏，而翻译教学思想应该反映时代的特征，体现翻译所肩负的重大使命。这是翻译教学最重要、最基本的价值观，这种价值观的缺失导致学生所学与社会所需严重脱节。另外，国家为了满足高等教育大众化的需要和经济发展的要求，高等教育的规模按每年 8% 左右的增速继续发展，目前英语教师和学生之比已达到 1：130。因此，师资紧张直接导致了班级规模日益扩大。授课班级过大、学生过多，使教师难以因材施教，只能以"满堂灌"的形式驾驭课堂的翻译活动；此外，迫于平时工作繁忙，科研任务重，教师没有足够的时间和精力进修或自修以提高自身的素质和业务能力。

七、翻译教材现状

目前的翻译教材一般都会涉及翻译理论知识（翻译技巧和基本技能）的讲解，这些基本理论的讲解对翻译的初学者来说是非常必要的。俗话说："没有规矩，不成方圆。"对于初学者来说，如果没有一定的翻译技巧和技能，他们便不知道如何才能更好地翻译，也不知道自己的翻译是好还是不好。然而，由于目前高校所使用的翻译教材不太容易进行举例教学，且其中文学类的例子较多，对于翻译初学者来说较为困难，而适合他们的简单的、基本的例子则相对较少。同时这些教材还存在一定的滞后性，教材内容大多滞后于时代的发展，缺乏合适的时代性强、信息性强的翻译例子。在这样的情况下，学生会因为教材内容较难或较为乏味，不能引起他们学习英语翻译的兴趣而厌学。最后，从教材设置上来看，大部分的教材都更加重视学生听说能力的提高，对于学生听说能力的培养也有专门的辅助教材，而提高学生翻译能力的辅助教材却相当少；在教材中，翻译练习的数量也较少，即便有练习，也大多为汉译英练习。由于学校在学生翻译能力培养认识上存在着一定的误区，使得不少学生只要提到翻译，就会下意识地认为是将汉语翻译成英语，很大程度上忽略了英译汉能力的提高。调查发现，非专业英语教材基本上很少甚至没有关于英语翻译的技巧及理论的内容，这就使得很多学生只知道翻译实践，却不重视翻译的技巧及理论指导的学习。

针对上述情况，教师首先要确立把翻译作为语言基本技能来教的指导思想，充分利用精读教材所提供的语言活动材料，把翻译知识和技巧融入精读课文的教学中去，有意识地培养学生的翻译能力。

第三节　国外英语翻译教学现状与理念

随着经济全球化的进一步发展以及中国加入WTO，中国与世界的交往日益频繁，对外交流的范围日益广泛。因此，社会需要更多的翻译人才，其要求也越来越高。这对大学英语翻译教学提出了更高的要求。因此，我们必须不断地吸取其他国家翻译教学的经验和教训，改革目前的翻译教学模式，在发扬传统翻译教学模式优势的同时，与时俱进，根据时代和社会发展的特点，积极探索和尝试新的教学模式。

近几十年来，欧美不少国家极为关注翻译教学的研究和发展，培养了大批专门人才，取得了不少相关的理论和实践成果，翻译教学体系不断发展并逐渐走向完善。然而，由于种种原因，我国的翻译教学发展并未得到应有的重视和足够的研究，存在许多的问题，如课程设置随意性强，教学计划较为混乱，很难达到既定的教学目的等。我们要想尽快地弥补这方面的差距，就有必要学习、借鉴一些先进的理论和方法，博采众长，以期建立一个严谨的翻译教学体系。这里以翻译教学开展得较好的英国和法国等国家为例作一介绍。

一、英国翻译教学现状

英国的翻译研究在世界翻译研究领域中占有重要的地位，无论是纯理论研究还是应用性研究，其成就都极为辉煌，是世界翻译史上的一面光辉旗帜。近些年来，翻译教学作为一门独立学科发展迅猛，表现出其特有的教育理念，值得研究和借鉴。

（一）翻译教学思想和教学体制

从翻译教学的思想来看，在 20 世纪 50 年代以前，翻译基本上被看成是一种技能，缺乏明确的理论指导。正如弗米尔（Hans Vermeer）所言："翻译教学实际上传授自下而上的语言技能（bottom-up skills），即学生学习单词、词组、句子，理解文章的意义，然后再用母语表达所理解的意义。"（1998）教授方式也十分单一，只靠老师的言传身教，缺乏系统性和科学性。此外，受实证主义思想的影响，高等教育人才培养模式开始逐步"走向市场"，传统高校陆续开设实用性强的翻译教学项目，其翻译教学体现出面向社会的特色。

（二）翻译教学的特点

第一，教学模式多元化。这既可以适合不同学生的能力及需要，增加学生选择学习的范围，使学生有宽广的发展路径，也能为翻译学的学科发展注入永久的活力和生机。英国翻译教学没有一个统一的模式，教学时间长短不一，教学目的各有侧重，教学方法多元互补，教育思想百家争鸣，因此各校的翻译教学各具特色，极大地活跃了学术探索的气氛。

第二，培养模式多途径化。绝大多数大学都将时间较长的学位培养计划分解成时间更短的翻译文凭和证书课程模块。英国硕士培养时间通常为一年，而文凭和证书培养时间更短，不足 10 个月，学费也相对较低。这样灵活多样的培养模式不但较好地满足了社会对各类翻译教学的需求，也在一定程度上实现了教育普及和大众化。此外，授课方式多种多样，除远程教育外，还有全日制、非全日制甚至"三明治式"课程（指课程学习与工作交替进行，从事新职业的人员可以视其为职前训练以适应新的工作；在职人员则视其为继续深造提升的途径，利用工作闲暇接受训练）。以布里斯托大学（University of Bristol）为例，它所设置的翻译（法英翻译）文凭/硕士课程均在周末开班，非常适合那些全日制的上班族提升自己的职业技能。

在教学评估环节上体现"订单制"也是英国翻译教学的一大特色，各高校根据不同的培养目标，允许学生除撰写毕业论文之外还有多项选择以完成具体翻译作品或项目的方式来毕业。以英国的 University College London 为例，学校开设与翻译研究、翻译技巧、电子交际与出版、翻译技术相关的大量课程，并根据不同培养路径从中挑选课程进行模块组合。学生通过选修不同的课程模块，可以有 5 种途径（理论与实践途径、电子出版途径、理论途径、翻译实践途径、技术途径）来获取该校的翻译理论与实践硕士学位。不过在这方面学校必须在教学评估环节上严格把关，使社会真正得到所需的不同层次的翻译人才（陈浪、柴明颖，2008）。

第三，紧跟社会需求。不少高校从社会需求和学校办学条件出发，开设了不少新的翻译专业方向的课程，并随之针对培养目标具体安排教学内容，如法律翻译、商务翻译、科技翻译、视听翻译、翻译与写作或专业性笔译、交替传译、同声传译和对话传译等。同时，各高校还通过讲座、中期测试评估等方式让学生了解自身的能力及潜能，并根据就业兴趣及时调整自己的专业方向和培养途径，从而为未来学业及就业做出计划和打算。这样，就使得教学重点突出，实用性强并紧跟市场需求。

从英国翻译教学情况来看，我们可以得到一些启发：英国多元化翻译教学较为成功的一个重要原因是其教学定位清晰，导向明确。一般大学的翻译课往往只是作为语言学习的辅助课程，而不是职业培训。翻译院系又有各自不同的教学目标，每一层次都严格制定，因此才能有针对性地制定教学大纲、开设课程、选择书目、进行教学。翻译学在中国作为一门新兴学科正在起步发展之中，我们应当在翻译教学领域进行大胆改革，使之紧跟社会需求。

二、法国翻译教学现状

在法国的文化生活中，翻译有着举足轻重的地位。随着社会的发展与国际交流的日益扩大，翻译将占据越来越重要的地位。在法国，直接或间接从事各种翻译的人员也越来越多。培养译员是一项重要的任务，法国在翻译人才的培养方面，积累了相当丰富的经验，翻译教学比较受重视。法国有专门培养国际会议译员和职业翻译的学校，因培养目标不同，其教学内容、方法和手段必然相异。

（一）巴黎高等翻译学校

该校专门为联合国教科文组织、北大西洋公约组织等国际机构培养国际会议译员和笔译人才，学生来自全球的各个国家，涉及 40 多种语言。巴黎译校招收对象为文、理、法、社会学各科大学毕业生，新生没有数量限制，但入学考试十分严格，除对翻译需要的相关能力的考查外，对其未来将使用的工作语言水平要求也很高。学校下设三个系：口译系、笔译系和研究生系。口译系学制两年，第一年学习即席翻译，第二年学习同声传译。同时开设经济、法律、语言学、翻译理论、术语学等课程，每周总课时大约 24 小时。笔译系学制一般为三年，第一年开设基础翻译课，第二年经济翻译，第三年科技翻译。同时开设口译系翻译之外的其他课程。两个系还同时开设母语及外语进修课（每门 1.5 小时 / 每周）（许钧，2001）。两年或三年学业期满，考试及格或论文通过者分别颁发"会议口译人员高等专家毕业文凭"和"笔译人员高等专家毕业文凭"。学生毕业后，大部分投考各国际机构的翻译部门，也有一部分毕业生为了工作自由不投考国际机构而分别向各国有关机构申请自由译员的工作执照。70 多年来，巴黎译校为联合国、欧盟以及西方各国的外事部门培养了一批又一批的高级翻译人才。

巴黎高等翻译学校以塞莱斯科维奇的释意理论为翻译教学的理论基础，该理论运用语言学、逻辑学、心理学的成就来阐释翻译的理解和表达过程。其核心思想正是对穆南、贝尔尼埃和阿尔比的语言学译论的继承。这一核心思想是：翻译的主要目的是释意，而不是原语的语言外壳，提倡在翻译中进行"文化转换"。释意理论提出的翻译程序是：理解、脱离原语语言外壳和重新表达。不可否认，这一翻译理论体系在培养高级口译人才方面是十分有效的。

巴黎高等翻译学校的一个重要特色，就是极为重视翻译教学理论的研究，推出了一系列翻译教学研究专著。巴黎译校在翻译教学理论研究方面，针对翻译教学的性质、特点、目标、方法，进行了较为系统的探索，提出了许多富有启迪意义的观点，总结了可资借鉴的经验。其中，比较有代表性的成果有杜里厄的《科技翻译教学法基础》、拉沃的《翻译在语言教学法中的作用》、巴拉尔的《翻译——从理论到教学》《大学中的翻译：翻译教学研究与建议》、勒菲阿尔的《笔译推理教学法》等（穆雷，2004）。

（二）雷纳第二大学

该校颁发多语种多媒体交际工程学职业文凭。用十年左右时间发展起来的"语言和技术"专业主要为翻译机构或公司培养英、法、德语笔译人员。这所学校的培养模式同布鲁塞尔玛丽·哈蒲斯自由学院接近，但不培养口译人员。学生毕业后以担任翻译、审校、译审、项目负责人为主。该校的特点是把翻译教学与计算机的使用和专业术语研究同企业需求紧密结合。新生每年在 25 ~ 35 人，在校各专业学生约 25 000 人。该专业指导教师出版翻译理论研究专著十几部，研究成果丰硕，如该校于 2004 年 8 月出版了《奥林匹克英法实用词典》。雷纳第二大学教授瓜岱克在他撰写的《描述翻译和概要翻译》中根据职业翻译特点和程序提出了渐进式的特殊翻译教学模式。

随着互联网的广泛使用，不少大公司希望随时从全球各地的网站上了解行业信息，因此对翻译有了新的需求，它们通常不是让翻译公司完整翻译网上的内容，而是要求译者采用"描述"或"概要"的形式对原文进行适当的压缩和摘编，即编译、摘译或译述等，然后视信息情况决定是否需要翻译全文。这也是"描述"和"概要"翻译训练进入培训内容的原因之一。

三、德国翻译教学现状

德国有着良好的翻译理论传统，德国功能学派的研究对后续的理论研究，以及翻译教学都有深远的影响。

（一）基于现实生活的文本翻译的教学模式

与英国相比，德国的大学一直注重翻译专业人才的培养，并认为每个人都应该享受大学层面的教育。这种专业的教育使得学生要在学校里花上很长的时间。例如，一个想要接受培训后成为教师的学生要在学校里花上四年半的时间，这还要看学校类型以及学生完成整套教学体系所花的时间，实习教师要在学校里实习两年，才能成为合格的教师。然而，大学所提供的这种学术训练并不见得是为将来的专业需要所设计的。英语教授实际上是英国文学教授，而文学作品的选择也是由教授的个人研究喜好而定，并没有考虑课程要求。一般认为，学生的语言能力在入学前就已经获得。考试通常采用改写与翻译的方法，考试用的文章可能是从某一文学作品中抽取的，整个考试不允许用字典。改写是考查学生运用外语的能力；翻译是考查学生对外语的理解力和改写成母语文章的能力。但这种考试并不能考查翻译能力。

随着经济全球化的进一步发展，国际交流与合作不断增加，德国的翻译教学也开始与之前的那种翻译式、纯文学翻译的外语教学分离，转为基于现实需要的文本翻译的教学模式。这种翻译教学模式并不是要培养专业的翻译者或口译者，而是为了使所有专业语言研究人员能够具有日常的或非正式的翻译能力，并能够监督公共的或正式的文本翻译质量。对于在训练时翻译文本的选择，也应是那些在真实生活中可以或应该被翻译的文本，如某个特殊客户所需要的、某个特殊目的所需要的或是要对某些特殊观众所说的，这样一来学生就可以处理真实的翻译任务了。在翻译课上，教师可以和学生共同探讨所选择的文本：它被翻译的必要性、它的潜在读者及对该文本做的调整等，任务可以由小组成员合作完成。那些在翻译中可能遇到的问题，如数字、数据的处理，特定时间、人名、地名，文章修改，文化内容等都可以加到翻译教学课中。德国的杜伊斯堡大学也采用了这种基于现实生活的文本翻译的教学模式。这里的学生只有外语专业水平达到一定高度才可以开始翻译工作。第一学期是翻译基础课程，学习翻译的各个方面：对不同词汇项的翻译；如何合理使用字典和其他材料资源；文化因素的翻译；如何调整文本以适应特定读者；语域分析、文本类型、相同文本的不同翻译等。之后的两个学期要学习德译英和英译德。最后一学期是选修课程——学生翻译工作组。这个课程的教师一般都是目的语的本族语者。学生可以在翻译过程发现很多专业翻译所遇到的问题，并且可以学习如何使用参考资料以及如何加快翻译速度等。

基于现实生活的文本翻译的教学模式也是值得我国大学英语翻译教学学习的。文学翻译对于大学外语的学生来说难度较大，并且对于未来职业需求意义不大。

我国大学英语翻译教学，可以根据学生所学专业不同和未来职业需求设计翻译教材，翻译文本可以是科技翻译、商务翻译、旅游翻译和法律翻译等。

（二）基于培养文学翻译的翻译学院——杜塞尔多夫大学

以上提到的基于现实生活文本的翻译教学模式是为了培养更多具备一定翻译素养的专业人才。在德国，由于地理位置、地缘政治和历史等原因，德语和德国民族文学的形成与发展在很大程度上得益于外国文学的翻译，因此文学翻译也占有一定的市场。德语文学史上的许多著名诗人、作家，从歌德、席勒到霍夫曼斯塔尔、里尔克、格奥尔格，直到战后的埃里希·弗里德、伯尔、汉特克和恩岑斯贝格尔，都曾翻译过外国文学作品，为外国文学在德语区的传播做出了贡献。按翻译作品数量计算，德国远远超过英、法等国，但翻译作品的质量却不尽如人意。受传统观念影响，译事不为学界看重，译者的社会地位相对较低，报酬也偏低，多数情况下不能靠翻译稿酬维持生计。迄至 1987 年，在正规的高等教育中没有专门培养文学翻译人才的专业，对外国文学作品的书评也很少涉及翻译本身的问题。

针对上述情况，杜塞尔多夫大学文学院以法国文学专家尼斯教授为首，汇聚了对跨国界、跨文化的语言与文学交流及翻译理论感兴趣的一批教师，深感有必要成立一个新的专业，制订完备的教学计划，更科学、更系统地培养文学翻译人才。他们认为，面对不断扩大的职业需求，传统的通过自学摸索的方式造就文学翻译人才的办法，无论对译者、出版社和读者都是事倍功半，不能再继续下去了，这一重要的跨文化传播工作的职业化已刻不容缓。

杜塞尔多夫大学文学翻译专业教学计划规定，学制（包括毕业考试）为 4 年 3 个月，达到毕业要求须完成的课时为 160 个学期周课时（修读一门一学期、每周 2 课时的课程可获 2 个学期周课时）。其中必修课和限制性选修课共计 148 个学期周课时，与其他文科专业相比，任选课比例稍低一些。完成教学要求、通过毕业考试者获"硕士翻译"学位。可供选择的外语为英、法、西、意，因为这 4 种语言的译本占全部翻译作品的 4/5。学生须从这四种外语中选择一门主修专业方向和一门辅修专业方向（英法两种语言中必选一门），另外还必须辅修德语（目的语），作为第二门辅修专业方向。主修外语占总课时的一半，即 80 个学期周课时，两个辅修语种各占 40 个学期周课时。也就是说，学生至少须掌握两门外语，能翻译两门甚至多门外语的文学作品。文学翻译专业十分注重理论与实践的结合。教学计划规定，每个专业方向（包括主修和辅修）的教学都包括理论性课程与实践性课程两方面。以主修专业方向为例，学术性、理论性课程必须修满 36 个学期周课时（必修课），其中语言学和文学各占 16 课时，具体课程有语言学导论、语言史、20 世纪语言、词汇学、语义学、句法、语言变体、文学导论、文学史、20 世纪文学、语篇分析基础、文学的接受、类别文学专题等，翻译比较占 4 课时。语言与翻译实践课必修课与限选课共须修满 32 课时，具体课程有语法对比、词汇对比、成语对比和大量的文学翻译实践课，以外译德为主。这里，文学的概念比较宽泛，既包括严肃文学和消遣文学，也包括讲究文笔的人文科学文章。在翻译实践课中，学生要练习翻译各种文学体裁的文章，如散文（小说、随笔等）、韵文、戏剧（舞台剧、广播剧、影视作品等）以及论说文等。到高年级时，每个学生都须选择一个重点领域，深化提高。另外还有跨语种、以翻译学中普遍的共同问题为内容的课程（占 8 课时），如翻译导论、翻译理论、翻译史和翻译工作者职业概貌。特别要指出的是，该专业在传授理论知识时，力求避免为理论而理论的经院式教学，注重从实践中总结出来，又能反过来指导翻译实践和翻译批评的理论。正如负责文学翻译专业的院长代表尼斯教授强调指出的那样："大学学习不能代替实践，但我们力求给学生贴近实际的理论，传授技能和背景知识。"培养学生的独立工作能力，提高他们在劳动市场上的竞争力，使他们尽快适应毕业后的职业工作，把所学理论知识应用到实践中去，是该专业办学的指导思想之一。

四、奥地利翻译教学现状

奥地利翻译教学最有代表性的是维也纳大学翻译学院，该院始创于 1943 年。其教学大纲口译和笔译是翻译活动的两种完全不同的形式。口译要求未来的专家应具备相应的能力：良好的听力、清晰的发音、敏锐的反应力、特殊的记忆力，这种记忆力有助于在短时间内捕捉到谈话中的一段（有时是相当长的一段），并且能在翻译完这一段之后马上去理解另一段。笔译者则要求具备高度发达的语感、洞察最细微修辞色彩差异的能力，能找到传达这些色彩的最贴切的字眼。同时，还应精通原语和译语的特殊性和表达手段。笔译者应是既有创造能力又一丝不苟的人。基于这种视口译和笔译为两种形式的观点，翻译学院的教学课程设置也是不一样的。它把整个教学分为两阶段。第一阶段四个学期，注重整体培养，把主要注意力投放到对第一外语和第二外语的研究、完善和加深母语知识、锤炼口译和笔译技能以及国情知识上。

教学第一阶段利用 4 个学期开设必修课，包括第一外语（1 个学期至少 28 学时）、第二外语（18 学时）、国情学。除此之外，学生应该听完一系列理论课，包括翻译的科学原理和专业实践的原理、法学和经济学原理、普通语言学、实用语言学、语言和言语心理学，每学期学习第一外语所需的全部学时中的一半（即不少于 14 学时）是要用来学习翻译的。

语言教学大纲包括语音室教学、视听教学、口语实习课、语音学、正音法、语法词法、句法、对比语法、成语学、修辞学、词汇学。后四门课或以实践课或以讲座课形式来进行。"科学与技术语言"这门课也可以以讲座形式上，它包含如下分支：人文科学语言、自然科学语言、技术语言、医学语言、公文语言。学生还要练习写作文、做记录、起草报告。他们可以选择所有课程（共 60～100 学时），也可以选上其中的一些课程但不少于 14 学时。教学第一阶段的翻译课包括德语译成外语和外语译成德语的练习、双向翻译实习课、德译外或外译德的翻译讲习课、报刊文章翻译、经济和法律文章翻译、公文翻译。学生可自愿选上他们喜欢的课程，但上课不能少于 14 学时（规定 40～60 学时）。第二外语的教学大纲大致也可按这一模式来制定，不过课时数要安排少一些。第一阶段的国情学课包括所学语言国家的文化、地理、经济、社会制度、国家与法律、现代史、报纸杂志及文学实习课。

有关普通语言学和实用语言学及言语心理学的课程有语言学原理、普通语言学导论、语法理论、音位学理论、语义学、篇章语言学、社会语言学、语言纯洁性、心理语言学和言语心理学、外语研究方法、术语学研究等。不过这些课程中只有两门是必修的。由于学生们选的课程不尽相同，因而经常只有两三个人上课。但是，开设大量符合学生多种兴趣和爱好的选修课和实践课，还是颇有成效的，或者至少是理应受到重视的。教学第一阶段学生宜选科学工作技术讲座、所学语言的历史讲座、德语修辞学实践课、所学语言的文学史讲座和实践课、声带卫生和言语矫正法讲座、自发言语技巧实践课、教育心理学讲座、国际关系讲座或实践课、国际法讲座以及其他一些课程。

在教学的第二阶段，实行口译和笔译分开教学。考试课程还是那些，只不过教学时数有所变更，语言和翻译增加 6 学时，而国情学减少 4 学时。增加"国际组织"讲座课作为考查内容。整个学期中，不论是笔译还是口译，语言课每周分配 2 小时，笔译 2 小时，口译 4 小时，随译和同声传译各 2 小时。第一外语、第二外语及口译、笔译课程的安排大致与教学的第一阶段相同。只是教学时数和教材的繁简有所不同。第二阶段国情学课的选题明显拓宽。比如，学生应涉猎所学语言国家人民的精神发展史、现代哲学思想趋向、艺术史、绘画和建筑史、现代音乐、所学语言国家的文学和文学研究、现代戏剧等。

"笔译和口译的共性问题及个别问题"课包括下列一些专题的讲座：笔译理论、口译理论、翻译语言学理论，以及评论分析已发表译文的实践课、辞典编纂实践课等。选修课的课程安排与第一阶段相同，但是学生应选前 4 个学期即第一阶段没学过的课程。

维也纳大学翻译学院旨在培养高度专业化的翻译人才，注重强化语言研究，下苦功夫练习，深入钻研所学语言国家的社会文化、经济和政治特色。这种扎实的教学理念是值得我国翻译教学界学习的。

第四节　以学生为中心的英语翻译教学理念

一、"以学生为中心"教学的概念

"以学生为中心"的教学是由于翻译教师仅作为知识的传授者和指导者的角色已远不能满足教学的需求，因此教师应通过多种途径突出学生的中心地位，形成课堂上的新型师生关系的一种教学模式。这种教学模式认为翻译是对两种语言的创造性运用，因此翻译活动应涵盖交际框架下的语言活动、文化活动、心理活动等。这种教学模式注重英语翻译教育的发展趋势，特别是重视翻译教学环境和学生作为教学主体这两个因素。由于翻译教学环境趋向于提倡、建立一种交际性的课堂教学形式，应努力创建一种能培养学生独立开展创造性语言转换以及语言交际的环境，因此也就应该特别重视社会背景和文化迁移在翻译教学中的作用。此外，这种教学模式认为教师不应是翻译操练中的带头人、翻译材料的介绍人或译文好坏的评判者，而应在翻译教学的过程中，明确学生才是积极的创造者，而不是消极的接受者。要重视学生的不同个性、学习风格、学习策略以及在学习过程和学习内容上的智力因素。总而言之，以学生为中心的翻译教学就是要充分重视学生在学习过程中的积极作用，充分调动学生学习的积极性和增加他们的自信心，要尽量让学生自己控制学习内容和方法，鼓励学生参与到教学活动的各个环节中来，鼓励学生更多地对自己的学习负责。

二、"以学生为中心"教学的特点

（一）教师引导，学生为主体

在传统翻译教学模式中，教师通常都会处于相对的权威地位，所以我们常常可以看到教师在台上一板一眼地讲，学生在台下不停地记笔记，这是一种"填鸭式"的教学方法。而"以学生为中心"的教学模式则要求实现教师角色的转移，也就是要将教师角色由主演转变为导演，从而更好地引导、辅助学生学习翻译，同时要将学生转换为主演，使他们掌握翻译知识并付诸实践。

（二）教师和学生融洽合作，教学突出实践

"与传统翻译教学模式'以教师为中心'不同，'以学生为中心'的翻译教学模式强调翻译教学过程中学生的主体性。认知理论认为，教学不是知识的'传递'，

而是学生积极主动地'获得'。"在"以学生为中心"的翻译教学模式中，课堂上教师与学生应形成积极的合作关系，也就是双方扮演翻译教学中的合作者。

实行"以学生为中心"的教学模式并不代表教师失去权威性，而仍要以教师作为课堂活动的引导者，采用多种途径突出学生的中心地位。传统的教学法一般是"以教师为中心"的教学方式，这种教学方式通常"将改错作为教学手段，将教师提供的参考译文作为翻译课的终极目标，不符合真实情境下翻译的本质特点，在一定程度上扼杀了学生学习翻译的主动性与创造性"。可见，传统的翻译教学方式由于过分依赖教师的主导地位，在很大程度上忽视了学生的主体地位，也就很难激发学生的积极性，学生不仅没有选择回答问题的权利，教师也很难把握学生的真实需求。

"以学生为中心"的翻译教学模式，首先便是让学生在"译"中学习技能。同时，翻译是一门理论与实践相结合的课程，王鸣妹在自己的论文《如何改进英语翻译教学》中提出了"好的理论以实践中获得的材料为依据，好的实践又以严谨推断出来的理论为指导"的观点，认为学生在学习英语翻译的过程中要以理论为基础指导，通过进行大量的实践练习并与参考译文对比来使他们更好地掌握所学的翻译技巧，从而进一步提高翻译能力。

正如黄青云在其论文《翻译观念与教学模式也应"与时俱进"》中所说的那样，"新的现代教学理念认为，在翻译课上，是先鼓励学生去译，在'译'中学习。也正是因为学生在译的过程中，需综合运用原有的知识经验、查阅工具书以及其他相关资料"。所以，学生可以从新的角度思考已学过的内容，理解这些理论和翻译技巧或方法，最终达到掌握相应知识和积累经验的目的。比如，

【例】But I was also struck by something else that among all those decades' worth of family documents my parents had looked through, the delivery bill was the only thing they thought of sufficient interest to pass along.

【译文】但是我还被其他的事情所触动：几十年来，我们家积累下那么多的单据，仔细看过之后，我父母觉得唯一有保存意义的就是那张接生费用账单。

在刚开始翻译时，大多数的学生会将 document 译作"文件、资料、票据"等，但经过认真查阅词典才发现 document 在英语里的意思是 a writing that conveys information，结合这里的语境分析，准确的翻译应为"单据"。

（三）共同参与评价

"以学生为中心"的教学方式要求改变传统的以教师为主体的评价方式，实现评价主体多元化，组织学生间、师生间的自评和互评相结合的多层面评价方式。至于如何将评价权利充分赋予学生，则应通过以下几个步骤来实现：①教师应先

将学生分成若干个小组；②在完成一种翻译方法或技巧详解和示例后，教师应给学生布置课前选定的相应翻译练习；③学生完成练习之后，可以考虑进行小组讨论，进而评选出能够获得小组成员共同认可的较好译文；④教师检查完各小组译文之后，应对其分别加以评价，并指出这些译文中翻译较好的部分和不妥之处；⑤最后教师还应为学生提供参考译文，并鼓励学生指出其中可能存在的不足之处，进而实现师生共同探讨某种译法的效果。比如，

【例】Rocket research has confirmed a strange fact which had already been suspected there is a high temperature belt in the atmosphere, with its center roughly thirty miles above the ground.

教师应给出"通过火箭研究已经证实了人们早就怀疑的大气层中有一个中心在距地面约 30 英里高空的'高温带'的这种奇怪的事实"的参考译文。

学生可以根据英汉长句转换原则，将英语的"树状形"结构转换成汉语的"波浪形"结构，也就是将英语长句译成汉语的若干短句的方法，发现参考译文翻译得比较拗口，并通过探讨得出较佳译文。

【例1】利用火箭研究，人们证实了早就怀疑的一个奇怪事实，即大气层中有一个"高温带"，其中心在距离地面约 30 英里的高空。

【例2】人们早就怀疑，大气层中有一个"高温带"，其中心在距离地面约 30 英里的高空。利用火箭进行研究后，这一奇怪的事实已得到证实。

（四）重视学生独立翻译能力的培养

"以学生为中心"的翻译教学模式的目的是培养学生独立的翻译能力，而不是仅仅教学生学会翻译某些句子或文章。这种教学模式重视翻译过程，旨在通过教师的指导，帮助学生学会如何理解原文，并且通过恰当的技巧来表达自己的译文。此外，为了树立学生的自信心，教师必须对学生的作业持积极的态度。

三、"以学生为中心"教学的活动安排

（一）开列阅读书单

由于翻译是一项实践性较强的活动，所以在翻译教学的所有阶段都必须重视实践练习环节，而翻译课程安排则应以实践活动为主线。但也要重视理论指导实践的重要作用。应当清楚的是，如果离开了科学的理论指导，也就没有办法进行高效的实践活动。所以，为了帮助学生在较短的时间内掌握科学的翻译理论知识，教师为学生推荐阅读书单是一个很好的办法，教师可为学生开列如翻译简史、翻译理论与技巧、中英文化习俗等方面书籍，学生可以通过这种方式学会用普遍的原理处理个别的实例，之后再经教师的指点，将实例衔接到理论上去，做

到真正融会贯通。

（二）多进行笔译、口译练习，消除文化障碍

学习口笔译的学生不仅要具备坚实的双语素养、文化知识，还要具备运用翻译策略的技巧，特别是在口译教学中，跨文化沟通认知对学习口译的学生十分重要。许多口译初学者在翻译过程中出现错译或误译，并非是因为其语言能力欠缺，而是因为遇到了无法解决的文化障碍。所以，学生只有不断进行翻译实践，才能消除可能出现的文化障碍。

（三）采用多媒体教学手段

由于语言运用是一种多感官的体验，语言信息可以通过不同的媒体或者不同的感官渠道传输，所以很有必要采用现有的多媒体技术进行英语翻译教学。目前很多学术讨论会、记者招待会或者国际之间互访的宴会等都会采用同声翻译录像、光碟。我们在翻译教学中就可以利用这些录像、光碟创造模拟的现场效果，从而进行英汉或其他语言的互译实践。

四、"以学生为中心"教学的不足

"以学生为中心"的翻译教学并不是一种十全十美的教学模式，它同样也存在以下局限性：①如果同一组学生在一起讨论问题时间过长的话，一些学生的精力就会逐渐开始分散，有时候他们会讨论某些个人的事情，忘记了正在进行中的问题。②这种方式会助长部分学生的惰性，特别是那些经常处于中下水平的学生，他们会依赖小组成员，而不去思考，常常只会等待其他人回答，造成"窃取他人成果"的现象。③这种教学模式会让部分学生感到困惑，尤其是那些处理语言解码和语言编码能力较差的学生，这种教学方式会使他们对自己的翻译能力感到自卑。

第三章 英语翻译人才的培养目标与培养模式

第一节 翻译人才的培养目标

在阐述人才培养目标之前，我们先看一下有关课程教学目标的定义。《朗文语言教学及应用语言学辞典》将其分为两类：一类为总目标（general objectives, or aims），为教学的基本原因或目标（the underlying reasons for or purposes of a course of instruction）；另一类为具体目标（specific objectives），指一门课要达到的目的，详细描述学生在教学最后一阶段必须具备的能力。其实这也是教学目标在较宽泛与较窄两个层面的界定，较宽泛层面上指课程设计者预计学生能达到的一般性教学目标或目的；较窄层面上指学习者通过课程学习在知识、能力等方面所能达到的具体专门目标（所掌握的知识领域以及在听、说、读、写、译等方面能获得的具体技能等）。笔者尝试借助这一定义的分类，提出翻译人才培养宏观的总目标（本科生、硕士、博士生学历学位教育目标）——阐明人才培养的基本原因或目的，并提出具体的阶段性培养目标（学年、学期及课程目标）——阐明学生通过阶段性学习所能达到的水平。其中，阶段性培养目标涉及的课程教学目标又可以分为总目标和具体目标两类。

在解析我国翻译专业建设现状时，我们曾经指出翻译作为一门新兴学科，各院校相关人才培养目标不一致，有的强调复合型人才，有的强调翻译通才，有的强调译员教育，不一而足。限于篇幅，笔者不可能将各阶段、各课程目标逐一阐释，现仅在翻译人才分类的基础上，从宏观角度分析翻译专业本科和研究生教育中的人才培养总目标，并剖析两者之间的传承关系。

首先讨论翻译人才的分类问题。戴炜栋等（2006）指出高素质的外语人才可以粗略地分为学术研究型和应用职业型。这两种人才都具备专业及相关专业知识，具有学习—实践—创新的能力以及高尚的人品、道德等，只不过在知识领域、能力侧重、创新研究能力强弱等方面存在一定差异。笔者认同这一观点，但认为翻译人才虽然可以分为学术研究型和应用职业型，但如果结合具体翻译教学实际，将之分为翻译通才和专门性人才则更为妥帖和确切。这主要是由于该分类一方面体现了翻译的学科融合性（翻译为杂学，译者为杂家）；另一方面表现出翻译理论和实践的均衡发展。当然，通才、专门性人才、学术研究型和应用职业型人才之间有一定相关性。具体说来，翻译通才充分体现出学习者学术研究能力和职业技能的平衡发展，该类人才既掌握一定的理论又有较强的翻译实践能力；而如果学习者偏重于理论学术探索（如翻译理论家、翻译批评家），则更倾向于学术研究型人才；如果侧重于翻译实际操练（如口译译员、科技文献译者、文学作品译者等），则更倾向于应用职业型人才。无论是典型的学术研究型还是应用职业型翻译人才均属于专门性翻译人才。而且，无论是高层次翻译通才还是专门性人才，都具有扎实的语言基础（双语能力过硬）、翻译知识、语言运用技能和翻译技能以及相关学术道德、职业道德等，当然，在知识的广博程度、能力的大小、技能的娴熟程度等方面存在一定差异。

以上对翻译人才进行了分类，那么翻译人才的分类与翻译本科、研究生教育之间呈现什么关系呢？笔者认为，本科教育的目标在于培养一般性翻译通才，他们具备较宽泛的翻译知识和较强的口笔译能力，能胜任相应跨文化语言文字交流工作；而一般性翻译通才通过研究生教育成为高层次翻译通才、学术研究型人才和应用职业型人才。其中高层次翻译通才较之一般性翻译通才，在理论层次和实践技能等方面都更有所长。具体说来，研究生阶段一方面开拓学生的视野，强调翻译理论、翻译研究方法的掌握以及翻译科研能力的培养；另一方面加强实务训练，进一步培养翻译技能和翻译能力。当然，博与专、术与学之间的侧重因人而异。如果学习者毕业后直接参加工作，那么在工作过程中也可以通过自身的研究（翻译实践研究、翻译理论研究）成长为学术研究型人才，或者通过职业教育和培训（口译、笔译实务训练等）、工作实践成为应用职业型人才。

当然，我们要认识到翻译人才之间的个体差异，也就是说，培养人才并非如流水线上批量生产的产品，在知识、能力、品德等方面完全一致，人才是既有共性又有个性的个体。同时各人才类型之间没有固定的、不可打破的界限。也就是说，一般性翻译通才可以根据个人的特长、兴趣等，通过自身努力成为某种类型的翻译人才。一位翻译实战经验丰富的译员可以结合自身经验，进行相关理论探索，在学术研究方面取得一定成就，反之亦然。

笔者提出本科翻译专业主要培养一般性翻译通才（即通用翻译人才），这也符合大多数人的看法。在"2006暑期全国英汉口笔译翻译教学与实践高级研讨班"上，多数与会者认为，翻译本科还是以培养一般性复合型通用翻译人才为主，或者说以此为基础目标，专门方向的译员培养可以留到研究生阶段进行（穆雷、郑敏慧，2006）。那么，一般性翻译通才是如何界定的呢？复旦大学"英汉双语翻译专业"的培养目标中谈到学生应具有较强的英汉双语技能、扎实的政治、经济、文化、科技、金融基础知识，能胜任外交、外贸、独资合资企业、中国驻外机构、新闻媒体等部门的口笔译工作。笔者认为这一培养目标涉及知识面、双语技能、职业技能等方面，可以比较生动地体现通才教育的目的。将这一目标与翻译专业资格（水平）考试的等级划分相对比，笔者发现该目标超出了翻译专业资格（水平）考试中的初级（三级）要求，与中级（二级）要求相近。在翻译专业资格（水平）考试中，二级口笔译翻译应具有一定的科学文化知识和良好的双语互译能力，能胜任一定范围、一定难度的翻译工作；三级口笔译翻译应具有基本的科学文化知识和一般的双语互译能力，能完成一般的翻译工作。三级口笔译水平相当于对外语专业优秀毕业生或外语专业翻译方向本科生的要求。如果参照由外交部制定、中央职称改革工作领导小组1986年3月31日转发的《翻译专业职务试行条例》，我们可以看到，通过三级口笔译考试者可以应聘助理翻译（能完成一般性口译或笔译工作。从事口译者应基本表达双方原意，语音、语调基本正确；从事笔译者应表达一般难度的原文内容，语法基本正确，文字比较通顺），而通过二级口笔译考试者可以应聘翻译（独立承担本专业的口译或笔译工作，语言流畅，译文准确）。也就是说，本科翻译专业的培养目标在于能够获得翻译专业中级资格证书，独立承担口笔译工作的高层次人才。

结合相关论述，为适应培养高素质复合型创新翻译人才的需求，笔者尝试从知识、能力、品德、职业技能等方面来阐述本科翻译专业的培养目标，提出本科翻译专业旨在培养一般性应用复合型的翻译通才。他们具备比较扎实的语言、文化、政治、经济、金融、外贸、科技、艺术等基础知识，较强的外汉转换能力和语言学习应用能力，良好的思想道德素质、心理素质、适应能力、合作精神，且能够胜任外交外贸、涉外企业、文化艺术、科技翻译、新闻出版、教学研究等领域的语言文字交流工作。之所以强调应用复合型，是因为翻译专业本科注重应用能力的培养，且涉及的知识面比较广，技能具有复合性；之所以强调通才，是因为翻译专业学生应该能够胜任一般性的语言文字翻译工作。一般说来，所培养人才能够通过翻译专业中级资格（水平）考试。鉴于翻译为新兴专业，具体教学尚处于摸索阶段，不可能要求所有毕业生都通过中级（二级）口笔译考试，但至少应通过初级（三级）口笔译考试，胜任一般性口笔译任务。而优秀毕业生在实战训练的基础上，能通过中级（二级）口笔译考试，获得翻译专业中级资格证书，独立承担口笔译工作。当然，各学校、各地区存在一定的差异，因此翻译本科专业培养目标不可能完全一致，各学校、各地区可以结合实际情况，突出学校、地方优势或特色。

第二节　翻译人才的培养模式

在阐述人才培养模式之前，先探讨一下"模式"（model）的定义。《现代汉语词典》把"模式"定义为"某种事物的标准形式或使人可以照着做的标准样式"。*Collins Cobuild Learner's Dictionary* 中将"model"界定为"a system that is being used and that people might want to copy in order to achieve similar results"。从这两个定义可以看出，模式本身应该是系统的、可参照的、有目的的。目前这一概念及相关研究方法已经被教育界广泛应用。

教育家们尝试在确定研究目的的基础上，对教育思想、教育现象的原型进行抽象化，进一步将其转化为认识论上的模式，以切实解决具体教育问题。比如，研究翻译人才培养问题，就可以在确定人才培养目标的基础上，在一定教育教学理论指导下，对不同培养方式进行系统的概括归纳，形成一定模式，供翻译教育实践选择，同时丰富相关翻译专业建设理论。可以说，人才培养模式是理论与实践、普遍教育与个别教育实践之间的媒介，参照相关模式所培养出来的人才应该受到学校和社会的检验，以考核是否达到一定的培养目标。笔者下面借鉴相关翻译专业建设经验，结合翻译人才培养目标，尝试从学制、培养机构、培养方式和培养途径等宏观方面阐述翻译本科专业人才培养模式的问题。

首先是学制问题。目前国外有的高校除设有翻译本科、研究生教育之外，还设有翻译专科，构成了从专科到博士阶段比较完整的教育体系。但笔者认为鉴于翻译过程以及翻译教育本身的广泛性和复杂性，2～3年之内很难保证翻译人才培养的质量，实行四年本科教育能够较好地夯实人才的理论基础，使翻译理论与实践密切结合。因此，除非是出于地域性培训的特殊需求，笔者建议翻译人才培养还是应以本科为起点，逐步完善从本科到博士的系列教育，包括授予翻译专业硕士学位，开办同等学力翻译硕士班、翻译硕士研修班、翻译博士研修班等。当然，在翻译人才培养过程中，高校可以根据市场需求，适当改变招生方向和增减招生人数。

其次是培养机构。如前所述，我们的翻译人才培养任务多由各高等院校高级翻译学院或翻译系承担，为学院式人才培养。这主要是由于高校具有丰富的办学经验、高素质的师资和良好的办学环境。但鉴于翻译自身实践性、应用性较强，与市场结合比较密切，因此笔者认为可以借鉴理工科的办学经验，加强高校与翻译公司、出版业、外企外贸、外事、旅游等单位的合作，一方面吸纳一些资深译员、翻译家、翻译评论家等兼职担当翻译教师，充实师资队伍；另一方面可以为学生提供实战场地，培养其翻译实践能力和知识应用能力，为其专业发展打下更加宽厚的基础，同时充分考虑到学生今后的就业、职业生涯取向，为他们提供更多的职业选择。

再次是培养方式。2006年，由教育部审批、通过高考招生的本科翻译专业只在不同类型、不同地区的三所高等院校（复旦大学、广东外语外贸大学、河北师范大学）中试点，但有的高校（如南京师范大学等）已尝试从在校大学生中选拔优秀学生进入翻译系，进行应用复合型人才培养。他们从大学本科二年级或三年级的学生里选拔双语（母语和外语）基础俱佳的学生，进行翻译教学和培训，通过理论学习和翻译实践逐步成为合格的译员。有的高校（如西北师范大学）尝试实验翻译方向本硕连读的人才培养模式，大一学业结束后从全校选拔学生，大二加强母语和外语两种语言文化的学习，大三以后进行翻译专业课程学习。无论采用哪一种方式，其效果都需要社会与市场的验证。杨自俭（2006）指出，翻译人才培养模式一定要开放。第一，特别重要的是突出基础宽厚与知识面广（包括基础理论），因为翻译是杂家。第二，要突出的是语言实践能力，在听、说、读、写都训练好的基础上，要突出训练说与写，特别是写的能力，它是口笔译都极其需要的，当然包括中外两种语文写作的训练。过去我们存在轻视母语写作的问题，现在应正视这个问题。第三，要突出的就是翻译基本功的训练。这方面有三个问题应引起大家关注：一是要以"文贵得体"为训练翻译能力的指导思想与追求目标；二是要严格按不同文体的要求进行不同的训练；三是口笔译都要进行全译、摘译、编译等各种变体形态的翻译训练。笔者认为，一方面要强调在本科阶段进行复合型翻译通才教育，借助通识教育、专才教育等人才培养理念，培养完整人（wholeperson），即学有专长、术有专攻，在知识（语言、翻译等知识）、能力（翻译能力、创新能力、适应能力）、品格、素质（伦理道德\价值观、职业道德、学术品德）等各方面协调、全面发展的人才。这里的"通"，有融会贯通之意，也就是说所培养的人才能够将不同学科的知识相互融合，在交流合作中进行跨文化沟通。另一方面应该注意人才培养的阶段性，在本科四年中，一、二年级为基础阶段，三、四年级为高级阶段（提高和分流阶段）。基础阶段可以通过开设相关课程夯实学生的语言（双语）、文化（母语与目的语文化）、翻译基本功，培养其基本的双语翻译能力；高级阶段根据其学习旨趣，在自愿报名和选拔的基础上适当进行方向性分流（外贸、经济、政治、语言、文学、教育、新闻、科技等），通过增设选修课、增加实习锻炼机会等激发学生的兴趣，增强他们所学知识的实用性，提高他们的反思能力。当然，各课程的设置比例、理论学习与实践的匹配、语言能力与翻译能力培养的侧重都会因院校、专业特色、个体差异等有所不同。同时，笔者认为，随着翻译专业建设的发展，也可以适当借鉴目前复合型人才的培养经验，考虑翻译与其他专业的复合，如采用"翻译＋文学""翻译＋经贸""翻译＋企管""翻译＋语言""翻译＋法律"等模式培养翻译人才。具体说来，可以在基础阶段（一、二年级）就让学生根据自身学习兴趣跨系选修某专业的主干课程，夯实具体专业及语言基础，然后在高级阶段适当增加职业培训课的比重，供学生选修，以适应社会需求。当然，大学本科教育毕竟不是职业培训，翻译专业所培养的也不仅仅是译员，他们当中有一部分人还将成为从事翻译理论、翻译教学或其他涉外研究的后备军，所以突出通识教育，将人文社会科学、自然科学技术等融会贯通，培养学生的学习能力、合作能力、探究精神、创新精神也是至关重要的。毕竟他们将根据发展和需要，随时准备担负未来翻译研究、翻译教学、翻译专业建设的主要工作，推进我国翻译事业的发展。

最后是培养途径。查有梁（1990）曾经提出知识与能力之间的转化机制是"教学做合一"，即手脑并用、个性发展、知行统一；知识与人格之间的转化机制是"真善美统一"，即观点正确、方法科学、情操高尚；能力与人格之间的转化机制是"德才识统一"，即接触社会、研究问题、探索创新。笔者认为在翻译人才培养中切实贯彻这些原则，有助于翻译通才（兼备语言翻译知识、语言翻译能力和高尚品德的人才）的培养。总的来说，培养形式可实行以下几个结合：一是国内外结合，四年本科最好有半年或一年到所学语言国家学习专业；二是课内外、校内外结合，应该坚持课堂授课与课外实践相结合，四年内应有适当时间的笔译和口译的实习；三是导师负责与小组合作相结合；四是专题讲座与任务探究相结合；五是口试、笔试与论文撰写、平时作业相结合，使学生确实做到 know-what，know-who，know-why，know-how，既增长知识，又提升能力。当然，这就涉及具体的课程安排、教育理念、教学管理、学业评估等问题，需要援引相关理论为依据，并在具体教育教学实践中得以检验。以上这些，笔者将在以下各章节进行阐释。

第三节　翻译人才的多样性与层次性

戴炜栋等（2006）曾提出在构建具有中国特色的外语教育体系中，要坚持外语人才培养的多样性原则。也就是说，应该充分考虑到我国地域、经济、教育等发展情况的不平衡，需求的多样性，因材施教，培养出不同层次、不同专业和不同种类的外语人才。笔者赞同这一观点，并且认为目前社会发展一方面需要语言综合运用能力强，具备独立研究能力和创新能力的学术研究型人才，另一方面需要语言交际能力强，相关业务过硬的应用型外语人才。随着翻译学科的发展和社会对翻译人才需求量的增大，翻译人才培养成为人才培养中的重要部分。虽然我们一般将具备较强的双语转换能力的人才统称为翻译人才，但翻译人才本身具有层次性和多样性，从专注于翻译理论研究的学术研究型人才到从事翻译实践的专职译员，这之间是一个连续体（continuum）。连续体这一概念源于社会语言学中的言语类别连续体（speech continuum）。《朗文语言教学及应用语言学辞典》将其解释为："一种语言可分为若干独立的地区或社会方言，但它们之间往往没有明确的界限，而是一种方言到另一种方言之间构成了一个连续体。"将这一概念应用到翻译人才的分界中，我们发现，翻译人才呈现出多样性，他们或者偏重于理论的深入研究，或者偏重于翻译技能的训练；或为博学多闻的杂家，或者是术业有专攻的专家；或者擅长口译，或者擅长笔译；或者擅长文学翻译、学术翻译，或者擅长科技翻译、文献翻译；或者擅长汉译外，或者擅长外译汉等，不一而足。这其中往往无明确界限，个体翻译人才是可变的，可以由实践能力强转变为实践与理论水平俱佳，也可以由精于某类翻译到兼容各业，这就是翻译人才的多样性。

举个例子来说，我们在讨论"翻译"的定义时，曾指出"翻译"一词在宽泛层面上指代"译者"，按照其形式可以分为口译员和笔译者。口译员又可以根据其性质进一步细化为交传译员和同传译员（简称"交传"和"同传"）；而根据其内容，口译员又可以分为大会译员、陪同口译、法庭口译等。笔译者又有专职于文学、科技、经贸、法律、外事等方面的翻译工作，这就充分体现出翻译人才的多样性。至于翻译人才的层次性，我们在讨论翻译培训和翻译教学区别的时候，也曾有所涉及。在翻译专业学士、硕士研究生、博士研究生的不同阶段的教育教学中，教学目标有所不同，要求亦不一样。具体来说，在本科阶段，主要是强调夯实语言基本功，拓展双语翻译基本知识，培养较强的翻译能力，最终造就翻译通才。而在通才的基础上，通过研究生阶段的教育或者翻译职业培训，完成通才向专门人才的转变，成为某一行业（如文学、科技、文献、医学、法律、建筑等）的笔译或口译方面的专门翻译人才，或者成为从事翻译理论与研究工作的学者。这一渐次发展的过程体现出翻译人才的层次性。

一、翻译人才多元化培养路径探索

中国文化"走出去"战略的有效实施有待于"政产学研"四方深度整合、共同推进、协同创新。我们需抓住发展契机，以翻译人才多元化培养思路推进改革。笔者有以下三点建议。

（一）政府层面

其一，加强非通用语种专业顶层设计。从国家政治、经济、军事、外交需求来说，与我国建交国家的所有语言，政府都应该有相应的语言人才储备，这关系到国家形象和地位（文秋芳，2016）。我们应借鉴美国等发达国家的经验，由教育部委托相关教育指导委员会成立国家层面的专业顶层设计机构，决定各类非通用语种人才的大致需求，对申报高校进行专业审批并监控培养质量。其二，构建国内外高端翻译人才库。一方面，倡议在国家相关部委的支持下，以教育指导委员会为纽带，联合高校和行业协会，采取一定的遴选和考核机制，构建涵盖多语种的国家翻译人才精英库，即翻译国家队。另一方面，建议与国际上著名汉学家通力合作，打造我国政府的国际高端翻译人才库。此外，还可利用"一带一路"契机，通过师资输出或留学生输入等方式，培养通晓汉语、了解中国文化的国际友人，建立翻译后备人才库。其三，完善翻译相关法规，建立健全译员准入机制、行业监督机制、翻译资费标准等。

（二）培养院校层面

学校是人才培养主体，应得到高度关注。笔者建议突破传统观念，从多元化的视角进行人才培养。首先，在义务教育及高中教育阶段即开展"译员预培养"。笔者建议：①有条件的学校开设译员兴趣班，培养有潜力的学生。事实上，在欧美国家，青少年译员并非罕见；②政校合作，设立非通用语专项教学建设项目，通过暑期授课或网络授课等形式，有针对性地遴选并培养一批有语言天赋和学习兴趣的少年；③对通过终期考核的非通用语种学生给予中、高考优惠政策，打通全阶段一体化人才培养格局，待到高等教育阶段，即可对这批有语言基础的学生进行"语言＋专业"培养。如此，既能够保障国家非通用语人才队伍，也为这类学生提供了多样化的就业方向。其次，应着力解决翻译高等教育人才培养的几个突出问题：①全国范围内翻译本科培养院校数量增速过快，培养过程质量监控力度较小；②翻译硕士层面存在专职教师实践能力偏弱、兼职教师队伍建设不够、课程建设水平有待提升、教师相关专业知识匮乏、实践教学基地建设力度不够等问题；③翻译博士专业学位尚未建立，人才培养体系有待完善。仲伟合教授在对专项评估进行全面分析的基础上，撰文对翻译专业院校提出了以下五点发展建议：以国家发展战略为办学导向；以职业需求为课程导向；以实践能力为培养重点；以师资队伍建设为关键；以质量保障体系为抓手（仲伟合等，2016）。

（三）行业协会层面

信息化时代，社会对各领域人才的需求不断变化，翻译行业也切身经历着这种变革。行业及专业之间存在天然的纽带，即：专业建设水平对行业发展有至关重要的影响。因此，翻译行业也应积极参与翻译专业人才培养，协同解决"如何培养适需人才"这一重要课题。我国翻译领域唯一的全国性社会团体——中国翻译协会成立于1982年，近年来，协会已在开展翻译研究和交流、促进行业健康发展和打造翻译人才队伍等方面发挥了重要作用。为增强我国文化"走出去"的核心竞争力，建议协会进一步整合业界资源，明确行业对各类翻译人才的期望，充分实现行业需求与翻译人才培养的有机接轨。此外，协会还可以充分发挥其社会服务的职能，通过开设微课、慕课、小语种公开课等形式，增强全社会对翻译行业的关注和认知，同时为有需之人和有志之士提供便利的学习途径，构建语言人才培养的良好社会风气，奠定中华文化"走出去"的社会基础。

二、翻译人才培养模式的多样性

（一）外语 + 社科类

这种模式是从外语人才中培养翻译人才，即"外语 + 专业"。它是以外语为主体知识结构的外语复合型人才。例如，外语为"英语"，专业可以为经贸、金融、法律等，即经贸英语、金融英语、法律英语等专业类型；外语为"日语"，亦以此类推。此类模式的课程设置可在外语专业中增设若干方向型课程，系统学习6～8门相关课程以体现复合型专业方向。此模式的专业方向都是社会科学，在各大学的专业设置中较为普遍，亦有饱和的趋势。

（二）外语 + 语言类

此类模式为前一模式的特殊类型，因为语言也属社科类，它可培养双语或多语型翻译人才，如"英语 + 汉语""英语 + 日语""英语 + 法语"。它是专门以语言为学习研究对象，是传统的各外语语言文化专业。此类模式可以为"主修语种 + 辅修语种"。主修外语专业必须达到本科毕业水平，辅修语种则要求达到大专毕业水平。针对中译外人才紧缺的现况，翻译人才的培养可以在外语专业学生中，加强传统中文的研修，使之具备坚实的中文功底。当然，也不必一定要以外语专业为基础，对于非外语专业的学生，如中文系的学生，只要外语水平过关，再进行必要的外语知识训练，也是可以胜任翻译工作的。另外，口译人才亦可在此模式中得以培养。市场对单纯语言文学专业毕业生的需求量正逐渐减少。因此，外语专业必须培养宽口径、应用型、复合型翻译人才。

（三）理工类＋外语

此模式以科技知识为主体知识结构，培养"科技型"专业外语复合人才，学生的第一能力是理工科知识，本质上仍属于科技型人才，但他们具有良好的外语水平，能胜任专业较强的翻译工作。此类模式培养既有所学专业的基础知识、学科理论与基本技能，又具有扎实的外语基础、熟练掌握外语言语能力的新型复合型外语人才，如"科技英语"，如果学校能从专业出发，辅以英语，一定能培养出精通专业的翻译人才，即采取"专业＋外语"的模式，以专业为主，外语为辅。此类"专业＋外语"的模式完全不同于"外语＋专业"的模式，它要求学生以精通专业为先决条件，再辅以外语。当然，此模式亦可以通过辅修制的形式加以实现，即要求理工类学生在主修成绩优良的前提下，辅修外语专业，使之成为在此专业里合格的翻译人才。

在以上三种培养模式中，第一类模式培养的翻译人才较多，在有外语专业的大学中都会考虑此类复合型人才的培养。而第二类模式也渐渐兴起，它要求学生具有较强的语言功底，毕业后至少需掌握两门或两门以上的语言。第三种培养模式还不多见，也是导致现今此类翻译人才稀缺的原因，因为此类人才的培养有一定的难度，对学生要求也较高，它既要求学生学好本专业，又要掌握好一门外语。对于各类翻译人才培养，课程设置方面都必须包括必要的翻译理论知识和必需的技能，以配合翻译人才的培养，也可开设一些能拓宽知识面和提高文化修养的课程，以提高其综合素质。在教材方面，亦不必拘泥于市面上的教材，教师完全可以根据培养方向，自行编写教材。

第四章　英语翻译教学的专业
定位与建设

第一节　翻译教学的准确定位

前面在阐述我国翻译专业的现状时，笔者就已经提到翻译专业经过近20年的发展，在理论辩争和市场发展的推动下，在专家学者和广大一线教师、译者的努力下，已经从三级学科逐步发展为二级学科，而且完善了从翻译学士、硕士到博士研究生的翻译人才培养体系。不可否认，我国翻译专业建设已经取得了很大的进步。但作为一门新兴学科，对它进行恰当定位，分析它在外语教育体系中的地位及其面临的机遇与挑战，都将有助于了解该学科的发展态势，促进其全面发展。

为了保证一个学科的恰当定位，我们除了进行相关社会需求和个人需求分析之外，还要了解该学科的专业发展趋势，包括毕业生当年的就业率、5～10年之内的报酬、发展前景等，但目前本科翻译专业还处于萌芽状态，对就业趋势等方面的大型调查研究需要时间、人力、物力等，个体很难完成。而且据中国教育网报道，教育专家熊丙奇认为单纯以就业率来评价某专业或者根据社会需求、市场需求来设置专业存在一定弊端，因为某些长线专业（如基础性专业、理论性专业）虽然就业形势不太好，却是国家和社会发展所必需的。《高等教育法》明确规定"高等学校依法自主设置和调整学科、专业"，而且教育部已取消《高等学校本科专业设置目录》范围内专业的审批规定，改为备案制，并在部分大学试行了专业自主权试点。这就意味着高校拥有更大的专业设置权力，但政府还保留有对"目录"外专业与控制性专业的审批权。笔者赞同国家对各专业设置进行适当宏观调控，以整体把握其规模和走向。高校在考虑新专业（如翻译专业）的设立时，一方面要分析市场需求，另一方面也要考虑国家、社会以及个人需求等综合因素。据有关媒体报道，英语类同传报酬为1天1.2万～2.1万元人民币，非英语类为1.8万元人民币。一般一个同声传译组由 2 ～ 3 位译员组成，也就是说每人每天最低收入 4 000 元人民币。之所以价格如此不菲，主要是合格的同传译员较少，但限于设备（如翻译箱、主机、翻译器、接收机等）、师资、生源等具体条件，并非所有院校都可以开设同传专业。结合目前所搜集到的资料，从社会需求角度进行剖析，笔者认为，我们一方面要鼓励翻译专业的发展，以适应社会对翻译人才的需求，另一方面要适当控制其规模，防止不论条件具备与否就盲目设立新专业，最终出现热门专业就业难的现象。下面笔者在翻译专业建设基本情况调查问卷的基础上，从以下几个方面进行具体阐释，梳理一下翻译专业的学科地位、面临的机遇和挑战等问题。

第一，确定学科地位，促进翻译专业发展。在传统的外语教育体系中，翻译课程所占份额较小，翻译课教师、翻译教学研究的地位较低，容易被忽略。而随着学科地位的上升，尤其是成为新的本科试点专业后，翻译已经逐步摆脱了语言学、文学的藩篱，拥有独立的教学研究领域。目前，翻译学还仅是二级学科，相关教学、研究活动尚待进一步发展、丰富和完善，而其地位在一定程度上也需要得到官方进一步的认可。有的学者提出在半官方的全国高校外语专业教学指导委员会中，应该有翻译学的一席之地；建议在原有以语种划分的英语指导组、俄语指导组、日语指导组、德语指导组、法语指导组、阿语指导组、西班牙语指导组之外，再增设翻译学指导组，以表明对翻译学科发展的支持。笔者认为这一建议有其合理性，虽然中国译协及地方译协等机构或组织比较活跃，但并不是官方组织，且不是教育、教学专业指导机构，官方的支持更有助于强化并巩固翻译专业的地位。而且笔者认为应该在一定市场调研的基础上，根据国家目前和未来的发展需要，组织专家学者制定专业教学大纲，在专业建设中发挥地域特色，开展翻译市场调查，组织译员培训，建设翻译精品课程，鼓励翻译教学改革立项，以保证翻译人才的培养质量，以利于学科地位的进一步确立和学科的健康发展。

第二，抓住发展机遇，适当调整发展规模。我国目前高素质的翻译人才匮乏，而市场需求量相当大，这是翻译专业发展所面临的机遇。据悉，美国权威机构对世界翻译市场的调查显示，翻译市场的规模 2005 年达到 227 亿美元。中国的翻译市场在不久的未来将达到 200 亿元人民币的营业额，发展空间巨大。而目前中国的翻译市场规模在 100 多亿，其中大城市所占份额较大，国内主要的翻译公司有 263 家（不包括台湾地区、香港和澳门的翻译公司），其中北京的翻译公司约占总数的 37%，深圳约为 14%，上海为 6.4%，广州为 6.4%，南京为 4.6%。现有在岗聘任的翻译专业人员约 6 万人，翻译从业人员保守估计达 50 万人，主要集中在少数大城市中，其中高质量的中译外人才缺口估计高达 90% 以上。随着中国图书推广计划和"中国文化走向世界"国家战略的实施，汉译外人才会更加奇缺。面对这一机遇，笔者认为翻译专业有其发展的广泛需求，但具体发展规模和发展趋势需经过缜密的市场调研以后方有定论。要充分考虑不同地区、不同院校的差异性，不可盲目统一设立口译、笔译、机器翻译、同传等专业。北京、上海、深圳、广州等城市对翻译人才需求量较大，有条件的地方院校就可以重点发展翻译专业，并突出地方特色。比如，河北师范大学、复旦大学、广东外语外贸大学试点招收翻译专业本科生，在专业建设中分别突出了机器翻译、人文底蕴、复合能力等各自不同的特点。

第三，分析所面临挑战，逐步完善翻译专业建设。虽然有的院校有一定办学经验，但毕竟存在摸着石头过河的风险，究竟应该培养哪一类人才，所培养的翻译人才能否达到培养目标、能否满足市场需要，都尚待探索和实践检验。众所周知，与市场关系密切的专业往往过分细化，针对性较强，功能性亦相应比较强，容易忽视人文学科教育，缺乏战略考虑。因此，在教学中如何充分发挥高校的教育功能，使学生成为德才兼备、知识广博、能力较强的人才是翻译业内亟需考虑和解决的问题。而且在翻译行业中，行业标准、行业规范、行业培训等方面也需要进一步完善。诚如鲍川运（2004）所言，在翻译培养的手段和体系方面缺少明确共识主要是因为很长一段时间内翻译行业没有资格标准。譬如说目前翻译方向或专业很热门，主要表现在选择翻译方向的研究生越来越多，大学生甚至中学生的"翻译考证"越来越热。但如何保证研究生的培养质量，提高翻译资格证书的可信度、提升其含金量也是不可回避的问题。翻译教学界应尽量尝试在文学翻译和实用翻译、知识拓展和能力培养、理论建设与实践应用、翻译通才教育和翻译专才教育、学校翻译人才培养和翻译培训等之间寻求平衡，以切实解决目前翻译专业中所存在的问题。

我国是翻译大国，但更要成为翻译强国，翻译人才的数量和质量仍需进一步扩大和提高，翻译市场亟需规范。近20年来，翻译专业虽然"小荷才露尖尖角"，初步显示了蓬勃的生机，但其专业发展需要多方共同努力。翻译业内应该在对翻译学、翻译教学、教育学、心理学等基本理论熟悉的基础上，对翻译现状、社会需求和发展趋势进行客观评估，既不夜郎自大，也不妄自菲薄，从而切实做好翻译专业的合理定位，制定近期、中期、长期发展规划，编写出完整的教学计划，以培养高水平的翻译人才。

第二节 翻译教学专业建设存在的问题

一、教材建设

翻译教材在整个翻译教学中至关重要。作为教学信息的主要载体，它是体现翻译理论、实施教学计划的主要手段，也是教师组织教学的主要依据和学生学习的主要内容。因此，翻译教材质量的优劣在很大程度上会影响到翻译教学质量。

一般说来，宽泛意义的翻译教材包括各种教学资料，如课本、练习册、音像资料，而较窄意义上的教材主要指纸质课本。就翻译著作与纸质教材而言，其出版量从20世纪80年代起大幅增长。目前我国各大出版社以丛书形式出版了许多论著、教材，如上海外语教育出版社的《翻译研究丛书》《国外翻译研究丛书》、中国对外翻译出版公司的《翻译理论与实务丛书》、外语教学与研究出版社的《当代西方翻译研究译丛》《翻译研究文库》、江西教育出版社的《译论书丛》、青岛出版社的《翻译理论与实践丛书》和湖北教育出版社的《中华翻译研究丛书》。其中上海外语教育出版社在"新世纪高等院校英语专业本科生系列教材""高等院校英语语言文学专业研究生系列教材"中均有相关翻译教程，涉及英汉翻译、汉英翻译、翻译史、翻译的多视角研究等方面。中国对外翻译出版公司的《翻译理论与实务丛书》中对口译理论与实践、英汉同声传译、词语翻译、金融翻译、工商企业翻译、文学翻译等方面都有所涉及。外语教学与研究出版社的《当代西方翻译研究译丛》主要集中了当代的、多视角的、有代表性的翻译理论研究著作，对于我国翻译教学与研究起到了很大的推动作用。

我国现存的翻译教材在一定程度上以某种翻译理论或教学理论为依据，这一点值得肯定。张美芳（2001）曾经对新中国成立后到1998年的翻译教材进行分析，将其大致分为"词法、句法流派翻译教材""功能流派翻译教材"和"当代译论流派翻译教材"。前两类主要依据Wilkins的语法或结构性大纲（其语言项目分级排列）和意念大纲（根据语言所表达意念和功能安排教学内容）概念；后一类与翻译的不同理论（如符号学、语义学、语用学、读者反应论）有关。比如，20世纪80年代初张培基等所编写的《英汉翻译教程》和吕瑞昌等编写的《汉英翻译教程》就有"词法、句法流派教材"的倾向，而陈宏薇的《新实用汉译英教程》体现出社会符号学翻译观，杨莉藜的《英汉互译教程》则体现出语义学分析法在翻译理论中的应用。这样将理论与实践相结合有助于提升学生的翻译素质与实践能力。

据统计，1947年到2005年，我国已出版了195部翻译教材，可以说取得了一些成绩。但随着翻译学科的稳步发展，特别是翻译学硕士、博士学位授予点的设立以及翻译本科专业的招生，翻译教材无论在数量上还是在质量上都不能满足专业建设的需求，在教材编写理念、教材内容等方面存在重复成分过多、质量不一、缺乏创新等问题。诚如许钧所言，近 10 年来，有关语种互译的教程编得红红火火，如英汉翻译教程，包括正式出版和内部使用的有不少于 100 种，但重复多，创新少。从目前出版的教材看，真正适用于翻译专业的很少。姜秋霞、曹进（2006）也指出，目前我国翻译教材缺乏翻译技能的层级性内容，缺乏翻译学科的综合性结构，知识老化，题材、体裁单一，缺乏真实语境，缺乏翻译的文化交流特性。相关的调查研究印证了这些看法。早在上世纪末，穆雷（1999）就在调查中发现，翻译教师反映翻译课教材不统一，内容比较陈旧，例子比较单一，过于学院式。而杨柳（2001）也提到九成以上的被调查者认为缺少反映新时代要求、理论与实际相结合、形式新颖的先进教材是翻译教学实践中的主要问题。张美芳（2001）对我国翻译教材的调查结果表明，11.1% 的人认为现有教材练习形式单一，练习缺乏合理搭配，练习不够，译例和练习取材不广。笔者在访谈部分高校翻译方向的研究生时也发现，他们当中有的本科时仍使用传统的《英汉翻译教程》（1980）和《汉英翻译教程》（1983），其中部分例证已经陈旧，整体理论深度不够。有的使用杨莉藜（1993）主编的《英汉互译教程》，有的使用柯平（1993）编写的《英汉与汉英翻译教程》，有的使用冯庆华的《实用翻译教程》（2002），有的以几种教材为参考，由任课教师自己编写授课内容，各有侧重，不一而足。而硕士阶段的教材多为理论性阐释，与翻译职业实践密切相关的内容较少，选择余地较小，而且多由任课教师确定教材，随意性太强，且一般仅列出参考书目，缺乏音像等补充资料。至于新设本科翻译专业的教材建设，更应该与培养目标、课程设置密切衔接。目标、专业、课程性质、学时的不同必然会影响到教材编写的侧重点、教材内容的涵盖面、教材形式等方面。

总之，目前部分翻译教材内容不够系统科学，理论与实践部分匹配不当，或者将相关理论进行罗列，或者将例证进行堆砌，有的译文和体例不够规范。教材中练习选择过于随意、形式单调、难度等级不清晰、不系统，缺乏人文内涵。特别是有的练习有明显的人工加工痕迹，过分局限于句子、词语的翻译，缺乏真实语境，相关理论解析也不足。出现这种情况，与教材编写者急于求成、教材撰写周期短等因素不无关系。上述主要为纸质翻译教材所存在的问题，没有涉及翻译网站、电子翻译材料、音像资料。之所以如此，主要是考虑到受教学手段、教学设备的限制，在课堂教学中纸质教材应用较多，电子翻译教学材料相对较少。杨承淑（1998）曾指出，随着多媒体时代的来临，人机共存，语文与符号并行的翻译形态对教学材料的概念将有很大影响。而我国翻译教材还多局限于纸质材料，翻译形式也比较单一，质量尚需提高，这些问题都需要解决。据悉，广东外语外贸大学语言学与应用语言学研究所、英语教育学院、信息科学技术学院高级翻译学院和电化教学中心已经共同研制了电子口译教材，具有播放多媒体教材，承载电子课本，可供教师备课、学生选课和储存材料等多种功能，这的确令人深受鼓舞。事实上，只有切实丰富教学资源，编写出适合翻译专业课程教学的教材，才有利于翻译专业学习者语言知识能力和翻译知识技能的整体培养。

二、教学方法和手段

在外语教学中，存在教学思路（approach）、方法（method）、技巧（technique）之别。其中教学思路为关于语言本质和语言学习的不同学说，方法为不同的语言教学方法（教学法），教学技巧为不同教学法所采用的各种课堂活动。这里要讨论的主要是翻译方法和手段（手段在一定程度上体现出教学技巧）层面上的内容。随着翻译学科的发展，我们有必要在总结经验的基础上，剖析现状，尝试探索符合认知规律的教学方法和策略。笔者通过文献分析、访谈和观察等方法，发现目前我国翻译教学存在以下几方面的问题。

第一，翻译教学方法、手段单一，理念需要更新。虽然在基础教育、大学外语教学和英语专业教学中都强调了人本主义、建构主义、认知主义、交际教学、任务型教学等理念，但这些理念在翻译教学中的贯彻似乎还不够深入。在翻译教学实践中，教师往往强调课堂教学，对课外实践活动关注不够。而且在课堂教学中，也主要采取教师讲解、学生练习的形式。一般说来，往往以一本教程为纲，以自选理论材料或翻译练习为辅，在课堂上或者讲授翻译技巧，或者组织学生进行口笔头翻译、讨论等活动，或者讲评作业。这一教学方式在一些翻译专业基础课程（如英汉互译入门、口译实践）中尤为常见。可以说，翻译教学活动相对单调，形式远不够丰富，而且需要教师花费大量时间备课、改作业，费尽心力但效果不佳，可谓事倍而功半。关于这一点，姜秋霞、曹进（2006）也有所论述，他们指出我国翻译专业建设中尚存在教学手段陈旧、单一的问题，现有翻译课（尤其是笔译）的教学主要以教师为中心，以阅读与讲解为主体，以文学教材和黑板为主要媒介，缺乏新的教学理念与教学方法。这与中国香港浸会大学的翻译教学模式有很大差异。香港浸会大学的翻译教学突出"以学生为中心"的理念，注重学校学习和校外实习的有机结合。学生在前两年学习理论和技巧，第三年到校外进行全职实习，第四年再回到大学学习翻译理论和翻译批评。而且该校还采取"翻译工作坊"的形式，学生通过翻译外来的委托工作进行翻译实战训练；同时定期举行翻译论坛，有各校翻译学博士生及其导师参加。这样就丰富了教学内容与形式，提高了教学质量与效果。

第二，翻译教学与现代多媒体教育技术结合不足，教学手段相对较少。众所周知，多媒体、网络环境的发展为营造良好的教学环境创设了有利条件，提供了更大的选择空间，但在实际教学中，这些设备或资源并未发挥应有的作用。杨柳（2001）通过调查发现，我们在翻译教学手段上仍显落后，虽有42%的人表示在教学中逐渐引入了磁带、录像带、VCD、PowerPoint或多媒体教室，但仍有58%的人回答从未使用过电教设备。事实上，诸多教师即便使用多媒体，也仅仅限于将其作为"电子黑板"，用来呈现教学内容。信息呈现方式的单调往往造成教师喋喋不休、学生昏昏欲睡的现象。这样就直接影响了多媒体和网络教学的效果，既没有充分利用多媒体集音、像、文本于一体的特性，也不能充分发挥网络资源库、超媒体链接等网络海量资源的优势。目前，已经有学者意识到这一点，正在尝试将语料库研究与翻译教学相结合。2005年所批准的国家社会科学基金语言学（翻译学）的项目中，就有王克非主持的"基于大型英汉对应语料库的翻译研究与翻译教学平台"这一课题，旨在运用语料库建构翻译教学与研究平台，促进翻译教学发展。而且，有的高校已经开始尝试开发电子翻译教材，以充分发挥多媒体的视觉和互动优势，活跃课堂气氛，提高学生实际翻译的能力。

第三，翻译教学缺乏创新、缺乏互动，课堂气氛不够活跃，教学效果不尽如人意。众所周知，翻译是一门实践性很强的学科，应充分考虑学习者的个体差异，设计丰富多彩的教学活动，从而激发学习者的兴趣和热情，使他们在"做中学""练中学""译中学"。但事实上，由于传统上以教师为中心、以讲授为主，并且是周而复始的练习、讲解，缺少应有的讨论和归纳、总结及提升，没有运用交际教学法、任务教学法等理念，也没有采用多维信息输入、任务探究、互动合作等教学策略，学生在课上很少有机会在大量实际操练中进行独立思考或者合作交流。尤其是在大班授课时，学生锻炼的机会更少。笔者在对某高校翻译专业硕士生的访谈中也发现了这一问题。他们反映，只要是翻译理论课，学生大部分时间在听课、做笔记，进行讨论的机会较少。即便有机会讨论，往往也是教师将他们分成小组，组织他们就某些翻译疑点、难点等进行讨论，然后由教师予以讲解。而由于讨论时间有限、学习者之间互动不足，讨论往往难以达成共识或有新的突破，常常是不了了之。教师一般又不参与小组讨论，不能及时了解学生的反馈并给予适时指导。另外，由于学习者的专业水平、翻译技能、性格、兴趣、学习动机、认知风格等方面存在差异，如果教师不能充分考虑这些因素，往往使他们对学习任务不感兴趣，学习积极性不能被充分调动起来。这与香港浸会大学的翻译教学也存在一定差异。

　　以上阐述了翻译教学方法和手段方面存在的一些问题。鉴于翻译教学方法和手段包容广泛，上述内容远不够全面，但至少在一定程度上反映了真实教学情况。如果在翻译教学中能够明确教学目标，设置恰当的翻译课程，更新教学理念，明确翻译教学的原则、方法和技巧，对于提升翻译教学的质量和建设翻译专业将不无裨益。

三、教学评估方式

　　评估是教学中的一个重要环节。《朗文语言教学及应用语言学辞典》中的定义为：评估一般是指根据系统收集的资料来评定质量的高低。评估运用定量（如测验）和定性（如观察、定级）以及价值判断等方法。而在翻译教学中，评估无非包括课程、教师、学生、教材等几个方面，也就是评价课程本身（如教学目标、计划）、教师（如教学态度、教学质量）、学生（如学业成绩、学习优势及劣势），教材（如内容、形式、编排、功能）等方面。但一般说来，我们提到教学评估时往往指对课程和学生的评价。穆雷、郑敏慧（2006）指出，翻译教学的测试与评估主要包括对学生翻译能力的评估、对学生翻译过程的评估、对翻译课程效果的评估、对翻译课程设置的评估。由此可见，前两者主要针对学生的翻译能力和翻译过程，后两者主要针对翻译课程的效果和设置。

　　如果借用教育学中对形成性评价（formative evaluation）和终结性评价（summative evaluation）的分界，就会发现在翻译教学过程中我们多使用终结性评价，很少运用形成性评价。而如果借用语言测试中学业成绩测试（achievement test，衡量一个人在某一特定课程或教学计划中所学语言已达到何种程度的测试）、水平测试（proficiency test，衡量学习者语言掌握程度的测试，只评估其整体水平而不与特定教程和教学大纲相联系）、诊断性测试（diagnostic test，旨在发现学习者对不同方面的知识是否掌握的测试）等分类，就会发现，在某门翻译课程的教学过程中我们大多只通过学期末的成绩测试对学生的学业成绩进行评估，几乎很少进行水平测试、诊断性测试，也很少对整个课程进行客观科学的反思与评估。据笔者了解，在英语专业翻译课教学过程中，教师每天忙于备课、批改作业或者进行相关翻译研究，很少有时间尝试探索将各种评估方式相结合，尤其是将过程性评价和终结性评价相结合。学生对知识和技能的掌握程度往往由一纸试卷决定，这样就很难保证其评估的客观公正性。鉴于我们主要的教学对象为学生，而且对于课程的反思评估能力为教师素质的一部分，所以这里主要阐述一下对学生进行评估的现状。

目前除了学校的翻译教学测试外，还有各种翻译资格考试用来评估学生的语言知识和能力以及翻译知识与能力。例如，"全国翻译专业资格（水平）考试"（包括资深翻译、一级口笔译翻译、二级口笔译翻译、三级口笔译翻译）、"上海外语口译证书考试"（如中级口译、高级口译）、"会议口译专业证书"。这些测试的效度和信度已经得到一定范围的认可，而相应资格证书的"含金量"也在逐步提升，但也有一些考生反映不同地域的等级证书存在难度和层次等差异，因此，如何使相应考试程序及试题类型更加客观科学值得学界深入探讨。

　　至于翻译课程的测试，我们前面提到，相对而言，过程性评价较少且存在敷衍现象，这不利于及时了解学生翻译过程中知识能力的变化情况。而且在终结性评价中也存在题型单一、主观性过强等问题。徐莉娜（1998）曾指出翻译测试的弊病主要表现在命题方式单一（传统的翻译测试一般只进行单纯的句子、段落翻译）、测试与教学内容脱节等方面。穆雷（1999）在调查中发现，20%的学校只有一篇短文翻译，50%的学校除了句子翻译和短文翻译外，还有回答问题或改错等题型，但一般不会超过三种题型。30%的学校有五种以上的题型，包括单词翻译、单句翻译、短语翻译或成语翻译、短文翻译、回答问题、选择填空或改正错误及译评等内容。笔者在访谈中也了解到，学生笔译测试主要以句子和短文翻译为主，口译测试主要以翻译短语和句子为主，均为主观题。学生反映这样的测试不够科学客观，因为教师出题时往往有一定随机性，而且有时从平常练习中选取句子或文章做试题。如果有的学生事先复习到了，往往很容易拿高分，因此不能真实反映学生的水平。即便教师所选文章不为学生所熟悉，教师对译文给分和扣分时要综合考虑语法、用词、理解、表达、衔接、语体等各种因素，而且受"无严格标准、酌情处理"这一传统的影响，往往不能保证完全客观公正。至于翻译专业中各种理论与实践课程的评估，往往也采用论文或者文章翻译等形式，一来检查对翻译理论的理解，二来考核实际翻译能力。无论是何目的，只要采用主观性试题，评分就有一定的主观性。当然，由于培养目标、教材、师资、教学方法的不同，所采用的评估方式也会有所差别。例如，上海外国语大学高级翻译学院口译系旨在使学生拿到"会议口译专业证书"，在一年级结束时就会有外部考官对学生进行考试，确定他们可否升入二年级学习。又如王宁教授进行汉译英测试时内容为：翻译两篇短文，各占40%；写篇短文，占20%。其中两篇短文的题目分别为"面对信息时代的挑战"（科技英语体例）和"'桃花源'对当代人的意义"（文学批评体例）；写作的题目为"中国古典诗词的可译性程度如何""不可译程度如何"（翻译批评论文）。这样就测试了学生的语言基本功及翻译技能以及对各种体例的把握程度。

总之，如何在翻译专业教学中保证测试和评估的客观公正性，如何提高翻译资格证书的效度和信度，值得我们深入探索。尤其是不同课型与评估的具体方式、学生的需求有机结合，以及试题的具体题型等问题，都需要我们在翻译教学实践中结合测试理论进行研究，以求切实发挥测试的反拨作用，提升教学效果。

四、师资队伍

翻译学科作为一门新兴学科，其专业建设处于起步阶段。在没有独立为二级学科之前，翻译学依附于英语语言文学、外国语言学与应用语言学、比较文学等专业，为三级学科。翻译课程在英语专业本科阶段仅在高年级开设，所占学时也较少，相应对翻译教师的需求量也较小。但随着国际交流的迅猛发展，社会对翻译人才的需求量大增，各地纷纷成立翻译学院（系），对翻译教师的需求和要求都大幅提升。尤其是翻译学科独立招收本科生、硕士生、博士生之后，翻译人才的教育体系进一步完善，但翻译教学和研究人员相对较少，师资匮乏成为亟待解决的问题之一。具体说来，翻译师资队伍在数量、年龄、学历、素质、学术地位等方面与学科发展和专业建设的需求都存在一定差距。

首先是数量问题。如上所述，受翻译学科依附于英语语言文学、外国语言学与应用语言学等专业的影响，翻译教师较少。诚如廖七一（2004）所言，各个学科点从事翻译教学和研究的力量有限，一般不过 2 ～ 3 名翻译教师，形不成学术团队，知识结构也不尽合理。笔者访谈了某高校部分研究生，他们反映本科就读英语专业时，一般只在高年级开设口译和笔译课程，而且往往实行大班教学，只有 1 ～ 2 位教师授课。这一点姜秋霞、曹进（2006）也有所涉及，他们指出由于长期对翻译专业特性的怀疑，翻译教学，尤其是笔译教学，一直被等同于外语教学，相关内容多由英语语言文学课程教师授课。虽然这一传统认识已经发生变化，但队伍的成熟还需要一个过程。

其次是年龄问题。穆雷（1999）的调查发现，45% 的翻译教师在 45 岁以下，55% 的翻译教师超过 45 岁。年轻教师一般学历较高，大部分具有硕士或博士学位，但相对缺乏翻译实践和教学经验。也就是说，中青年教师偏少，年龄分布不够合理。就笔者所了解情况，有的高校翻译教师老、中、青的比例仍不够合理，或者年龄偏大，或者年龄偏小。当然，各高校情况不同，就整体而言，较之 2010 年前，年龄结构还是渐趋合理的。

然后是学历问题。我国台湾和香港的翻译教师多有国外留学经历，而大陆的翻译教师在这方面存在一定局限。一些教学经验丰富的教师往往学历相对较低，而且受年龄、精力等制约，他们对学术发展、学术规范、学术创新等的把握尚需一定时间。具有翻译方向硕士、博士学位的教师在教学经验方面存在一定不足，且受其他因素影响较大。笔者在访谈部分高学历年轻教师时，他们提到目前科研、工作、生活等压力较大，没有充足的时间进行充分备课。例如，居住在北京、上海等大城市的年轻教师，购房、买车等经济压力较大，在外兼职（做口译、笔译）、兼课的现象比较普遍，这就在一定程度上分散了教学精力，影响到了教学效果。而且，即便是高学历的翻译教师，也需要不断更新知识结构，提升自身业务水平和学术能力，接受学历和非学历教师教育和培训，从而真正适应教师终身教育的需求。

再次是翻译教师的素质问题。翻译教师一直承担繁重的教学任务，忙于备课、改作业、翻译实践，没有时间和机会进一步学习、提高相应的知识结构，研究能力不能适应翻译学科发展的需要。杨柳（2001）通过调查发现，在125位来自全国的翻译教师中，50%的人从教时间在8年以上，但有96%的人从未参加过翻译教学培训，教师的知识更新和培训问题已成当务之急。有的专家认为多数翻译教师还缺乏严格的职业训练和学术训练，相应理论水平和翻译实践能力都需要提高，要改变有人戏称的"不能搞翻译的人去教翻译、不会教翻译的人去研究翻译"这种理论与实践完全分离的状况。前已提及，受各方面因素的影响，翻译教师很少有充裕的时间和精力去扩充理论知识和提高科研能力。也有教师偏重于翻译理论研究，轻视教学实践，却对外语教学、教育学、心理学等理论，特别是翻译教学理论知之甚少，而且学院式研究倾向太大，口笔译实践能力较差；而另外一些翻译教师偏重口译、笔译实践，虽然有实战经验但对相应研究、教学理论等不甚了解。这种教师知识结构、能力的偏差往往会影响到教学效果。

最后是翻译教师的学术地位问题。繁重的教学任务要求翻译教师不仅是专家而且是实战家，也就是说不仅要熟稔理论而且要擅长实际翻译。翻译教师被认为是"杂家"，译作、译介、译评在评定职称时往往不受重视，其价值被认为低于原创性学术著作或论文，甚至不计入科研成果。随着翻译学科的发展，这一看法有所改变，而且翻译专业的设立，使诸多翻译研究者在同一个平台上进行评比，有利于保证学术评估的公平。但不可否认，目前仍然存在轻视外语教学研究和翻译教学研究的倾向。所以提升翻译教师的地位，正确认识翻译教学研究的重要性也是需要解决的问题之一。

以上简要分析了翻译师资队伍中存在的一些问题，由此可见我国翻译师资的整体素质亟待提高。教师是教育的核心，提高翻译师资队伍水平对翻译教学至关重要，而翻译教学的发展也必然会促进高素质翻译教学研究队伍的培养。

第三节　翻译教学中课程设置的改革

翻译专业课程的类型、内容、分配比例对于体现翻译专业的功能取向、实现翻译人才的培养目标、促进翻译专业建设至关重要。

一、课程与大纲

《朗文语言教学及应用语言学辞典》中的"课程"（curriculum）有两方面的含义：第一，它指说明教学目的、教学内容、教学步骤、学习方式、教学评估等方面问题的教学计划；第二，它在一定意义上与教学大纲（syllabus）互换使用。Nunan（2001）指出"课程"包含了大纲的所有因素以及对教学方法和评价等因素系统地考虑。这也就意味着课程在一定意义上涵盖大纲。一般说来，在英国教育界，curriculum 为一所学校或一种教育制度所要实现的教学内容和目标的总和，而 syllabus 一般指某一科目所包含的具体的教学内容。在美国教育界，curriculum 与 syllabus 并无区别。而我国教育界一般将 curriculum 译作"课程"，将 syllabus 译作"教学大纲"。笔者认为课程与大纲在研究层面和研究内容方面还是有所区别的。就研究层面而言，"课程"更为宏观，"大纲"更为具体，一个课程可以根据不同需求、不同目标衍生出不同的大纲。就研究内容而言，"课程"主要包括教学的总体目标、教学计划、教学实施、教学评价和教学管理等各方面，而"大纲"主要涉及课程具体的教学目标、教学内容的选择和分级等。

笔者旨在宏观解析，从翻译专业建设的角度，以培养一般性复合型翻译通才为目标，探讨总体课程设置问题，包括课程、课型、课时安排等。至于教学实施、教学评价与管理以及某一课程的教学目标、内容等问题将在其他章节分别论述。

二、本科翻译专业课程设置

《高等学校英语专业英语教学大纲》（2000）把英语专业课程分为专业技能课、专业知识课和相关专业知识课三类，其中前两者又有必修课和选修课之分，相关专业知识课则全部为选修课。总学时为 2 000 ～ 2 200 学时，四年内逐年递减（为学生提供更多自主时间）；同时《高等学校英语专业英语教学大纲》建议专业技能课程学时占 65% 左右，专业知识课程学时占 15% 左右，相关专业知识课程占 20% 左右，而且必修课、选修课的课程是可调节的，这样就给各高校英语专业提供了更多的主动权。

在课程设置方面，杨自俭（2006）在写给翻译专业教材研讨会的信中指出，翻译本科阶段的学习目标是提高母语和外语的语言文化水平，主要是语言基本功和运用语言的能力；积累扎实的基础知识和基础理论（应分三个部分：中外语言文学的、其他社会科学的、自然科学的）；掌握翻译学科本身的本科阶段的基础知识、基础理论、基本技能。刘宓庆（2003）更具体地提出翻译系四年制本科生应学的基本知识课包括汉英基本语法（包括词法和句法）、普通语言学（包括语言符号学）、对比语言学、语义学、语用学、文体与修辞学、语言与文化（包括文化符号学）、美学常识、翻译与传播学和翻译与信息技术等共10门课。此外，还开设翻译实务、翻译理论和翻译思想史。这一观点虽然涉及翻译专业的主要内容，但似乎没有进行系统分类。姜秋霞、曹进（2006）尝试将翻译专业课程分为核心课、必修课、专业限选课、任选课、翻译实践5个模块，并提出建构以核心课、必修课为重点，以专业限选课为中心，以全方位的素质教育为基础，以参与性、个性化培养为特点的系统结构。笔者认为这一分类虽然便于教学管理，但若从课程自身性质而言，按照知识、技能来描述似乎更容易理解，而且应该强调技能的培养。这一点在 Davies 对翻译本科教育定位的阐述中也可以看出。Davies（2004）认为翻译本科学位要在以下四个方面奠定良好基础：工具性使用（即熟悉现有工具和资源，特别是新技术）、先专门化（即介绍不同领域知识以鼓励灵活性与开放性）、能够应用于大多数语言中的认知技能、从翻译的机械性实践转向反思性实践并能不断提升的能力。也就是说，需要培养学生的认知技能、翻译技能、反思能力和技术应用能力。仲伟合（2003）在论及口译能力培养时也指出，本科翻译专业的口译课程设置应包括语言知识板块、百科知识板块和口译技能板块三部分。

在借鉴英语专业课程建设经验的基础上，结合本科翻译专业的培养目标和翻译自身实践性强的特点，笔者尝试将翻译专业课程分为专业技能课、专业知识课、相关专业知识和技能课三部分，这三部分课程所占的比例约为65%、10%、25%，对《高等学校英语专业英语教学大纲》中的课时比例做了微调。这主要是因为某些技能（心理素质、应变能力、耐久力、抗紧张压力等）对于翻译能力（如口译能力）的培养比较重要。总学时安排可以参照英语专业的设置（最高为2 200学时），但基础阶段（一、二年级）学时数相对要多一些，高级阶段（三、四年级）相对少一些，而且可以充分运用跨学科师资和校外资源，为学生提供更多的选课和实践机会。翻译专业技能课和翻译专业知识课中都有必修课和选修课之分，相关专业知识和技能课为选修课，但有些选修课与必修课之间有传承关系，为限选课程。比如，在三年级选修了法律翻译入门，四年级应该选修高级法律翻译以进一步夯实该方向的专业基础。翻译专业课程类型、结构及其描述如表4-1所示。

表 4-1　翻译专业课程类型、结构描述表

课程类型	课程结构	课程描述	具体课程
翻译专业技能课	语言综合技能课	旨在培养语言运用能力的综合训练课程以及听说读写等技能的单项训练课程	如综合英语、英语视听、英语口语、英语阅读、英语写作、汉语修辞与写作、学术论文写作等
翻译专业技能课	翻译技能课	旨在培养翻译能力的综合训练以及单项训练课程	笔译入门、口译入门、科技翻译、外贸翻译入门、外事口译、文学翻译、机器翻译、法庭翻译、翻译校对与改错、广告翻译、应用文体翻译、编译、改写和译述等
翻译专业知识课	语言文化知识课	指英语语言、文学、文化等方面的课程	英语语言学、英美文化、英美文学、英汉对比、文体修辞学、英汉文化对比、金融英语、外贸英语、外交英语等
翻译专业知识课	翻译知识课	指涉及普通翻译学、应用翻译学、翻译教育等方面的课程	译文对比与赏析、翻译通论、翻译简史、翻译批评、翻译美学、翻译教育理论、翻译学、翻译研究方法等
相关专业知识和技能课	相关学科知识和技能课	指与翻译(英汉互译)专业有关的其他专业知识和技能课程	教育心理学、现代教育信息技术、文科高等数学、外交学导论、国际关系概况、中国文化概论、中西方哲学、传播学概论等

　　在解读表 4-1 时应该注意以下几点：第一，知识与技能的划分并非泾渭分明，任何课程都同时具有知识积累和技能培养的功能，无非是侧重点不同而已。第二，所列出的具体课程只是举例，仅供参考，实际开设的课程应该更加丰富，而且各课程之间应有一定的相关性、连续性和层级性。所谓相关性就是各课程应该构成有机整体，涵盖理论与实践等方面，有助于学生在拓展知识面、提高翻译能力方面形成螺旋上升态势。所谓连续性一方面指不同年级的课程之间有一定的传承性，高级阶段的课程是基础阶段课程的延伸或发展，如果三、四年级按专业方向（如新闻媒体、法律政务、语言文学、科技文献、金融外贸、教育等）分流时，课程设置更应如此；另一方面指不同课程之间应该一脉相通、互为相关，而不能各自为政、缺乏联系。所谓层级性就是基础阶段和高级阶段所开设课程应该符合认知规律，基础性、技能型课程应该先于探索性、理论性课程而开设，如综合英语、

英语视听说、英美文化、笔译入门、口译入门、汉语写作、中国文化概论、语言学、现代教育信息技术等初级课程适合在基础阶段开设，翻译理论、翻译批评、英美文学、国际关系等理论性、方向性较强的课程适合在高级阶段开设。同声传译、大会口译等课程难度较大，对知识面和实践能力要求较高而不适合在本科阶段开设，可以在硕士阶段开设。第三，各高校在具体人才培养过程中，可以根据地域、师资、规模、培养目标、办学条件、学生个体差异等实际情况对课程、课型、课时等进行调节，尽量丰富课程类型，完善课程体系，尤其要加入国学类和实践类课程。穆雷、郑敏慧（2006）指出三所试点院校和其他翻译学院都赞同在翻译本科阶段增设古代汉语、现代汉语、中国经典作品研读、中国现当代文学、高级汉语写作、中西方文化、中西方哲学、中西思想史和逻辑学等课程，使学生打下较为坚实的国学基础。当然，各高校可以有所侧重，彰显自身特色和优势，如广东外语外贸大学强调口译课程和口译实践活动，河北师范大学注重机器翻译课程的设置，上海复旦大学着重人文素养的培养并以文学翻译为特点。课程呈现形式也不仅仅局限于课堂讲授，可以以系列专题讲座、翻译工作室、学术沙龙、网络教学等形式呈现。

三、翻译专业研究生课程设置

虽然本书重点不在翻译专业研究生教育，但鉴于某些高校实行翻译本硕连读模式，而且随着我国研究生教育的发展，翻译已经成为热点专业或方向，因此这里结合例证，简略阐述一下相关研究生课程的设置原则，并尝试分析研究生与本科专业课程设置之间的关系。

戴炜栋等（2005）剖析了英语专业研究生教育的特点，指出研究生教育具有培养目标的研究性和实用性、培养内容的多元融合性、教学氛围的互动合作性等特点。笔者赞同这一观点，并且认为翻译专业研究生阶段所培养的高级翻译通才也反映出学术研究性和实用性的有机融合，但鉴于翻译专业实用性较强，在研究生课程设置中应该坚持实践性、发展性、多元性的原则，而且要着重强调实践性。具体解释如下。

所谓实践性原则，一方面指在研究生课程设置中，充分考虑培养目标与市场需求的结合，在需求分析（如对用人单位、学生等的调查访谈）的基础上，开设相关院校行之有效的实践课程；另一方面指在应用型研究生培养过程中增加实践训练性课程，在学术研究型研究生培养过程中增加学术思考和写作类课程，使学生得到充分锻炼，如北京外国语大学高级翻译学院研究生培养体系旨在培养应用型人才，所开设课程主要包括英汉交替传译、视译、同声传译、笔译、翻译理论等，实用性较强，有助于毕业生承担国际会议同声传译、高级口笔译等工作。

所谓发展性原则，一方面指课程内容设置随学年不同而不断拓宽、拓深，以促进研究生的知识建构和能力培养。广东外语外贸大学高级翻译学院在第一学期所开设的课程旨在训练学生的翻译基本功，使其在百科知识、语言技能、翻译技能等方面有所提升，第二学期、第三学期针对学生的专业研究方向（如法律翻译、传媒翻译、商务翻译、口笔译研究、国际会议翻译研究等）开设课程，第四学期要求学生进行学术（项目）研究、完成硕士论文。另一方面指课程本身的内容呈动态发展趋势，不断充实翻译学、语言学、哲学、美学等新的研究视角和研究成果，达到更新专业知识、提高理论水平和发展科研能力的目的。

所谓多元性原则，是指所开设课程融合相关各个学科的内容，涉及语言技能、翻译技能、科研方法、语言文化基础知识、翻译基础理论、相关专业知识和技能等层面，比较宽泛。而且课程内容的呈现形式也各不相同，包括纸质资料、音像资料；信息来源渠道多元，包括教材、网络、学术沙龙、学术杂志。比如，英国沃里克大学注重翻译研究与教学，仅所开设的选修课程就涉及文学、社会学、方法论等方面，如戏剧翻译、诗歌与翻译、翻译与受众研究、翻译与性别、翻译与后殖民主义、学习方法论与研究技巧等。

在实践性、发展性、多元性原则的指导下，翻译专业研究生教育作为本科专业教育的延续和发展，课程设置不但要拓展种类，丰富内容，而且在理论、材料、方法等方面要更充分地体现出研究性和实用性，体现出一定层次的难度和深度。前面我们提到，难度较大的同声传译、计算机翻译软件设计等课程不适合在本科阶段开设，而应该在研究生阶段设立（如香港中文大学于2002年设立计算机辅助翻译方向的文学硕士点，开设了计算机应用和软件设计课程）；翻译理论在本科阶段为一般性介绍，但在研究生阶段可以进行具体解析和研究（本科生只需了解翻译学、翻译批评等理论的基本内容，研究生则需要了解翻译研究方法、翻译思想嬗变、翻译流派的关系等内容）；研究生阶段相关课程所涉及的必读书目无论在数量还是在深度、广度等方面都要超过本科阶段的要求（有的高校规定学生需读100本相关专业书籍，涉及语言文学、哲学美学、数理统计等方面）；在办学条件和设备方面，研究生阶段某些专业课程的投入远高于本科，一套稍具规模的同声传译实验设备就要耗资数百万元人民币，而且研究生课程对于师资的要求也更高，尤其是对硕士生导师、博士生导师的学术水平和学术能力都提出了一定要求（比如所设置的翻译学理论、翻译研究方法、术语学、学术论文写作等课程要求任课教师熟悉相关学术动态并发挥导向作用）。总之，翻译专业研究生的课程设置应该涵盖翻译专业、跨学科研究、翻译实务、论文写作等方面，以有助于培养学生的理论研究和翻译实践能力，提高其理论水平和翻译技能。

四、对翻译专业课程设置的建议

翻译专业课程设置的合理与否直接影响到所培养人才的质量，可以说是一个十分重要的教学环节。许钧（2001）曾经就翻译专业课程设置提出建议，认为不能因人而设、不能随意而设，各层次翻译专业或翻译方向的课程要注重科学衔接，要借鉴国内外兄弟院校的成功经验。何刚强（2005）则提出翻译系科（专业）的培养方案应明确三个不同层次：本科阶段以翻译实践为主；研究生阶段原则上理论与实践并重，但可根据各学校的传统与特色或者侧重于理论，或者侧重于实践；博士生阶段主要以理论为基础，夯实理论研究基础。这些观点对于翻译专业课程设置都具有一定的启发指导意义。

结合相关论述，笔者认为，我们在总体规划、设置课程时应该立足社会和个人需求，不仅应考虑当前的社会和市场需求，还要考虑国家和社会未来的发展战略需求，围绕培养目标（研究生与本科层次有所不同），结合地域、学校特色和师资、办学条件等实际情况，充分利用各方面资源（如其他学科、专业方向的师资或企事业单位的资深译员等），因"校"制宜地开设相关课程，充分体现翻译的学科交叉性和实践性。具体来说，课程设置不仅要考虑翻译市场对全译和变译的不同需求、学科本身发展对理论研究的需求以及学生对应用性翻译知识的需求，而且要使理论性与实践性课程、知识与技能类课程、必修课与选修课的匹配得当，以保证人才的均衡发展，还要整合各种有利资源，开设翻译通选理论课、专题讲座课、翻译实习课等，以充分体现翻译的学科融合性，开阔学生的学术视野。当然，因培养目标不同，所开设课程的侧重面会有一定的差异。如果培养应用型译员或要求学生通过某一类型的翻译资格证书考试（如大会口译资格证书考试），那么信息技术、经济、商务翻译等实用性技能课程应较多；如果培养教学研究人员，那么语言学理论、文学批评、译介学等学术知识型课程应较多。

第四节　翻译教学中教材编写的建设

教材是教师教学的主要依据，也是学生学习的主要内容，因此教材建设对于学科发展至关重要。翻译教材建设主要包括翻译教材的编写、出版、评估和使用过程。

一、教材建设的主体

首先笔者将对教材进行界定，然后分析教材、编写者、出版者、教师之间的关系，阐明教材从编写到应用的主要流程。

《中国大百科全书·教育卷》将教材定义为根据一定学科任务，编选和组织具有一定范围和深度的知识技能体系，一般以教科书的形式来具体反映；教师指导学生学习的一切教学材料。顾明远所主编的《教育大词典》指出，教材是教师和学生据以进行教学活动的材料，是教学的主要媒体，通常按照课程标准的规定，分学科门类和年级顺序编辑，包括文字教材和视听教材。Tomlinson（2001）从语言学习角度来界定教材，指出教材包括任何有助于语言学习的材料，可以是语言的、视觉的、听觉的或者动觉的，可以通过出版、现场表演、演示、磁带、CD、DVD 或者网络等形式呈现。综合以上界定，我们从教材建设角度将教材定义为针对某一教学任务，为实施教学活动而编选汇总的教学材料，主要包括教科书、教参教辅资料等纸质出版物和磁盘、光盘等非纸质出版物。鉴于实际教学中教科书、教参教辅资料占据很大份额，我们在具体讨论翻译教材编写流程时，教材主要指纸质出版物。

教材从编写到应用，涉及编写者、出版者、使用者，教材既是编写者研究成果的体现，也是出版者用以获取社会效益和经济效益的媒介，同时是一线教师（使用者）进行教学的主要材料。编写者（包括研究者和一线教师）编写创作教材，教材则在一定程度上反映了编写者的学术水平或观点；出版者出版教材，教材为出版者带来一定的效益、社会声誉和一定的利润；一线教师将教材应用到课堂教学中，作为授业解惑的主要依据并对教材提出一定的反馈意见，也从教材中获取一定教学材料和学术信息，促进自身专业发展。各主体之间的关系如图 4-1 所示。

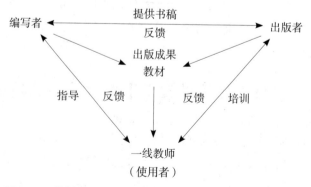

图 4-1　教材编写者、出版者、使用者之间的关系示意图

从图 4-1 可以看出，各主体之间存在相互支持、相互促进的互动关系，理论研究与教学实践互为支持与发展。围绕教材这一中心，编写者与出版者、出版者与一线教师、一线教师与编写者之间互为影响。编写者为出版者提供稿源，出版者帮助编写者出版、推介其研究成果；出版者组织培训，帮助一线教师了解教材，沟通编写者与一线教师之间的联系；一线教师从出版者那里采购教材，从编写者那里获得指导，对教材进行评估并反馈给编写者和出版者。

总之，教材建设中各主体各司其职，又互有启发，互为支持，共同促进教材建设的完善。诚如 Tomlinson（1998）所言，应该将研究者、教师、教材编写者和出版者集合在一起，运用资源，利用不同领域的专业知识以创作对语言学习者价值更大的教学材料。

二、翻译教材的编写

以上我们简要剖析了教材编写应用过程中各主体间的关系，下面结合翻译教材建设实际，尝试分析翻译教材编写操作流程以及应注意的问题。

Brown（2001）曾经指出自行设计教材需要经过一系列的阶段，如在编写前确定理论基础和教材建构原则，进行需求分析，设定目标；编写之后进行试用、评估。而且在具体编写时要进行人员安排、分工、资料搜集、建立资料库、规划工作模式等工作。对这一流程进行分析，我们可以发现它主要涉及教材的编写理念、教材的内容和形式、编写体例、编写管理和统筹等方面的问题。

首先，要有先进的教材编写理念，体现教育教学理论发展的成果。教材的好坏主要取决于其在完成培养目标中所起的作用。李运兴（2003）提出只有结合教学法的有关原则才能编写出针对性强、容易实施的教材。笔者赞同这一观点，并且认为教材编写者应该了解、运用相关教育教学理论和翻译理论，以切实保证教材编写的质量。Tomlinson（2003）指出，在语言教学中，未来的教材编写将有以下一些趋向：材料更趋于个性化（personalization）和地方化（localization），材料运用时有更大的灵活性和创造性，更强调多元文化视角和意识，更强调语言学习的多维方法，更加关注学习者情感因素和个体差异。这些以学习者为主、强调学习方法的趋势在翻译教材编写中也应该有所体现，尤其是在翻译知识技能性教材的编写中，因为随着人本主义教育理念的普及，教材编写也应该更人性化，要充分考虑学科发展和教师、学习者的要求。目前已有不少学者强调教材编写要以学生为中心，注重能力培养。笔者认为，在翻译专业本科教材编写时，要在需求分析的基础上，明确人才培养目标纲要，明确具体的课程性质和课程目标，以提高学习者的理论水平和实践技能为本，结合现代教育手段，编写融合理论与实践、兼顾知识和技能的教材。具体来说，编写思路（具体的教学对象、教学内容、教学安排、教学要求）要清楚，各章节之间衔接自然，逻辑性强；理论阐释要客观透彻，知识点清晰；译文应准确通顺，练习要真切实用。当然，编者、编写目的、课程性质等因素的差异也会使教材各有不同：有的强调"知识领先、描写为主"；有的主张"实践领先、规定为主"；有的侧重于理论阐释；有的突出实务训练。无论是哪一种教材，只要其潜在的编写理念符合翻译教育教学规律，能够满足教学需要，有助于发挥学生的主观能动性，可以提高教学质量就是可以接受的。

其次，教材内容和形式应丰富多彩，兼具知识性和实用性，体现翻译内在的文化交流功能，考虑教师和学生的个体需求（认知风格、情感、性格）。我们前面提到，教材（包括主干教材和教辅资料）应该兼顾理论、实践、知识与技能。目前英语专业的必修课程一般都配有教师用书（包括相关论点阐述、教学建议、参考书目、参考译文等）、教辅光盘（包括教学演示、教案）。翻译专业教材在编写中，也要拓展教材的形式，除了纸质教材之外，还要尝试建设电子教材（可供学生在计算机上自学的光盘、电子书、网络教材）、网络教材资源库（包括练习库、相关背景介绍）、翻译学术网站链接等。就教材本身的内容而言，理论阐述应具有权威性，所援引译例应该广泛多样、有代表性。韩哲（2004）通过对6种翻译教材中译例的综合分析，提出译例为翻译教材编写的主要问题，须注重内容的新颖性，选材的广泛性，译例的审美性、准确性、启发性、可靠性和易读性。在笔译入门教程中，所涉及内容应该包括摘译、编译、译述、翻译批评、译作赏析、篇章翻译等内容，而不能仅局限于词句翻译；所涉及篇章应该包括科技、法律、商务、公文文体等，而不能仅局限于文学文体。Nunan（1988）认为，教材应该与课程密切相连，其课文和任务真实，能促进互动，鼓励学习者发展并应用学习技能。在编写口译入门教材时，应从功能角度出发，设计具体真实的翻译任务（如商务谈判、合同签署，注明该任务的背景、译文的用途），既训练了译前准备、笔记、记忆等技能，又指导学习者进行具体篇章分析和翻译，提高其翻译实践能力。编写翻译理论教程时，要避免罗列所有流派和论点，选择主要翻译流派的相关论述，辅之以背景介绍和具体例证，设计思考题和小论文形式，指导学生切实理解翻译理论。

再次，编写体例要有所创新，有理论启发性和实践应用性。传统的翻译教材编写体例比较单一，版式单调、呆板，形式不丰富。刘和平（2002）曾指出目前大多数口译教材在编写方式上还是前半部分做一般性的描述介绍，后半部分配上练习材料、译文或说明；或者将一本教材分为若干课或单元，每课设置一至若干篇课文，附有译文和词汇以及语言点和翻译点的说明。笔者认为这一现象有一定普遍性，在笔译教材中也存在。有的教材在每一章的开始部分先进行理论或技巧概述，在文中附上一些翻译例证（外汉对照），在文后附上翻译练习，全书后面附有答案。教材整体上不活泼、不丰富，缺少必要的插图、图表或表格等，外观不够生动出彩，缺乏吸引力，也很少应用现代教育技术手段。笔者认为，教材编写在体例上可以根据课程性质进行调整和创新，诚如杨自俭（2006）所指出的，有的教材可以分为配套的两册，一册供课堂教学用，其中的练习可附参考译文，供学生作译文对比使用。另一册是配套练习册，可分两部分：一部分是教师指定练习，每个学生必须独立完成；另一部分是供学生自己训练用的，这部分不应附参考译文，教师可分阶段提供参考译文，这样效果要好得多。编者应根据不同课型的教学需要采用不同形式，使教材框架清晰、形式活泼、更具内涵和应用价值。有的教材已经尝试打破传统体例，根据教材内容分为原理篇、技巧篇、实用篇三大部分，以专题形式分析各种实用文体的特点与翻译策略。有的教材在每一章末附有相关研究网址，在文末标注术语表、索引表和参考文献等，并对参考译文进行评析，便于学习者深入学习研究。有的教材借助一些插图等来丰富页面，增强教材的吸引力。有的教材在例句和练习下面留出相应空白，以便于学生发挥主观能动性，通过思考解决问题。有的教材尝试以某一翻译具体问题为焦点，例文、练习等都围绕这一问题，使学生从理性到感性逐步加深理解。有的教材侧重于翻译现象描写，一例多译，引导学生进行思考。无论编写体例如何变化，都应该较好地传达教材信息，增强教师、学生与教材之间的互动，促进学生翻译知识的积累和翻译能力的提高。

最后，教材编写管理要有严格的操作程序，保证质量。在编写者选择方面，既要突出权威性，又要注重实践性。如果教材由一个人编写，应该选择翻译学界的知名专家学者或者中青年学术骨干，编者应具备丰富的教学研究经验和实际翻译经验并熟悉本学科的发展动态。如果编写任务由小组承担，则小组成员既要包括研究者，也要包括一线擅长翻译理论和翻译实践的翻译教师和教学论研究者。同时要注意小组成员之间专业研究方向、特长（如现代教育技术运用）等的合理匹配，使之各显其能、优势互补，提高编写效率。Tomlinson（2003）介绍，他们在 Bilkent University 编写教材时共有 20 位教师参加，各有分工，高效有序地工作，在一周之内就编写了 60 个单元，然后由 4 位教师去选择、修订和试验。在编写过程中，管理要有条不紊，分工明确，责任到人，严格要求，定期检查，按时交稿。可以先制定编写大纲，商定工作计划，然后要求编写者按期完成编写工作，主编与编者、出版社编辑人员之间要经常交流，及时沟通，严格按编写程序和要求运行，切实保证编写质量。同时，在教材编写中既要严格管理，又要强调敬业精神和严谨治学的态度。翻译教材的编写劳心费力、耗时耗神，编写者不仅要熟悉翻译专业知识，具备一定的翻译经验，还要了解和掌握学生实际需求，只有认真精心地搜集资料，耐心细致地编辑整理，才能编写出高质量的教材。

三、翻译教材的出版

　　教材编写完成之后，只有出版才能较大范围地推广使用，但编写者与出版者之间往往存在某些不一致。Richards（2001）指出，编写者一般关注编写创新的、与学习者需求相关的、师生乐于使用的教材，而出版者的主要动机在于获得利润。Tomlinson（2003）则认为目前出版者最关注的还是不冒险，坚守他们感觉能赚钱的市场。这些观点虽然有些绝对，但出版者的确需要考虑市场因素，考虑该教材是否能够填补现存市场的某些空白。笔者认为，从作者一方考虑，出书是为了发表自己的学术研究成果，也为了满足市场需求；从出版者一方考虑，一方面要充分考虑市场的可接受度，市场空间有多大，是否有一定的赢利空间等，另一方面在于扩大自身影响，推动学术交流和发展，最终实现经济效益和社会效益。就我国目前翻译教材的出版市场来看，中国对外翻译出版公司、上海外语教育出版社、外语教学与研究出版社等在翻译教材的引进、出版等方面做了很多工作，但因所出书籍多为供研究生使用的学术研究型图书或大众普及型的口译证书备考用书等，仍不能满足本科翻译专业教材建设的需求。针对如何发挥出版社在翻译教材建设中的作用问题，笔者曾经访谈了某知名出版社的8名工作人员，其中2名丛书编辑、2名杂志编辑、2名业务员、2位高级管理人员。在总结访谈结果的基础上，结合自身从事出版编辑及相应管理工作的经验，笔者认为在翻译教材出版中，出版社应该从以下几方面发挥重要作用。

　　第一，切实认识并发挥出版社在翻译教材建设中的重要作用。随着翻译专业教材市场的发展，出版社不能等闲视之，而应该根据经济和社会的发展、市场的需求有所作为，积极探索和预测，应有一定的前瞻性，在听取专家和一线教师意见的基础上，针对翻译专业本科生、研究生、翻译教师、翻译资格证书考试、翻译培训等不同层次的需求，主动策划选题，组织优秀稿源，与有关专家学者沟通，传递相关信息和捕捉市场需求，组织国内外专家学者等编写教材，并提供资金、人力、物力等方面的支持，做好相应翻译教材的出版和推介（如借助报刊、网络、电视等媒介）工作，促进翻译教材建设。

　　第二，切实提高出版社工作人员的积极性，提升其工作绩效。笔者在访谈中发现，该出版社工作人员分工明确，各司其职，虽然工作压力大，但确有兢兢业业的奉献精神。这有助于保证教材质量，因为书稿内容再好，如果编辑加工不到位，编校不细致，文字错误较多，或者推介乏力，运作不到位，都会削弱教材的影响力。总之，严格管理（严格执行三审三校制度），采取各种有效措施保证编校、发行人员的工作积极性、主动性与创造性，将有利于推动翻译教材建设。

第三，搞好翻译学术交流和教师培训工作。翻译专业作为一门新兴学科，相关教师培训工作十分重要。目前只有《中国翻译》《上海翻译》杂志联合国内外高校举办过"暑期全国英汉口笔译翻译教学与实践高级研讨班"，各大出版社参与较少。建议出版社支持一些翻译学术会议、研讨会、高级翻译培训班、教材培训、教师培训（针对具体翻译教材）等活动。这样，一方面可以拓展教师视野，帮助教师更好地解读相关翻译教材，更好地理解和领会教材编写者的意图，在教学中正确贯彻，同时，出版社通过与教师的交流可以获取一定的反馈意见，促进教材的提高与完善；另一方面可以互相沟通，了解最新学术信息与动态，为一线教师与专家学者提供学术交流平台。

第四，在翻译教材引进与自行编写、学术性和普及性、市场需求与学习者需求之间寻求平衡点。一般来说，教材发行量相对较大，市场占有率较高，而学术性著作虽然有较高的学术价值，但普及性较差。出版社不仅要考虑市场需求，满足市场需要，还应该在一定范围内大力支持翻译专业的学术研究工作的开展，繁荣学术研究，以促进翻译学科整体水平的提高与发展，以提高带动普及，以普及促进提高，营造欣欣向荣、良性循环的局面。

总之，翻译学科的发展为出版社出版、推介翻译教材提供了一个新的平台，这既是机遇，也是挑战。出版社如何搞好市场调研，策划和组织好翻译教材的编写，打造适合本科翻译专业所需的教材，保证教材质量，做好翻译教师的培训和教材的推介工作，切实推动翻译理论研究和教学实践的发展，都需要业内人士进一步认真探索。

四、翻译教材的评估

翻译教材出版后，教师和学生应该发挥主观能动性，认真解读教材，理解和领会编写宗旨、教材特点、适用对象等，了解并尝试评估教材。如果经过评估认为该教材符合自己的教学目标和要求，适合学生的需求和水平，那就是适用的，就可以选用；如果有部分内容不恰当或不适合，可以考虑改编。

教材评估其实也是一个决定是否选用教材的过程。Jo McDonough 和 Christopher Shaw（2003）从宏观角度提出总体评估的参数：可用性因素（the usability factor，该教材是否可以根据大纲要求作为主要或者辅助材料）、普遍性因素（the universality factor，是否可以被普遍应用）、可改编性因素（the adaptability factor，是否可以修订、增加、缩减）、灵活性因素（the flexibility factor，其等级或排列顺序是否严格）。其实可用性、普遍性、可改编性等因素主要强调内容，灵活性主要强调体例。换言之，主要根据内容和体例来评估教材。Brown（2001）综合提出选用教材的 5 个方面：教材的编写背景（作者的教育背景与经验、出版社的声誉）；是否适合课程要求（相关教学思路、大纲、一般语言需求和情景需求）、目标和目的（一致性的比率、组织顺序）、内容（是否与课程所涉及技巧、练习一致）；外观特点（如版面设计：空间、图表、强调部分）、结构（目录、索引、答案、术语表、参考书目）、编辑水平（内容是否正确，风格是否恰当，例证是否清晰）、材料质量（纸张、装订）；辅助性因素（如价格，辅助材料是否可以获得：视听辅助设备、练习册、软件、单元测试）；可教性（教师用书中的答案、注释，复习题，在教师中的认可度）。这一评估标准比较具体，也容易操作，但有些指标过细，不适合作为宏观的翻译教材评估标准。杨自俭（2006）提出评价教材有很多指标，但最主要的是难易程度要和师生水平相适应，尤其是要和学生的水平相适应，而且自身应具有系统性。这其实主要涉及教材的内容问题。

为了对翻译教材进行比较客观可行的评估，笔者尝试从内部评估其内容，看其是否符合课程目标，从外部评估其体例、外观，看其是否合理规范并有助于实现课程目标。具体说来，进行内部评估时可以先分析目录，从中任选某一章或某一部分，分析其内容深度是否得当，各部分安排是否合理，理论阐释是否清晰，例证是否典型，译文是否准确，练习是否考虑到学习者的需求，是否体现了该教材所声明的特色等。进行外部评估时可以着重于其体例是否完整（是否有前言、正文、练习、术语、索引、参考文献），布局是否得当，是否包含辅助材料，是否有音像资料、照片、图表，印刷是否清楚，文字有无差错。总之，要综合评估该教材是否符合课程目标和课程的要求，是否达到相关测试要求，是否能满足学习者的需求，是否有助于教学相长。至于编者的背景、出版社的声誉可以作为辅助性评估因素来考虑，毕竟教材内容是最主要的评估因素。

如果经过评估发现教材不太适合，教师和学生可以通过合作做相应补充或改编。Brown（2001）指出改编教材共分五步：查找、评估教材；分析（与目标一致之处、与目标不一致之处、需要从其他材料补充的比例、目前需要修改的材料比例、确定哪些材料需要修改）；分类（将目标进行分组，如运用媒介、内容、技能）；标出材料中所体现出的目标，没有达到而需补充材料的地方留出空白补全（从其他材料、教师自编材料、资源库等资料来源补充）；重新组织（完成目标分类表，重新组织）。这五步中，我们在教学中常用的是分类和补全，也就是对现有教材进行客观评估后，找到其不足之处，搜寻相关材料进行补全，然后再用于教学实践中。比如，某《翻译实务教程》缺少对建筑合同翻译的阐述，而学生需要相关知识，那就可以从相关 ESP 书籍（如《建筑市场实用英语》）或相关杂志（如《上海翻译》《中国科技翻译》）中，或者从网上搜寻资料，归纳整理，作为对教材的补充。有时某些翻译教材在阐述相关理论时不够透彻全面，如讨论翻译标准只提及"信、达、雅""忠实、通顺"等观点，那么教师和学生就可以从 CNKI 中国期刊全文数据库、万方数据网、EBSCO 等数据库查询其他资料，了解动态对等、功能对等论述，丰富教学内容。鉴于一部新教材发行后会有一段试用期，在这期间，一线教师可以及时与编写者沟通，将自己的意见反馈给他们，以备日后修订参考之用。当然，教师如果使用自己编写的教材，可以发挥更大的能动性，将相关反思意见、资料等汇总，对教材进行改编。

在教材评估过程中，一定要强调实际调查的重要性，多方听取反馈意见。也就是说，评估者不仅是教师，还应包括专家、出版人员、学生、家长、用人单位等，而且要在一定的理论基础上进行客观的、综合的评估，以确保评估的公正性。

五、对翻译教材建设的建议

Tomlinson（1998）曾对教材建设提出一些建议，认为应该对目前教材的教学效果进行调研，了解学习者和教师对教材的需求；教材编写中应用更多的语言研究理论，使教材更加丰富；使用教材促进教师发展；帮助出版者以新的教学方法为教材内容获取一定的市场份额。这些建议涉及教材的内容、使用效果、功能以及出版者的作用等方面，对于翻译专业教材建设有一定启发意义。翻译学科在我国尚属于新兴学科，其教材的编写、出版、使用等问题也需深入探讨，笔者认为应该从以下三个方面做好翻译专业教材建设工作。

第一，从翻译专业教材建设的定位来看，要树立翻译专业概念，因为以往编写出版的翻译教材主要是为英语专业翻译课程服务的。翻译专业在我国是一门新兴学科和专业，因此有必要强化翻译专业的理念，从学科建设角度统一规划教材的编写工作，使专家、出版者、一线教师、学习者等通力合作，在实际调研（如市场调查、学生需求调查）的基础上，借助大型电脑语料库资源（可以为教材选择和编写提供依据），针对不同层次的翻译专业学生分期、分批、分层次、成系列地引进或出版相关翻译教材，形成一定体系。尤其要注意引进与自编、专家论著与研究成果、教材与教辅资料、资格证书考试与翻译普及读物之间的平衡，丰富教材资源，繁荣教材市场，推动翻译学科的发展。

第二，从翻译教材的质量来看，要采用新的编写理念，吸纳翻译学（包括当代各译论流派）、语言学（如功能语法）、教育思想（如建构主义）、教育技术（如网络教学、电子教材）等学科的优秀成果。教材的内容应丰富真实，包括教师用书、光盘、相关网络链接等所举例证应包含在一定语境内，具有针对性（充分考虑市场需求，注重实践技能的培养）和实用性（涵盖各种文体翻译，切实符合培养目标，满足学习者需求），编写体例要科学、合理、系统、规范，编审、校对、排版、装帧、印刷等质量上乘，切实保证教材的整体质量。

第三，相关教材评估、改编工作要规范系统，搞好教材使用者的培训工作。教材评估可以在教材使用前（预测教材的潜在学术和市场价值）、教材使用中（通过教师反思、学生反馈予以评价）、教材使用后（归纳总结教材的实际效果）进行。相关专家、教材编写者、教师、出版社要有评估"一条龙"的意识，加强对翻译教材的研究；同时，教材编写者、出版社应该对一线教师进行培训，而一线教师、学生可以做相应的教材改编和使用信息反馈工作，以提高其使用效果。

总之，翻译教材建设需要多方努力，渐进发展。翻译教材市场的繁荣和规范势必会促进翻译人才的培养进程，也势必会活跃翻译教学研究，推动和促进翻译学科的发展与繁荣。

第五章　英语翻译教学课堂活动与翻译人才培养

第一节　理解翻译活动的过程与性质

一、了解翻译过程

张培基在《英汉翻译教程》中将翻译的过程分为理解、表达和校核三个阶段。

孙致礼在 2003 年出版的《新编英汉翻译教程》中指出："我们认为：理解、表达、审校的阶段划分比较合理，对中国学生学习翻译更有指导意义。"理解是表达的前提，没有准确透彻的理解，就不可能有准确透彻的表达。对初学翻译的学生来讲，在时间允许的前提下，对原文至少要阅读三遍。第一遍粗读原文，掌握全文大意和中心思想，对疑难词做上记号；第二遍细读原文，查资料解决疑难问题；第三遍通读原文，做到完全理解原文的精神。这是一个先见森林再见树木最后再见森林的过程。

以上对翻译过程的划分是符合翻译实际的。对于从事翻译工作时间长一点的译员，这三个阶段的界限不是那么分明，他们往往是一边理解，一边就在考虑如何表达；一边表达，一边就在加深理解；一边校对，一边润饰，一边可能又在进一步理解。而对初学翻译的学生来说，由于受语言水平所限，不可能"三管齐下"，只能在理解的基础上，再考虑表达，表达好了，最后审校。

译者在理解原文的过程中，要解决以下问题：要理解原文的语言现象，即对一些词语、短语、成语和表达方式的正确理解，特别是对多义词的理解，弄清其含义；要理解和分析句子间的逻辑关系，这样可以帮助我们理解靠语言分析不能解决的问题；要理解原文中涉及的事物的背景知识和相关知识。

表达是把理解了的内容传达出来。在这个过程中要解决以下问题：处理好忠实与通顺的关系，做到两者兼顾；处理好内容与形式的关系，尽量同时传达出原文的内容与形式，无法两者兼顾时，只好放弃形式，传达语义即可；处理好创作与翻译的关系，在翻译过程中，译者要尽量克制自己的创作欲望和语言风格，要记住自己在翻译别人的作品，不是在随心所欲搞创作；要尊重原作者的创作，也要尊重译入语的语言规范。就初学翻译的学生而言，他们往往还不可能考虑翻译行业的社会规范和出版商的要求。

审校阶段是理解与表达的进一步深化，是对原文内容进一步核实、对译文语言进一步推敲的阶段。我们在翻译时尽管十分细心，但译文难免会有错漏或字句欠妥的地方。在审校阶段应该特别注意以下各点。

第一，人名、地名、日期、方位、数字等方面有无错漏；

第二，译文的段、句或重要的词有无错漏；

第三，修改译文中译错的和不妥的句子、词组和词；

第四，力求译文没有冷僻罕见的词汇或陈腔滥调，力求译文段落、标点符号正确无误。

一般来讲，译完之后至少需要审校两遍：第一遍对照原文着重审校内容；第二遍着重润饰文字。如果时间允许，再把已审校的译文对照原文通读一遍，做最后一次检查、修改，务必使所有问题都得到解决，译文才算是定稿。

总之，翻译既是语言再现的艺术，又有一定的程序和规律，了解翻译的过程才能使翻译工作事半功倍。

以上内容是在翻译课程中教师应该让学生初步了解的一些翻译基础理论，不宜长篇大论，只做介绍性的讲解或者融于翻译练习中讲解。

二、理解翻译活动的性质

翻译是人类最复杂、最困难的活动之一。它涉及人的认识、审美、语言文化素养、对翻译的认识等诸多因素。翻译活动自产生 2 000 多年以来，人们对它的认识和探索从未终止过。随着时代的发展，翻译的范围和规模也在发展，人们对翻译性质的认识也在发展。

什么是翻译呢？

牛津英语词典定义为 "to turn from one language into another."。

韦氏国际词典第三版定义为 "to turn into one's own or another language."。

以上两条定义只是谈了语言的转换，没有提及语言所传达的内容。

我国的《辞海》给 "翻译" 下的定义则比较明确，即 "把一种语言文字的意义用另一种语言文字表达出来"，这一定义提到了翻译是两种语言之间 "转换""意义"的活动。

美国翻译理论家奈达在给翻译所下的定义中，把"意义"概括成"语义"和"文体"，他说："Translation consists in reproducing in the receptor language the closest natural equivalent of the sourcelanguage, first in terms of meaning and secondly in terms of style."（所谓翻译，是指在译语中用最切近而又自然的对等语再现源语的信息，首先是在语义上，其次是在文体上。）译文一方面要跟原文取得"最切近"的效果，另一方面又是"自然"的译语语言。

然而，翻译又不是一项纯粹的语言活动，还牵涉到各种非语言因素，特别是种种文化因素，因此有的学者又给翻译下了这样的定义："翻译是两个语言社会（language community）之间的交际过程和交际工具，它的目的是促进本语言社会的政治、经济和文化进步，它的任务是要把原作中包含的现实世界的逻辑映像或艺术印象，完好无损地从一种语言移注到另一种语言中去。"

孙致礼教授的定义是："翻译是把一种语言表达的意义用另一种语言传达出来，以达到沟通思想情感、传播文化知识、促进社会文明，特别是推动译语文化兴旺昌盛的目的"。

陈宏薇教授等的解释是："翻译是将一种语言文化承载的意义转换到另一种语言文化中的跨语言、跨文化的交际活动。"意义的交流必须通过语言来实现，而每一种语言都是一个独特文化的部分和载体。我们在转换一个文本的语言信息时，也在传达其蕴含的文化意义。翻译的本质是释义，是意义的转换。翻译活动涉及诸多因素：译者（translator）、作者（author）、原文（source text）、原文读者（source-text readers）、译文（target text/translated text/target version）、译文读者（target-text readers）。

可以说，学者们给"翻译"下的定义是不胜枚举的，从以上几个例子我们可以看出，翻译定义的内涵越来越清晰、具体。从纯语言的转换到语言中意义的转换，再到语言信息中蕴含的文化意义的转换。对翻译活动的参与者的认识越来越客观。但是以上翻译活动的进行似乎脱离了作者、译者和读者所处的社会，忽视了社会因素在翻译活动中对译者和读者的影响，仅仅是对翻译活动行为的描述，从客观上忽视了几千年所产生的一些翻译产品对社会所起的推动作用。同时，在当今多元文化并存的情况下，在世界各民族人民要求相互尊重、和谐共处的"地球村"里，强调得更多的是"平等"和"理解"，而不是"谁优谁劣"。因此，在这种新的形势下，我们是否能更客观地为以上定义做一些补充和发展？可否将翻译定义为：译者在一定的社会意识形态等的影响下，把一种语言表达的意义用另一种语言传达出来，目的是沟通思想情感、促进相互了解、传播文化知识、促进世界社会和文化发展。

三、解析翻译标准

在中国，严复于 1898 年提出的"信、达、雅"的翻译标准距今已有 100 多年历史。人们对"信"和"达"比较认同，对"雅"有争议，也有不同的解释。他主张的"信"是意义不倍（背）本文，"达"是不拘泥于原文形式，尽译文的语言能事以求原意明显，为"达"也是为"信"，两者是统一的；严复的"雅"指的是译文采用"汉以前的字法句法"——实际上即所谓上等的文言文，才算登大雅之堂，有人认为严复的"雅"是针对自己的读者而提出的。严复主要翻译的是西方经典的政治和经济学著作，如赫胥黎的《天演论》、亚当·斯密的《原富》等，主要是给当时的封建士大夫们阅读的，希望能在中国实行自上而下的改良。这样的解释在西方现在的翻译理论中是站得住脚的。有的文学家对"雅"的解释是："雅"指的是译文的美学价值，它体现在修辞、文体、韵律、诗意和心理等方面。这一解释适合文学翻译。其实，我国许多老一辈翻译家总结的翻译标准都只适合于文学翻译，如鲁迅的"凡是翻译，必须兼顾着两方面，一当然是其易解，一则保存着原作的丰姿"，傅雷的"神似"、钱钟书的"化境"等都是如此。

1979 年，翻译家刘重德先生在《湖南师范学院学报》第 1 期《试论翻译的原则》一文中提出了"信、达、切"的翻译标准，是在严复的"信、达、雅"和泰特勒"三原则"的基础上提出的，认为：信，信于内容；达，达如其分；切，切合风格。信于内容的"信"，即严复所谓意义"不倍原文"，亦即泰特勒所谓"翻译应该是原著思想内容的完整再现"，即使是所谓的"编译"或"译述"，严格说来，也不能违背原文的中心意义。达如其分的"达"正如严复所说，"顾信矣不达，虽译犹不译也。"同时，在翻译的基础上，表达的深浅也应力求与原文一致。"切"，是指切合原文风格，是个中性词，适用于不同的风格。我们今天的翻译不仅仅是文学翻译，翻译涉及的文体还有很多，如科技文体、新闻文体、应用文体，刘先生的"信、达、切"翻译标准对于不同文体的翻译是很实用的。

自 20 世纪下半叶以来，我国大量引进国外翻译理论，主要有等值论、等效论、多元系统论、描写翻译学派、文化学派、综合学派、女权主义、阐释学派、解构主义、美国翻译培训学派、法国释义理论派等。这些理论的引进，开阔了我国翻译理论研究的视野。在翻译标准上，最流行的是等值论（equivalent value）、等效论（equivalent effect）、功能对等（functional equivalence）。我们对这些理论应有正确的认识，不可全盘接受并传授给学生。对我们的学生有指导意义的当数英国坎贝尔（George Campbell）和泰特勒（Alexander F. Tytler）的两个"三原则"。英国翻译家坎贝尔的三原则："The first thing... is to give a just representation of the sense of the original... The second thing is, to convey into his version, as much as possible, in a consistency with the genius of the language which he writes, the author's spirit and manner... The third and the last thing is, to take care, the version have at least, so far the quality of an original performance, as to appear natural and easy... "（首先，准确地再现原作的意思；第二，在符合译作语言特征的前提下，尽可能地移植作者的精神和风格；第三，也是最后，使译作至少具有原创作品的特征，显得自然流畅。）无独有偶，英国另一个更著名的翻译家泰特勒的"三原则"，跟坎贝尔的极为相似：① "That the translation should give a complete transcript of the ideas of the original work." ② "That the style and manner of writing should be of the same character with that of the original." ③ "That the translation should have all the ease of original composition."（①译作应完全复写出原作的思想；②译作的风格和手法应和原作属于同一性质；③译作应具备原创作品的通顺。）这两个"三原则"都要求译文从三方面忠实于原作：一是忠实地传达原作的内容；二是忠实地展现原作的风格；三是忠实地体现原创作品的通顺。

其实，翻译教学实践证明，对于初学翻译的英语专业学生，要求他们掌握"忠实、通顺"这一标准即可。

那么什么叫"忠实"，什么又叫"通顺"呢？

张培基教授等在其编著的《英汉翻译教程》中做了如下解释："忠实"指忠实于原作的内容。译者必须把原作的内容完整而准确地表达出来，不得有任何篡改、歪曲、遗漏、阉割或任意增删的现象。内容通常指作品所叙述的事实、说明的事理、描写的景物以及作者在叙述、说明和描写过程中所反映的思想、观点、立场和所流露的情感。忠实还指保持原作的风格。这里所说的风格，包括原作的民族风格、时代风格、语体风格以及作者个人的语言风格。一般说来，译者对原作的风格不能任意破坏和改变，不能以自己的风格取代原作的风格。比如说，原作是通俗的口语体，译文就不能改成文绉绉的书面体；原作粗俗烦琐，译文就不能改成文雅洗练；原作展现的是西方色彩，译文就不能改换成东方色彩。总之，原作怎样，译文也该怎样，尽可能还其本来面目。

所谓"通顺"，即指译文语言必须通顺易懂，符合规范。译文必须是明白晓畅的现代汉语，没有逐词死译、硬译的现象，没有语言晦涩、佶屈聱牙的现象，也没有文理不通、结构混乱、逻辑不清的现象。译文的通顺程度只能与原文的通顺程度相应或一致。

如何处理好"忠实"与"通顺"的关系呢？

张培基等人同时也指出："忠实与通顺是相辅相成的。忠实而不通顺，读者看不懂，也就谈不到忠实；通顺而不忠实，脱离原作的内容和风格，通顺也失去了作用，使译文成了编纂、杜撰或乱译。"总而言之，忠实与通顺是对立统一的，无论偏重哪一个而忽视另一个都不能圆满地完成翻译的任务。笔者认为张教授等人的这一论述非常清楚地阐述了忠实与通顺这一对矛盾的相互关系。初学翻译的学生要处理好这一对矛盾，需要在不断练习的过程中去体会和把握。

第二节　对翻译人才素质的培养

一位优秀的翻译家对合格翻译者的素质的最基本阐释是："成就一位称职的译者应该有三个条件，首先当然是对于'施语'（source language）的体贴入微，还包括了解'施语'所属的文化与社会；同样必要的是对于'受语'（target language）的运用自如，还得包括各种文体的掌握。这第一个条件近于学者，而第二个条件便近于作家了。至于第三个条件则是在一般常识之外，对于'施语'原文所涉的学问要有相当的熟悉，至少不能外行。这就更近于学者了。"

翻译既要忠实又要通顺，绝非易事，译者不具备一定的业务素质，是很难胜任的，合格的翻译人员应该有哪些业务素质呢？

第一，译者要打下扎实的英语基础，特别是要具有很强的阅读理解和鉴赏能力。为了切实提高英语阅读理解能力，必须做到以下三点：①掌握足够的英语词汇。如果缺乏足够的词汇量，离开了词典就寸步难行，这是不能做好翻译工作的；②掌握系统的英语语法知识，使理解在语法层面不出错；③大量阅读英语原著，不断丰富自己的语言知识，提高自己对英语语言的感悟力和英语表达能力，不要写出令人啼笑皆非的"中式英语"。

第二，译者要打下扎实的汉语基础，特别是要下功夫提高自己的汉语表达能力。对翻译人员的汉语表达要求不同于对一般汉语写作者的要求，因为翻译是用另一种语言表达原作者已表达的思想感情。译者的译入语水平主要表现在表达原作的特定内容和特定形式时的灵活变通能力，如选择恰当的汉语字眼、创造新词、吸收外来表现法。另外，译者还应熟悉英、汉两种语言在语音、词汇、句法、修辞、使用习惯甚至标点符号使用上的种种差异，以便能将规范通顺的英语译成规范通顺的汉语，而不要写出生硬牵强的"英式汉语"。

第三，译者要有广博的知识。翻译是传播文化知识的媒介，因而译者的知识面越广博越好。虽然做不到样样精通，但是经过努力却是可以做到"译一行，钻一行，通一行"的。我们每一个翻译人员首先要掌握一定的专门知识，如翻译科技著作必须掌握相关的科技知识和科技术语，翻译社科文章必须懂得相关的社科知识，翻译文学作品必须具有一定的文学素养……鉴于各门知识都彼此交叉、触类旁通，每个译者还要广泛掌握与自己的专门知识有密切联系的相关知识，如译哲学题材的要具有丰富的文史知识，甚至要懂一点自然科学；译医学题材的至少要懂一点生物学与化学，甚至要掌握一些心理学知识。除此之外，从事英汉互译工作的人还需要全面了解英美各国的历史、地理、政治、经济、军事、外交、科学技术、风俗习惯、宗教信仰、民族心理、文化传统等方面的"百科知识"，同时要通晓自己国家的"百科知识"，就像孙致礼教授所说的"这样才能在翻译中明察秋毫，得心应手，而不会张冠李戴，混淆不清"。

第四，译者要掌握合理的翻译策略。无论是哪个翻译者，若不去自觉地探讨翻译原理，其经历、学识、性格、审美观会无形中帮他（她）形成自己的翻译策略，如一个英语基础好、汉语表达较弱或性格比较拘谨的人就可能喜欢字对字的直译；而汉语基础较好、生性比较自由的人，则可能比较喜欢"天马行空"式的自由译法。对于初学者来说，应有意识地选择"适当"的翻译策略，通过不断地实践，熟练掌握翻译的规律、方法和技巧。

第五，译者要养成认真负责、谦虚谨慎的学风。翻译是一项非常复杂、非常仔细的工作，需要译者付出艰巨的劳动。翻译完一篇文章之后，应仔细地核对原文，找出误解、误译或漏译的地方并改正。还要检查一下译文是否通顺易懂，是否有错别字和错用的标点符号，译文格式是否合乎要求等。这样做是对译文读者负责，也是对翻译工作负责。另外，我们在翻译过程中，还要关注社会各方面的变化，坚持正确的立场和原则。同时要虚心向有经验的翻译人员学习，学习他们的经验和技巧，不断提高自己的翻译能力和翻译水平。

第三节　体会中西思维差异与中英文的异同

一、谙熟英汉语言异同

法国翻译理论家乔治·穆南（Georges Mounin）认为，翻译是一种艺术，但其是一种"建立于科学基础之上的艺术"，因为"翻译的许多问题，诸如翻译活动的正当性、可行性等基本问题，都可以从语言科学的研究中得到启示"。

的确，现代语言学的发展对翻译研究的发展影响深远。20世纪50年代中期以前的结构主义（structuralism），关注的中心是"成分分析"（constituent analysis），将句子分为以短语为单位的"结构体"，如名词短语（NP）、动词短语（VP）等，以此构成句子结构树形图，使句子在结构上成为"可认识的主体"。结构主义的这种短语结构分析法不仅明确了句中各个单位之间的线性关系，为翻译中确认主语、谓语等提供了信息，还明确了各成分之间的关系，为在翻译中理清句义的层次组织提供了有机的线索，也为翻译学的语义和结构分析过程提供了科学研究的途径。

自 20 世纪 50 年代以来，以美国翻译理论家尤金·奈达（Eugene A. Nida）等为代表的欧美翻译理论界进一步发展了结构主义的成分分析法，对词项的语义分析进行了更深入的探讨，使语义学与翻译学的研究结合起来。语义学家围绕语法结构与语义的关系所做的系统深入的研究，对翻译中译词法的理论化具有借鉴作用。

近几十年来，欧美语言学界对现代翻译理论研究影响较大的还有美国语言学家乔姆斯基（Noam Chomsky）所提出的转换生成语法（Transformational Generative Grammar）。转换生成语法关于句子深层结构与表层结构的理论对翻译科学的意义是不容忽视的。这种理论认为句子的深层结构是人类在说话之前存在于头脑之中的连贯意念，它是抽象的，是不能直接感知的，也就是人类的思维形式，即"句子的内部形式"，具有语义价值的语法关系；但是人类说话时并不是说深层结构的句子，而必须将句子的内部形式转换为外部形式，即表层结构，发出声音，人们才可以获得直接感知的语言信息。因此，深层结构决定句子的意义，表层结构决定句子的形式；语言中的句子是将以深层结构形式存在的概念系列活动转换为以表层结构形式发出的信息系列活动。欧美翻译理论界对此进行了有意义的探讨，用转换生成语法的理论来解释，翻译过程是从一种语言的表层结构开始，由表及里，探明其深层结构，再从深层结构转换到另一种语言的表层结构。也就是说，原文和译文的对应关系在深层，不在表层。层次结构的转换过程也是理解与表达的过程，其间译者的理解能否进入句子的深层结构至关重要。双语转换如果不通过对深层结构的深入研究，直接从原文的表层结构到译文的表层结构，是必然要出错的。

基于结构主义语言学和转换生成语法，我们的翻译研究就有了科学的基础。翻译是艺术，尤其体现于文学翻译；翻译也是科学，因为翻译可以从语言学中找到科学的解释。

由此，我们对英汉两种语言进行对比，就会从中发现英汉两种语言之间的异和同，译者在翻译的过程中处理这些异和同时，就会发现翻译确有一定的规律性。"这种规律带给译者的启示，可能比任何技巧性的经验之谈来得更有价值。"

对英汉两种语言进行语义、词法、句法和思维方式的对比有助于帮助学生理解两种语言的特点和特点背后的思维方式，找到语言转换的规律，提高实际的翻译能力。

（一）英汉词语意义对比

英汉词语意义的对应程度一般有以下三种情况。

1. 完全对应

完全对应指英语的词语所表示的意义在汉语里可以找到完全对应的词语来表达，两者的意义在任何上下文都完全相等，这种完全对应的现象，只限于一些通用的科技术语、少数专有名词和普通名词。例如，economics——经济学，computer——计算机，bike——自行车，tea——茶，北京——Beijing，摩托车——motorcycle，手——hand，非典——SARS 等。

2. 部分对应

部分对应指译语词与源语词在意义上部分或大部分对应。英汉词语中的亲属词、一些动物名称的名词都属于这一类。碰到这类词，都要根据语篇语境来确定词的意义。

3. 完全或大部分不对应

完全或大部分不对应指源语中一些带有浓厚的社会文化、风土习俗色彩的词语，在译语中找不到现成的对应词，如英语中的 teenager，汉语中的十二生肖、天干地支等。

英汉两种语言都有一词多义现象，译者必须认真分析上下文，才能找出其确切意思。总之，这些一词多义的词的词义总是在保持基本意义的前提下，随着上下文的意义而引申。

对于英语成语、俗语和惯用语不要望文生义；汉语成语、俗语和惯用语英译时要注意不要出现文化错位，不将有浓郁汉文化特色的词硬搬到英语里去。

（二）词法的差异

1. 英语中有而汉语中无的现象

词的形态变化：主要指一些表示语法意义的曲折变化，如数（名词单复数、动词第三人称单数）、格（主格、宾格、所有格）、时（一般现在时、一般过去时、一般将来时、过去将来时）、体（现在进行体、过去进行体、现在完成体、现在完成进行体、过去完成体、过去完成进行体）、语态（主动语态、被动语态）、语气（陈述语气、疑问语气、祈使语气、感叹语气、虚拟语气）、人称（第一、第二、第三人称）、比较级（原级、比较级和最高级）。

冠词：英语的单数可数名词前加不定冠词 a 或 an，特指时需加定冠词 the，汉语中无此现象。

2. 汉语中有而英语中无的表示法

时态助词（过去、曾经、着、了、过）、量词（把、张、盏、个、根、条、本、支、只等）、句末语气词（陈述语气词：的、呢等；疑问语气词：吗、吧、啊、么等；祈使语气词：吧、呀、罢、啦等）。

3. 英汉在代词的使用上也存在差异

英语代词的使用频率要大大高于汉语，翻译时可按各自的特点进行增删和转换。

（三）句法的差异

英汉句子的基本结构虽然都是主语＋谓语＋宾语，但还是有明显的差异。

1. 汉语中无主句多，译成英语时要补译出主语

2. 在句子与句子之间的连接方式上也有明显的差异

英语重形合（hypotaxis），汉语重意合（parataxis）。英语句中的词或分句之间一般要用连词或关联词连接起来，表达一定的语法意义和逻辑关系；汉语句子中的词语或分句之间不一定用语言形式进行连接，其语法意义和逻辑关系一般通过词语或分句的含义来表达。

3. 语序倒置现象

汉语句子中常常将宾语提到前面；英语句子倒装现象比汉语多，如疑问句、感叹句、否定句、假设虚拟句和强调句，都有一定的语序倒置现象。英汉互译时，需要根据各自的语言习惯进行调整。

4. 定语和状语的位置

定语的位置：汉语句中定语的位置一般是在中心词之前，也有少数情况为了强调而放在中心词之后的；英语句子中定语的位置比汉语句子中的要灵活，单词作定语时，除少数情况外，一般放在中心词之前；较长的定语，如词组、介词短语、从句作定语，则一般放在中心词之后。

状语的位置：汉语句中状语一般放在主语和谓语之间，有时为了强调，也放在主语之前，总的来讲，位置比较固定；英语句中状语一般出现在宾语后面，但也常常出现在句首、句中或句尾，位置比较灵活。因此，英汉互译时，必须进行语序调整。

5. 否定词的位置

英语中有两种否定句，一是句子否定，指否定主语和谓语之间的肯定关系；二是成分否定，指否定句子某一成分而不影响主谓之间的肯定关系。前一种情况英汉否定词的位置是一样的，均放在谓语动词前面；在后一种情况中，英汉否定词的位置有时却有差异，因为英语中有否定转移现象：语义上否定某个从属成分的否定词可以提上来，形式上否定较高层次的谓语动词，译成汉语时就要根据汉语的习惯加以调整。

二、溯源中英思维差异

关于中英思维对比，许多名家都有论述。陈宏薇等在其编写的《新编汉英翻译教程》中的分析和归纳较全面。

（一）中国人注重伦理（ethics），英美人注重认知（cognition）

"儒家思想是对中国社会影响最大的思想之一……儒家思想关心的是人道，而非天道，是人生之理，而非自然之性。"而在海洋型地理环境中发展起来的英美文化促成了英美人对天文地理的浓厚兴趣，使他们形成了探求自然的奥秘、向自然索取的认知传统。中国人重伦理思想观念的又一体现是重宗族和宗族关系，重辈分尊卑，所以，汉语中亲属称谓特别复杂，英语中亲属称谓比较简单。

（二）中国人重整体（integrity），偏重综合性（synthetic）思维；英美人重个体（individuality），偏重分析性（analytic）思维

"中国的小农经济使先民们意识到丰收离不开风调雨顺，生存离不开自然的思维，进而从男女关系、天地交合和交替等现象悟出阴阳交感、'万物一体''天人合一'的意识。"万物一体的观念把人与自然、个人与社会乃至世间万物都看作不可分割、相互依存、相互影响、相互制约的有机整体，这是汉族人最朴素的辩证思维方法，体现在中医、中国戏剧、国画艺术、文字、对称与和谐的审美心理上。而西方哲学具有崇尚个体思维的传统，因此，"个性"受到重视，受到张扬，偏重于分析性思维。

（三）中国人重直觉（intuition），英美人重实证（evidence）

"中国传统思想注重实践经验，注重整体思考，因而借助直觉体悟，即通过知觉从整体上模糊而直接地把握认识对象内在本质和规律。"

直觉思维强调感性认识、灵感和顿悟。这种思维特征来自儒家、道家、佛学的观念，也是"天人合一"哲学思想的产物。这种思维方式表现在理解语言时往往突出"意"，不太重视对语言的科学分析；评价事物的优劣时，较少用系统的理论进行实证考察式的论述。而英美人的思维传统一向重视理性知识，重视分析，因而也重视实证，主张通过对大量实证的分析得出科学、客观的结论，所以，英语的语言分析十分系统全面。不分析汉语句子的语法关系，我们还可以理解句子的意思；如果不分析英语句子的语法关系，尤其是长句中复杂的关系，我们是不可能清楚、正确地理解英语句子的意义的。

（四）中国人重形象思维（figurative thinking），英美人重逻辑思维（logical thinking）

"形象思维指人在头脑里对记忆表象进行分析综合、加工改造，从而形成新的

表象的心理过程。逻辑思维是运用概念进行判断、推理的思维活动。"

中国人形象思维的表现方式之一是汉字的象形性，以形示意是汉字的主要特征；中国人特别喜欢用具体的形象词语比喻抽象的事物，以物表感，状物言志。量词数量多，文化内涵丰富，生动形象，也是汉语形象化的表现。

思维方式受传统的影响，学习翻译、学习两种语言的转换在很大程度上就是学习两种思维方式的转换。了解中国人与英美人思维方式的不同特征及其在语言上的不同表现形式，努力透彻理解原文，使译文符合译入语的语言表达习惯，翻译才会取得较为令人满意的效果。

在这里，笔者认为，以上这些差异并非绝对的。随着国际交流的不断深入，在全球化的语境之下，文化之间的交流和相互影响，思维方式也会发生变化。因此以上四对思维方式的对比在中英文化中并非非此即彼的对立关系，而是在两种文化中所表现的程度的差异。了解这一点，对原文的正确理解和译文的恰当表达是至关重要的。

第四节　各类文体的翻译技巧

文体是文体学的研究内容。文体有广、狭二义。狭义的文体指文学文体，包括个别作家的风格。广义的文体指一种语言中的各类文体，如口语体、书面语体。而这两者之中又有若干文体，如在口语体之中，会议发言显然不同于家庭闲谈，各有其语音、词汇、句法和篇章的特点；而同样是书面体，公告的文体又异于写给朋友的书信的文体。文学文体也包括在广义的文体之中。

文体虽各异，语言总体则相同。真正代表一种文体特殊用法的词句为数甚少，而各文体共有的则是大量按照普通方式运用的基本词汇、基本句式、基本表达手段。后者即共核语言（the common core），其通常用法构成语言的常规（norm），而一种文体的特殊用法则是对这类常规的变异（deviation）。学习者须知各文体之异，但更要知其同。扎实的语言基本功是任何文体学研究的前提，打好了基本功而研究文体，才能在理解与利用语言的表达性能方面得到真正的提高。

刘宓庆教授在其《文体与翻译》这本著作中指出，文体与翻译的密切关系已日益为翻译界所认识。翻译教学进入高级阶段时，必须开始注意功能文体问题。不论英语还是汉语都有不同的文体类别，不同的类别有不同的文体特点。译者必须熟悉英汉各种文体类别的语言特征，才能在英汉语言转换中顺应原文的需要，做到量体裁衣，使译文的文体与原文的文体相适应，包括与原文作者的个人风格相适应。这是高级阶段英汉翻译的基本要求。

翻译与文体关系密切，英语和汉语都有满足各种交际需要的不同的文体。在翻译过程中，我们要认真分析原文文本的文体特征，才能在译文中以相应的文体来翻译，从而使得译文得体，实现与原文相似的交际功能。

现代文体学是建立在语言学理论与方法的基础上的。随着语言学的不断发展，文体学的理论和实践也会随之发生相应的改变。现代文体学研究的发展长期以来得益于语言学所提供的理论与方法，而在最近二三十年中，可以说在不少方面尤其得益于韩礼德所创立的功能语言学，这不仅大大促进了文体风格研究的深入，而且逐渐形成了独树一帜的功能取向的文体学模式（functional stylistics）。时至今日，系统功能语法已经成为一种广泛应用的文体分析工具，在文体风格研究上取得了比较突出的成果，其影响和使用范围也早已超出传统的文体学研究领域。

20 世纪 70 年代，欧美翻译理论研究工作进入到另一个重要的学科领域，那就是文体学领域。功能文体学对各类英语文体的深入探讨开始于 20 世纪 60 年代初。研究各类文体英语的特点对确定翻译工作和译文的社会功能具有重大的实践意义，并为翻译理论的探讨开辟了新的途径。翻译理论之所以能借助文体学研究，是因为这两个研究领域的目的性是并行不悖的——如何凭借有效的语言手段进行社会交流。二者都强调交流功能的社会标准，同时二者都不忽视文风的时代性及风格的个人性。翻译必须随文体之异、随原文风格之异而调整译文，必须保证译文对原文文体和风格的适应性。文体学对语域的研究以及对句与句之间、段与段之间的逻辑发展关系的探讨，即所谓的 discourse analysis（篇章分析，在口语体中称为"话语分析"），对翻译理论的探讨与实践都具有不可忽视的意义。

在最近二三十年，文体学的发展不再只是受语言学发展的影响，来自语言学之外的各种影响对文体学起着越来越重要的作用，如"批评性话语分析"（critical discourse analysis）选用适当的语言学方法，联系相关的历史与社会语境，分析解释语篇中所隐含的意识形态领域的控制和统治关系，揭示语篇在构建、加强控制与统治中的具体作用机制。因此，与过去的文体学不同的是，批评性文体学不指望语言形式可以与意识形态一一对应，而是充分意识到思想与语言的关系是复杂的、间接的，其他（如社会的、历史的、文化的、文本间的）因素都可能决定语言项目的意义。文体分析必须充分考虑这些因素，思想应与文化图式而不是与孤立的语言项目联系起来。

语言学近 20 多年来的发展表明，其研究的中心和重点已从孤立的语言逐渐转向开放的话语。受到语言学研究的影响，文体学研究也发生了相应的变化。在文体分析中，研究者不再仅仅停留在文本本身，而是充分考虑到文本涉及的多重语境。"话语"这一概念的提出和对话语展开全方位的考察不仅丰富了文体学的理论和方法，而且大大扩展了文体学研究的范围，形成了一个多样化的研究格局。文体风格的多重语境化使得现在的文体学考虑的不仅仅是社会历史因素，语篇连贯、情景语境、互文性、意识形态、读者和作者心理都在考虑之中。换言之，文体学中的语境是多重性的、多维度的，不再是单纯的、外在的客观现实背景。尤其重要的是，文体分析不仅已经摆脱了单一的形式主义方式，也并非简单地在文本分析之外加上些语境因素，而是采取了视文本和语境为一整体，语境和文本紧密结合、相互印证的分析方式：互文性研究正在成为文体学研究的一部分，互文分析成为文本分析的一条途径，互文分析可以揭示文本所反映的社会历史状况。由于互文性的存在，同一文本的读者由于阅读经历不同，对该文本的理解和解释也相异。随着文体学的发展，读者的地位越来越受到文体学家的关注，无论是文学文本还是非文学文本，其写作过程和阅读过程都是作者和读者之间的互动交际过程，现在的文体分析已经十分关注作者、文本、读者之间的互动关系，关注读者在文本中的定位和可能产生的作用。当代作家越来越自觉地运用"互文"的手段进行写作，时常将文学与非文学的文本以及篇章结构结合在一起，创造出有独特风格的作品来。通过对许多被公认为"非文学作品"的文本所做的分析，文体学家们发现，这些文本中同样有不少文学语言的特征，有时甚至比某些文学文本还要明显、突出，可以说在一定程度上也具有形式主义所说的"文学性"。因此，传统意义上的文学与非文学的界限早已变得非常模糊，再按照从前的标准来区分文学和非文学既十分困难，也没有多大的实际意义。实践证明，对应用于所谓日常语言的分析，理论和方法也适用于对文学语言的分析，并且能为文学语言分析提供新的视角和路径；同样，不少原本只用于文学分析的理论和方法，现在也在非文学文体的研究中找到了新的用武之地。批评性视角的文体学研究认为文本话语虽然在一定程度上反映社会现实，但同时还能构建现实，而且常常是按照占支配地位的统治阶级的意识形态来构建现实，造成对事实的歪曲，最终误导读者。也就是说，语言与社会现实有着相互作用、相互制约、相互实现的关系，语言不仅反映社会上的各种不平等和不公正现象，而且可能会加重不平等和不公正。

文体学的以上新发展和研究空间的拓展为我们进行文体分析、掌握文体特点和有效地翻译提供了新的理论基础和视野角度。下面就各种文体的特点和翻译方法进行一般概述。

刘宓庆根据翻译工作的实际情况，概括出了六种文体，即新闻报刊文体、论述文体、公文文体、描述及叙述文体（主要包括文艺作品、传记和纪实性作品）、科技文体及应用文体。这种划分基本上反映了实际交际活动中的现实。随着社会的发展，中国法治社会的建立和法律的不断完善，还有一种文体也引起了学者们的注意和研究，那就是法律文体。以下我们就这七种文体的文体特征和翻译要点进行总结。学习和掌握各种文体的特征，总结其翻译要点，有助于我们在实际翻译活动中提高效率，事半功倍。

一、公文文体的特征与翻译要点

公文指政府或机构发布的各种公告、宣言、规章、法令、通告、启事、通报、指令及各类法律文书，也指正式的信函、合同、协议、契约。公文文体种类繁多，从内容到形式有很大的差异，但是它们在语言和格式上仍然有一些共同点，在这些共同的地方可采用共同的原则和方法。

（一）公文文体的特征

公文文体都是书面语，其特点是严肃、规范，注重形式，常用套语，行文一般以明白准确为第一要旨，力戒含混隐晦。

（二）公文文体的翻译要点

（1）反复阅读，悉心领悟原文的精神。

（2）注意原文的程式、格式、体例等，以译文顺应原文，不随意打乱原文的句段或总体安排，尽量保持原文的公文体例。

（3）力求语体风格与原文一致，注意研究材料所涉及的专业知识，熟悉所使用的专业词汇、专业术语，用书面语甚至酌情使用适量的文言虚词。

（三）行政公文的翻译

行政公文是公务文书的简称，是人类在治理社会、管理国家的公务实践中使用的具有法定权威和规范格式的应用文。它是特殊规范化的文体，具有其他文体所没有的权威性，有法定的制作权限和确定的读者，有特定的行文格式，并有行文规则和办理办法，包括命令（令）、议案、决定、指示、公告、通告、通知、通报、报告、请示、批复、函、会议纪要等形式。

行政公文一般具有固定的格式，用词明晰、确切、简练，多用书面语和文书用语，少用形象和描绘性词语或口语，不用方言土语，十分规范。在翻译的过程中要注意辨析词语的确切含义，分辨词语的感情色彩和风格，以正确表达作者的立场观点；注意正确翻译公文中所涉及公文习语、专业术语及人和事物的特殊用词，以达到译文用语的规范性；最后还要注意用词的一致性以及原文格式的保留。接下来，我们就以下面的例子来具体对行政公文的翻译进行分析。

中国人民银行公告

〔2011〕第 20 号

根据《中国人民银行关于为香港银行办理个人人民币业务提供清算个人人民币业务安排的公告》（〔2011〕第 16 号）确定的选择香港银行个人人民币业务清算行的原则和标准，经过对申办清算行业务的香港银行进行全面评审，并商香港金融管理局，中国人民银行决定授权中国银行（香港）有限公司作为香港银行个人人民币业务清算行。

中国人民银行

二○一一年十二月二十四日

这是中国人民银行的一则公告。公告用于向国内外公布重要事项或者法定事项，具有公布的广泛性、宣告的庄严性、行文的郑重性三个特征。公告的内容一般极其简明扼要，将所要公布的事项明确地表达出来即可，可以不写因由、不设结语。这篇公告充分体现了上述特征。其全文由一句话组成，主要说明根据一系列规定，经过一系列程序，决定授权中国银行（香港）有限公司作为香港银行个人人民币业务清算行。没有原因，也没设结句，只是简洁地说明了事项。虽然全句由于有几个状语成分，句式稍显复杂，但表述意思清楚。且全文没有描述性的修饰语，没有带感情色彩、主观色彩的词，保持了公文文体简洁、客观、明确的特点。其次，公告当中出现了一些金融专业的专业词汇及一些公司和机构名称，如个人人民币业务、清算、金融管理局、中国银行（香港）有限公司。另外，全文遵循了一定的格式，首先为标题，然后为正文，最后为公告的发布者和日期。

【译文】

The Announcement
the People's Bank of China No. 20 of 2011

In accordance with the criteria set by the People's Bank of China Announcement No. 16 of 2011, with regard to providing clearing arrangements for Hong Kong banks engaged in personal RMB business, and based on thorough qualification review of all the bidding banks and consultation with the Hong Kong Monetary Authority, the People's Bank of China hereby authorizes BOC Hong Kong（Holding）Ltd as the clearing bank to provide clearing services for personal RMB business engaged by banks in Hong Kong.

The People's Bank of China

December 24th, 2011

行政公文通常用语正式，行文简洁。在翻译行政公文的时候，要仔细研读原文，正确理解、准确表达原文的含义；再现原文的语言风格尽量做到用词正式，句式紧凑、简洁，意思表达无歧义；同时，要注意正确理解其中的专用名词及公文专用词语和专业术语，并根据惯用的译法进行翻译；最后，还要注意在译文中保留原公文的格式和体例，以反映其原貌。

（四）商业函电的翻译

1. 商业信函的翻译

商业信函属于公函的一种。首先，与其他公文文体一样，商业信函具有语言简洁、朴实及表达准确的特征。其次，商务活动交际的客观性和交际规约的必然性决定了商业信函的专业性、实用性和规范性。因此，商业信函一般简明扼要、短小精悍、切中要点，语言庄重、实用，措辞委婉。当涉及数据或者具体的信息时，如时间、地点、价格、货号，都尽可能做到精确。而且，由于涉及不同行业的商贸行为，商业信函中常常包含一些专业术语。另外，在篇章结构上，商业信函的程式化程度高，结构大致分为三部分，第一部分为起式，多为简要概括对方去信内容和去信原因；第二部分为信的主体，多为交流信息、业务咨询和协商；第三部分为结尾，一般向对方提出要求、意见。除此之外，商业信函还常用一些相沿成习、共同遵守的固定套语。例如，汉语商业信函中的"敬启者""谨上""函悉""兹复"，英语商业信函中的"We are in receipt of..." "Please be advised that..." "We are in a position to..."。这些固定程式和套语使内行的人一看就能明白商业信函的内容，可以免去许多不必要的麻烦和周折，有利于行业内的业务交往。

商业信函是一种特殊的文体，每封商业信函都是一种交际事件，既有传递的实义信息，即写信的真正目的，也有程式化信息，其作用是辅助写信者得体地传达实义信息。因此，外贸信函的翻译不仅要准确、完整地传达原文的含义，还要在翻译的时候注意商业信函的文体特点，充分体现商业信函庄重、简洁、明了的特点，恰当地处理其中的固定套语，准确地翻译其中的专业术语，使商业信函在表达清楚的基础上，又不失礼貌、友好，给人一种愉快的感觉，达到真正的交际目的。以下我们通过对商业信函的分析，对商业信函的翻译问题做一些探索。

在翻译商业信函的时候，我们不仅要注意准确翻译出信中所表达的意思，还需要在译文中保持原文清晰的结构，体现出原文庄重、简洁、意思明了、措辞委婉的语言风格。同时，由于英语和汉语从属于不同的文化，在汉语和英语中，客套语的使用有不同的搭配习惯和套式，汉语的客套语不一定在英语中有相应的表达方式，为了很好地完成交际的目的，在翻译商业信函时还要注意其中客套语的灵活处理。例如，"敬启者"在英语商业信函中并无对应的客套语，英语商业信函的抬头多是"Dear Sir/Madam";结尾词"谨上"在英文商业信函中也找不到意思对应的客套语,而多是在署名前落上"Yours faithfully";信中的"贵方""我方",在英语商函中更是只是用简单的"we""you"来代替。因此,对于这些客套语,翻译时不必拘泥于原文的字句对应,可根据不同用途,灵活处理,以更好地实现交际的目标。

2. 电传的翻译

电传(Telex),又称用户电报,是一个新的合成词,是远距离打印交换的编写形式。它通过安装在用户办公室的电传打字机直接对外接收和发送电报、传递信息。电传既具有电话的快速,又具有打字机的准确,尤其是当电文中有数据时,这种优点表现得特别明显。人们普遍认为,电传这种通信方式除了具备高效性和精确性之外,还比电报和电话便宜。

电传计费以3分钟起算,不足3分钟按3分钟收费,超过3分钟以1分钟为单位收费,每分钟大概可以发400个字码。因此,当电文内容不多时,英文电传可以不使用电传缩略语,按照常规书信的格式来书写。但是,有时为了提高效率,节省时间和经费,英文电传中也使用大量的缩略语。而且除了使用国际电报的简化规则和常用的缩略语以外,英文电传还经常采用几个字母来代替整个词或短语。例如,用词首的几个字母来代替整个词,如 above—ABV、agree—AG,或者用单词中的辅音字母来代替整个词,如 reply—RPL、sample—SMP,有时还用跟一个词近似的发音来代替这个词,如 are—R、week—WK。我们在翻译电传的时候要注意这些特点,使用通用的容易被对方理解的缩略语,不要生造,以免造成误解。电传的英汉互译可以参照电报的英汉互译来进行。

二、科技文体的特征与翻译要点

科技文体是随着科学技术的发展而形成的独立的文体形式。科技英语（English for Science and Technology，EST）已发展成为一种重要的英语语体，20世纪70年代以来引起了国际上广泛的注意和研究。科技英语可以泛指一切论及或谈及科学和技术的书面语和口语，其中包括。

（1）科技专著、科学论文、科学报道、实验报告和方案、技术规范、工程技术说明、科技文献及科普读物等；

（2）科技情报和文字资料；

（3）科技实用手册（包括仪器、仪表、机械、工具等）的结构描述和操作规程；

（4）有关科技问题的会谈、会议、交谈的用语；

（5）有关科技的影片、录像等有声资料的解说词等。

这里讨论的科技英语，指上述第（1）（2）项所提到的书面英语。

（一）科技英语的词汇特征

1. 使用简短词

当某个单词过长，以至于在使用上产生不便时，通常采用简短词。例如，

lab=laboratory 实验室

phone=telephone 电话

quake=earthquake 地震

auto=automobile 汽车

flu=influenza 流行性感冒

telecom=telecommunication 电信

2. 使用缩略词

缩略词是指把词的音节加以省略或简化而产生的词或利用词的第一个字母代表一个词组的词。科技英语文体中缩略词的使用范围十分广泛，缩略词的使用不仅可以体现科技文体的专业性，同时可以节省篇章。例如，

ABP—Arterial Blood Pressure 动脉压

ADP—Automatic Data Processing 自动数据处理

BSC—Binary Synchronous Control 二进制同步控制

CPU—Central Process Unit 中央处理器

FM—Frequency Modulation 调频

IDDD—International Direct Distance Dialing 国际长途直拨

LED—LightEmitting Diode 发光二极管

MW—Medium Wave 中波

PDP—Plasma Display Panel 等离子显示屏

SCR—Silicon Controlled Rectifier 可控硅整流器

3. 使用专业或半专业词汇

科技文体中的词汇可以分为专业词汇和半专业词汇。这些词汇大都具有一词多义和一词多类的特征。例如，crane（鹤）具有脖子长、个子高的特征，dog（狗）具有看家的本领。因此，科技人员借用 crane 与 dog 这类单词来说明某样事物时也具有类似的模样或功能。在科技英语中，crane 和 dog 就被赋予了许多其他的意思。例如，

stop dog 止动器

lockingdog 制动爪

adjustable dog 调行程限制器

watchdog 密码识别软件

arm crane 悬臂式起重机

bridge crane 桥式吊车

cable crane 缆式起重机

overhead crane 行车

loading/charging crane 装料吊车

column/pillar crane 塔式起重机

spike dog 道钉

4. 使用复合词

复合词的普遍使用是科技文体的重要特点。科技英语中的复合词主要有以下几种形式。

（1）词缀法。词缀法（或拼缀法）是指通过增加前缀或后缀构成新词的方法。英语词汇的许多新词都是通过词缀法创造的，科技英语也不例外，可以说词缀法是科技英语构词的重要手段。例如，

hyperplane=hyper+plane 超平面

hypermorph=hyper+morph 超等位基因

micromanipulation=micro+manipulat+ion 微操纵技术

macrometeorology=macro+meteor+ology 宏观气象学

antiparticle=anti+particle 反粒子

antibody=anti+body 抗体

microwave=micro+wave 微波

macrofluidics=macro+fluid+ics 宏观流体学

microfiche=micro+fiche 微缩胶片

schistosomiasis=schistosomi+asis 血吸虫病

tuberculosis=tubercul+osis 结核病

autocorrelation=auto+correlation 自相关

dermatosis=dermat+osis 皮肤病

hypercharge=hyper+charge 超电荷

（2）合成法。合成法就是将两个单词直接合并在一起构成一个新词。在科技英语词汇中，这种方法构成的单词数量很多。例如，

braintrust=brain+trust 智囊团

crossbreed=cross+breed 杂交

drugfast=drug+fast 耐药的

firewall=fire+wall 防火墙

picturephone=picture+phone 可视电话

soundproof=sound+proof 隔音的

sunspot=sun+spot 太阳黑子

fireresistant=fire+resistant 耐火的

greenhouse=green+house 温室

hardware=hard+ware 硬件

（3）混成法。混成法是指从两个或两个以上的英语单词中抽出其中一部分合成新词的方法。需要注意的是，混成单词有别于合成单词。例如，

telex=teleprinter+exchange 电传

transistor=transfer+resistor 晶体管

comsat=communication+satellite 通信卫星

firex=fire+extinguishing equipment 灭火设备

webcam=web+camera 网络摄像机

camcorder=camera+recorder 摄录机

knowbot=knowledge+robot 知识机器人

netcast=net+broadcast 网络播放

5. 使用新词

与其他文体相比较，科技文体最显著的用词特点之一是不断涌现出来的科技新词语。近几十年来，科技英语中的新词层出不穷，并通过科技交流在全球范围内得到广泛的传播和应用。例如，

bluetooth 蓝牙技术

cyberspace 网络空间

nanotechnology 纳米技术

nano-science 纳米科学

nano-material 纳米材料

bioinformatics 生物信息学

reprogenetics 生殖遗传学

proteomics 蛋白组学

website 网站

cyberphobia 电脑恐惧症

cyberdoc 网络医生

6. 使用外来词

科技英语词汇中大量使用外来词，常见的方式包括直接使用外来语中的人名、

地名、商标名。例如，

  Diesel engine 内燃机，柴油机（来自人名）

  Roentgenray X 射线（来自人名）

  Boeing-737 波音 737 飞机（来自人名）

  Brazilian pebble 石英水晶（来自地名）

  Xerox 静电复印机（来自商标名）

  cassette 盒式磁带（来自法国）

  raster 光栅（来自法国）

  robot 机器人（来自捷克）

  sputnik 人造卫星（来自俄罗斯）

  silo 导弹发射井（来自西班牙）

  tsunami 海啸（来自日本）

  acupuncture 针灸（来自拉丁语）

（二）科技英语的句法特征

1. 使用被动句

科技英语叙述的往往是客体，即客观的事物、现象或过程，常有意排除个人主观感情因素，而被动句的使用就有利于实现以客观事物为主体、阐明客观事实的目的，也在一定程度上提高了文章的客观性。因此，科技英语文体中常使用被动句。

【例1】Loss of efficiency in the boiler will be caused by the dissipation of heat through the walls of the combustion chamber.

【译文】热量通过燃烧室的外壁散失，这会引起锅炉效率降低。

【分析】loss of efficiency in the boiler（锅炉效率降低）由于处于话题的主位（句子主语位置上）而得到强调。

【例2】For this reason, computers can be defined as very-high-speed electronic devices which accept information in the form of instructions called a program and characters called data, perform mathematical and/or logical operations on the information, and then supply results of these operations.

【译文】因此，可以把计算机定义为一种高速运作的电子设备。它以被叫作"程序"的指令和被称作"数据"的字符形式接收信息，并对这些信息执行数学的和（或）逻辑操作，然后提供这些操作的结果。

【例3】However, certain computers（commonly minicomputers and microcomputers）are used to control directly things such as robots, aircraft navigation systems, medical instruments, etc.

【译文】然而，某些计算机（通常是小型计算机和微型计算机）被用来直接控制如机器人、飞机导航系统、医疗设备等事物。

2. 使用无人称句

英语把表示有生命体的名词列为有灵名词，把表示无生命体的名词列为无灵名词。尽管科技活动系人类所为，但是科技英语文体所报告的主要是自然的规律或者科技活动的成果，因此科技英语文体的一个显著特点就是无人称句（无灵名词作主语的句子）很多。

【例1】The engineering project promises well.

【译文】这个工程项目大有希望。

【例2】The grinding machine refused to stop.

【译文】磨床就是停不下来。

【例3】All conditions favored our field test.

【译文】各种情况有利于我们的现场试验。

【例4】The general layout of the illumination system and lenses of the electron microscope corresponds to the layout of the light microscope. The electron "gun" which produces the electrons is equivalent to the light source of the optical microscope. The electrons are accelerated by a high-voltage potential（usually 40, 000 to 100, 000 volts）, and pass through a condenser lens system usually composed of two magnetic lenses. The system concentrates the beam onto the specimen, and the objective lens provides the primary magnification. The final images in the electron microscope must be projected onto a phosphor-coated screen so that it can be seen. For this reason, the lenses that are equivalent of the eyepiece in an optical microscope are call "projector" lenses.

【译文】电子显微镜的聚光系统和透镜的设计与光学显微镜的设计是一致的。电子"枪"可以产生电子束，电子束相当于光学显微镜的光源。电子被高压（通常为40 000 ～ 100 000伏）的电位差加速，穿过聚光镜系统。聚光镜通常由两组磁透镜组成。聚光镜系统可以将电子束聚焦在样品上，并且物镜可对样品进行初级放大。电子显微镜的最终成像被投射到涂磷的荧光屏上，以便进行观察。正是由于这个原因，这些相当于光学显微镜目镜的透镜被称为"投影镜"。

3. 使用虚拟语气

科技文体常常以某种假设作为出发点，而如果这种假设带有较大的不确定性或不可能性时，诉诸语言表达就需要使用虚拟语气。

【例1】If there were no frictional losses in a machine, the machine would be 100 percent efficient.

【译文】机器如果没有摩擦损失，其效率就是 100%。

【例 2】If all the ice in the world melted，the level of the sea would rise about 250 ft.

【译文】如果地球上的冰都融化，海平面将升高大约 250 英尺。

【例 3】If there were no oxygen in air，fuels would not be able to burn.

【译文】空气中如果没有氧气，燃料就不可能燃烧。

【例 4】Were there no voltage in a conductor，the flow of electrons would not take place.

【译文】如果导体内没有电压，电子就不能在里面流动。

上述例子中均使用了虚拟语气，这些虚拟语气的使用就表示以上句子中所描述的情况发生的概率很小，甚至是完全不可能发生的。

4. 使用一般现在时

科技英语内容大多为客观事物的通常状态或是没有时限的自然现象。因此，科技英语的句子大多为一般现在时，这样可以更好地说明科学定义、定理或公式是不受时间限制的。除此之外，一般现在时的使用能给读者带来一种客观真实的感觉。

【例 1】As the insulin sweeps away the glucose into storage, the level of glucose in the blood naturally drops sometimes to even lower when it was before.

【译文】随着胰岛素清除葡萄糖并使之积存起来，血液中的葡萄糖自然而然地下降，有时甚至低于以前的水平。

【分析】原句中描述的是医学领域的某一客观现象，没有时间的限制，因此使用一般现在时进行表达。再如以下例句。

【例 2】Ice keeps the same temperature while melting.

【译文】冰在融化时，其温度保持不变。

【例 3】All substances, whether gaseous, liquid or solid, are made of atoms.

【译文】一切物质，不论是气态、液态还是固态，都由原子组成。

【例 4】The resistance being very high，the current in the circuit is low.

【译文】由于电阻很大，电路中通过的电流很小。

5. 使用复杂长句

科技文体的又一显著特征是惯用长而复杂的句子结构。因为在表述一些科学技术的复杂概念时，有时只有借助结构较复杂的句子才能将各种主从关系、逻辑关系以及意义上的不同层次清楚地表达出来。所以，为了表述一个复杂概念，使之逻辑严密、结构紧凑，科技文章中往往习惯使用长句。例如，

【例 1】We learn that sodium or any of its compounds produces a spectrum having a bright yellow double line by noticing that there is no such line in the spectrum of light when sodium is not present, but that if the smallest quantity of sodium be thrown into the flame or other sources of light, the bright yellow line instantly appears.

【译文】把很少的一点钠投入火焰或其他光源时，在光谱中会立刻出现一条亮黄色的双线；当钠燃尽时，光谱中的这条线也消失了，由此我们知道钠或任何钠的化合物所产生的光谱都带有一条亮黄色的双线。

【分析】上述这个句子结构复杂，介词 by 引出方式状语，这个状语又带有两个并列的宾语从句 that..., but that...，而两个宾语从句又分别带有一个状语从句 when...和 if...。

【例 2】Plastics is made from water which is a natural resource inexhaustible and available everywhere, coal which can be mined through automatic and mechanical process at low cost and lime which can be obtained from calcinations of limestone widely present in nature.

【译文】塑料由水、煤和石灰制造而成。水是无处不在、取之不尽的自然资源；煤可以通过自动化和机械化方式采得，成本较低；石灰可以通过燃烧自然界广泛存在的石灰石获得。

【分析】这是一个主从复合句，其中介词 from 带出三个宾语 water、coal 和 lime，这三个名词后各自带有由 which 引导的定语从句。

【例 3】The efforts that have been made to explain optical phenomena by means of the hypothesis of a medium having the same physical character as an elastic solid body led, in the first instance, to the understanding of a concrete example of a medium, which can transmit transverse vibrations, and, at a later stage, to the definite conclusion that there's no luminous medium having the physical character assumed in the hypothesis.

【译文】为了解释光学现象，人们曾试图假定有一种具有与弹性固体相同的物理性质的介质。这种尝试的结果最初曾使人们了解到一种能传输横向振动的介质的具体实例，但后来却使人们得出了这样一个明确的结论：并不存在任何具有上述假定所设定的那种物理性质的发光介质。

6. 惯用祈使句

科技英语常与实验、产品、仪器操作流程有关，因而需要运用祈使句来传达操作命令或建议，因此多使用动词原形或 should 或 must 或 don't。例如，

【例 1】Wear safety glasses in an organic laboratory to protect your eyes.

【译文】进入有机实验室要戴上安全镜，以保护眼睛。

【例 2】Don't leave your bench during a reaction or distillation. Or ask somebody to watch it for you.

【译文】在反应发生或者进行蒸馏时，不能擅自离开。若要离开，需请人照看。

【例3】You must put on a lab coat to protect your clothes.

【译文】必须穿上实验服，保护好自己的衣物。

【例4】You shouldn't keep your face too close to a vessel in which you are heating reagents.

【译文】在给试剂加热时，不要将脸靠近容器。

7. 使用名词化结构

名词化结构是用一个名词词组或短语（主要是具有动词意义的名词 +of+ 修饰语）来表示一个句子的意思。这一结构具有简洁、确切、严密、客观和信息量大的特点，因而在科技文体中大量使用。例如，

【例1】Archimedes first discovered the principle of displacement of water by solid bodies.

【译文】阿基米德最先发现固体排水的原理。

【分析】上句中的 displacement 为动词的名词化结构，名词化结构的使用使句子更加规范严谨，充分体现了科技用语的正式性和客观性。再如，

【例2】The substitution of rolling friction for sliding friction results in a considerable reduction in friction.

【译文】以滚动摩擦代替滑动摩擦，可以大量减少摩擦阻力。

【分析】上句原文中的 substitution 和 reduction 均属名词化结构，使用这些名词不仅使句子更加简练，同时表达也更加客观准确。又如，

【例3】The testing of machines by this method entails some loss of power.

【译文】用这种方法测试机器会浪费一些能量。

【例4】The building of these giant iron and steel works will greatly accelerate the development of the iron and steel industry of our country.

【译文】建立这些大型钢铁厂会大大加速我国钢铁工业的发展。

（三）科技英语的语篇特征

1. 语言质朴简洁

科技英语文体中的语言简洁、通俗易懂，道理的讲解一般深入浅出。科技英语文体语言结构简单直白。例如，

【英文原文】

Natural Energy

Energy in nature comes in many different forms. Heat is a form of energy. A lot of heat energy comes from the sun. Heat can also come from a forest fire or, in much smaller quantities, from the warm body of a mouse. Light is another form of energy. It also comes from the sun and from the stars. Some animals and even plants produce small amounts of light energy. Radio waves and ultraviolet rays are other forms of energy. Then there is electricity, which is yet another sort of energy.

All these different forms of energy can be changed, one into another. Thinking of lightning. All the electrical energy in it is gone in a flash—changed into brilliant light which you can see, into heat which burns whatever is struck by the lightning, and into sound which you can hear as thunder.

Much of the energy we use at home comes from electricity. Most of the Earth's energy—wind, waves, heat and light—comes from the sun. The sun itself is powered by nuclear energy.

There are some things about energy that are difficult to understand. The fact that it constantly changes from one form to another makes energy rather like a disguised artist. When you think you know what energy is, suddenly it has changed into a totally different form. But one thing is certain: energy never disappears and, equally, it never appears from nowhere. People used to think that energy and matter were two completely different things. We now know that energy and matter are interchangeable. Tiny amounts of matter convert into unbelievably huge amounts of nuclear energy. The sun produces nuclear energy from hydrogen gas and, day by day, its mass gets less, as matter is converted to energy.

【参考译文】

自然界的能量

自然界的能量有许多不同的形式。热能就是一种形式的能量。热能有许多是来自太阳的。森林大火也可以产生热能，甚至一只老鼠温暖的身体也可以产生少许的热能。光是能量的另一种形式，也是来自太阳和星星。一些动物甚至植物也可以产生少量的光能。无线电波和紫外线也是能量形式，另外电能也是一种能量形式。

所有这些不同形式的能量都可以相互转换。就拿闪电来说，里面所有的电能都在一道闪光中释放了——转变为可以看见的耀眼光芒、可以烧毁所有被闪电击中的物体的热能、可以听见的雷声。

我们在家里使用的很多能量来自电。地球上的大多数能量——风、浪、热、光——来自太阳。而太阳本身的能量是由核能产生的。

有关能量的一些事情很难理解。能量不断地从一种形式转变为另一种形式，就像一位伪装过的艺术家一样。当你自认为了解它的时候，它突然又变成了另一种完全不同的形式。但是有一点是肯定的：能量永远不会消失，同样，它也不会无端地产生。过去，人们认为能量和物质是两种完全不同的东西。现在我们知道，能量和物质是可以相互转换的。微量的物质可以转换为令人难以置信的巨大核能。太阳利用氢气制造核能，随着物质转化为能量，其质量日复一日在减小。

2.逻辑组织严密

英语科技文体的逻辑组织很严密，文章的层次分明，一般在段落的开头部分首先用一句话来叙述段落的主题，在接下来的内容中再对其进行一一讲解。例如，

Food quickly spoils and decomposes if it is not stored correctly. Heat and moisture encourage the multiplication of microorganisms, and sunlight can destroy the vitamins in such foods as milk. Therefore, most foods should be stored in a cool, dark, dry place which is also clean and well ventilated.

Foods that decompose quickly, such as meat, eggs, and milk should be stored in a temperature of 5°C~10°C. In this temperature range, the activity of microorganisms is considerably reduced. In warm climates, this temperature can be maintained only in a refrigerator or in the underground basement of a house. In Britain, for six months of the year at least, this temperature range will be maintained in an unheated room that faces the north or the east. Such a room will be ideal for food storage during the winter months provided that it is well ventilated.

译文：食物如果保存不当很快就会腐烂。温度和潮气都会助长微生物的繁殖，阳光会破坏牛奶一类食品的维生素成分。所以，大多数食物应该保存在既凉爽、黑暗、干燥又干净、通风良好的地方。

腐烂变质很快的食品，如肉类、蛋类和奶类，应该在 5°C ～ 10°C 范围内保存。因为，在此温度范围内，微生物的活动大大减少。在气候温暖的情况下，只有在冰箱或房屋的地下室才能保持这个温度。在英国，在朝北或朝东没有暖气的房间里，这个温度范围一年可以保持至少 6 个月时间。在通风良好的条件下，这样的房间适合冬季保存食物。

在英汉互译时，要根据科技英语各自的特点来重构译文。科技英语的特点可以从以下科普文章原文及其参考译文里看出。

【英文原文】

Ozone Hole over Antarctica Once Again at Record Low Level

Jim Fuller

Washington—U. S. instruments aboard Russian and U. S. satellites have detected a "hole" in the ozone layer over Antarctica nearly as deep as the record reported in 1993 and as large as the North American continent in surface area.

Scientists in National Aeronautics and Space Flight Center in Greenbelt, Maryland, said preliminary satellite data indicate that the size of the Antarctic ozone hole is about as large as those that occurred during the last two years, covering an area of 24 million square kilometers.

The largest hole ever observed was on September 27, 1992, when it was measured to cover a surface area of 24, 4 million square kilometers.

This year's ozone hole is also nearly as deep as the record hole measured in October 1993.

Ozone, a molecule made up of three atoms of oxygen, collects in a thin layer in the upper atmosphere and absorbs harmful ultraviolet radiation from the sun. The term "ozone hole" is used to describe a large area of intense ozone depletion that occurs over Antarctica during late August through early October and typically breaks up in late November.

Scientists have determined that chlorine products from human activities, such as electronics and refrigeration uses, are a primary cause for the formation of the ozone hole.

The latest Antarctic ozone levels were measured by NASA's Total Ozone Mapping Spectrometer, also known as TOMS, aboard the Russian Meteor-3 satellite, which has become the primary source of NASA's ozone data.

Similar low ozone amounts over the Antarctic continent have been observed by a TOMS instrument on a National Oceanic and Atmospheric Administration satellite, as well as by balloon-borne instruments flown from the South pole and ground-based spectrometers.

"The pattern of ozone loss is much the same as last year," said Jay Herman, a research scientist at Goddard's Laboratory for Atmospheres, "The minimum ozone amounts measured by Meteor-3 TOMS have dropped below 100 Dobson units near the center of the Antarctic continent, with values just above 100 Dobson units measured over a wide area."

A Dobson unit is the physical thickness of the ozone layer if it were brought to the Earth's surface, with 300 Dobson units equal to three millimeters.

TOMS has been the key instrument for monitoring ozone levels throughout the southern hemisphere since the discovery of the ozone hole in 1985. TOMS data also provided part of the scientific underpinning for the Montreal Protocol, under which many of the world's developed and developing nations agreed to phase out the use of ozone-depleting chemicals.

NASA plans to fly more TOMS instruments on a U. S. Earth Probe satellite, scheduled for launch in 1995, a Japanese Advanced Earth Observing satellite in 1996, and on another Russian satellite at the end of the decade.

TOMS is part of NASA's Mission to Planet Earth, a long-term program that is studying changes in the global environment. TOMS ozone data and pictures are available to anyone connected to the international computer network known as Internet.

【原文特点分析】

词汇特点：

（1）常用词语专业化。例如，ozone hole——臭氧空洞、detect——探测、collect——聚集、ozone level——臭氧含量。

（2）通过现代英语构词法构成丰富多彩的科技词汇，如合成法、拼缀法、混成法、缩略法。在上述文章里，主要用了缩略法和合成法，尤其是合成法用得最为普遍。缩略法如：TOMS——Total Ozone Mapping Spectrometer；合成法如：ozone hole、ultraviolet radiation、ozone depletion、Meteor-3 satellite、ozone-depleting chemicals。

语法特点：

（1）动词多用现在时，尤其是一般现在时。

（2）被动语态的使用。

（3）在这篇文章里抽象名词的使用不多，动词的使用反而比较多，加上许多系表结构，语言动静相宜。

（4）采用陈述语气，实事求是，内容准确。

（5）长句、复合句多，有时一句话就是一段话，如第一、第二、第三、第五段落等。

（6）修辞手段少，文章通俗易懂。

（7）数字多，以增强说服力，如年、月、日，面积，单位。

【参考译文】

南极上空的臭氧空洞再次创低水平纪录

吉姆·富勒

华盛顿消息——安装在俄罗斯和美国人造卫星上的美国仪器在南极上空的臭氧层探测到一个"空洞"，其表面面积相当于整个北美洲大陆。

位于马里兰州格林贝尔特的美国国家航空航天飞行中心的科学家们说，初步探测到的卫星数据表明，南极臭氧空洞的大小与前两年发生的大致相同，所占面积为 2 400 万平方千米。

迄今观察到的最大的臭氧空洞是 1992 年 9 月 27 日测量到的，其表面积达 2 440 万平方千米。

今年臭氧空洞的深度也与 1993 年 10 月探测到的记录相近。臭氧是一种由三个氧原子组成的分子，它在上层大气中聚集成一薄层，吸收来自太阳的有害的紫外线辐射。"臭氧空洞"一词用来描述南极上空的臭氧大面积锐减的现象，它在每年 8 月底发生，一直持续到 10 月初，一般说来，到 11 月底就停止了。

科学家们确认，人类活动，如电子仪器和制冷设备的使用，所产生的含氯物质是臭氧空洞形成的主要原因。

最新的南极臭氧含量是由美国国家航空航天局安装在俄罗斯"流行 3 号"卫星上的"臭氧总量测绘光谱仪"（亦被为称 TOMS）测得的。该卫星自 1991 年发射以来一直在测量臭氧，并成为美国国家航空航天局臭氧数据的主要来源。

探测到南极上空发生类似臭氧含量减少现象的仪器还有：美国国家海洋与大气管理局安装在卫星上的"臭氧总量测绘光谱仪"、南极上空探测气球上的仪器和设在地面上的光谱仪。

"臭氧减少的模式与去年十分相似"，在戈达德大气实验室从事研究的科学家杰伊·赫尔曼说，"'流星 3 号'卫星上的'臭氧总量测绘光谱仪'在南极洲中心附近探测到的最低臭氧含量已降到 100 多布森单位，而大面积地区的臭氧含量值仅仅高于 100 多布森单位。"

假设把臭氧层搬到地球表面，多布森单位就是臭氧层的物理厚度，300 多布森单位等于 3 毫米厚。

自从 1985 年发现臭氧空洞以来，"臭氧总量测绘光谱仪"就一直是监测整个南半球臭氧含量的关键仪器。"臭氧总量测绘光谱仪"测得的数据也为"蒙特利尔议定书"提供了部分科学基础，根据该议定书，世界上许多发达国家和发展中国家同意逐步停止使用破坏臭氧的化学制品。

美国国家航空航天局计划把更多的"臭氧总量测绘光谱仪"安装在卫星上送入太空，如预计在 1995 年发射的一颗美国"地球探测卫星"上、在 1996 年发射的一颗日本"先进地球观测卫星"上以及在 20 世纪末发射的另一颗俄罗斯卫星上。

"臭氧总量测绘光谱仪"是美国国家航空航天局名为"行星地球使命"这一长期研究项目的一部分，该项目旨在研究全球环境的变化。任何连接到被称为"互联网"的国际计算机网络的人都可以获得"臭氧总量测绘光谱仪"的臭氧数据和图像。

（原文和译文选自中国对外翻译出版公司出版的陈羽纶主编的《科技英语选粹》）

透过汉译文我们可以看出汉语科普文章的特点：

（1）科技词汇专词专用。

（2）多使用主动语态。

（3）动词使用多，语言呈动态，如文中黑体部分。

（4）几乎都使用陈述句，实事求是，内容准确。

（5）长句很少，如倒数第二段。

（6）修辞手段少，文章通俗易懂，这与英语科技文章相似。

（7）与科技英语相似的另外一点就是数字多，以增强说服力，如年月日、面积、单位。

汉语科普文章的特点也可以从有关柑橘的科技汉语片段中看出，而其英译文体现出了英语科普文章的特点。

三、新闻文体的特征及翻译要点

总体来看，汉、英新闻有相似之处：①汉、英新闻一般都由标题（headline）、导语（lead）和正文（body）三个部分组成。汉、英新闻正文的结构模式通常都分为三种：顺时叙述法（chronological account）、金字塔叙述法（pyramid）和倒金字塔叙述法（inverted pyramid）。顺时叙述法按时间顺序排列新闻事实，适用于复杂事件的报道；金字塔叙述法将事件按重要性由低到高排列，通过制造悬念引起读者的好奇心；倒金字塔叙述法与金字塔叙述法正好相反，既可调动读者的兴趣，又可在短时间内让读者了解新闻的核心内容。②汉、英新闻都注重报道的新闻价值（news value），强调内容的准确性。③汉、英新闻都广泛使用直接引语和间接引语，以体现真实性和生动性。④汉、英新闻都以提供事实或消息为目的，不使用带有个人感情或倾向性的语言，因此较多使用陈述语气。

但是，汉、英新闻也有区别，主要有①英语新闻具有很强的商业性，新闻撰写者总是不遗余力地调动各种语言手段以吸引读者的注意力，因此在英语新闻中常有许多标新立异、别具一格的词句，追求新奇的手法，其中包括通过派生、附加、合成、拼缀及缩略等手段创造新词，如：Ameritocracy（American aristocracy，美国寡头政治统治），biz（business，商业，生意），comint（communications intelligence，通信情报），heli（helicopter，直升机），WASP（White Anglo-Saxon Protestant，祖先为英国新教徒的美国人；享有特权的白人）。②英语新闻赋予一些惯用词语特殊的含义，以产生出其不意的效果，如：umbrella 本是"伞"的意思，被赋予"核保护伞"的意思。③英语新闻广泛借用体育、军事、商业、科技、赌博以及文学、娱乐等方面的词语，以唤起各类读者的"亲切感"，如：get to first base 原是棒球中的"进一垒"，引申义为"取得初步成功"，foothold 本是军事用语"据点"，引申义为"立足点，稳固地位"。⑤英语新闻报道的语气和口吻也比较亲切和随和；汉语新闻的商业化程度较低，作者较少考虑稿件的商业价值和轰动效应，而是注重实事求是地向读者讲清事实、说明观点，因此汉语新闻的语气一般比较客观冷静。④英语新闻奉行"The simpler, the better"的原则，文风力求简洁晓畅，力戒冗余拖沓，经常省略冠词、介词、动词、代词、助动词等。而由于受中国思维方式和审美习惯的影响，汉语新闻往往有不少冗余信息，英译时，译者应结合实际情况进行灵活处理，加以简化、修改甚至删除。（陈宏薇，2004）⑥英语新闻时态不求一致，往往主句用一般过去时，从句用一般现在时。⑦英语新闻多用简单句，并辅以定语、状语、同位语、插入语等补加成分，为读者提供更多的背景知识。

在进行汉、英新闻报道的翻译时，译者应该针对汉、英新闻报道各自的特点做出相应的处理。主要应注意以下几点：

（1）准确翻译新闻词语。在新闻文体中天天都有新词出现，因此，译者翻译时必须认真查询工具书或相关资料，寻找理据，并结合上下文进行推敲，有时可采取试译加原文（用括号括起来）的方法处理，普通名词的新词不要采用音译法，如：宗教信仰和社区倡议办事处（Office of Faith-based and Community Initiatives）。

（2）避免使用充满激情的词语来翻译。一般来讲，各类新闻都以提供"事实"或"消息"为目的，避免使用充满激情的词语。因此，翻译时除非是顺应原文，一般不使用感叹句，忌用感叹词。在任何情况下都不要掺杂译者的个人感情，如爱、恨、讥笑、嘲讽等。译者与原作者都应该是冷静的叙事者，但报道中人物的情感一定要被如实翻译出来。

（3）译文不宜太雅或太俗。近年来，汉、英新闻报道都有接近谈话体的趋势，但与口语体还是有明显差别的，同时二者并非都使用很正式的文体，因此，在翻译新闻时，均不宜过雅或过俗。

（4）发扬严谨的翻译作风。在英美新闻报道中经常会出现新词及句子结构松散的情况和用得不好的词，这时，我们的翻译原则是重内容而不拘泥于语言形式。译者遇到含义不明确的松散词句，可以直译加注，说明"原文"如此。但这必须是译者在反复研究了原文，最好与有关专家商讨，以后采取的权宜之计。（刘宓庆，1998）

另外，如果作者在文章中提供了真实的人名、地名、民族名、机构名，译者在翻译时决不可掉以轻心，翻译人名、地名时，可以参考民政部地名研究所编的《世界地名译名词典》和新华社译名室编的《世界人名翻译大辞典》等资料，也可以参考一些学者和研究者公开发表的论著，尽量使用标准的、广为人接受的译名。有些专有名词可能比较生僻，很难找到标准译法，遇到这种情况时译者只能按原词的读音来翻译，但在选字时要注意，尽量少用感情色彩太浓的字。翻译地名时，译者可以先通过查字典、地图、百科全书或因特网弄清楚该地名的性质；如果作者在文章中常常提供具体的时间和数字来说明事实，译者翻译时都应该照实译出，不可马虎；如果作者在文章中用了直接引语来引述讲话者的原话，译者翻译时不要将其译成间接引语，否则会影响新闻报道的真实性；新闻报道的语言通常简洁明快，其中除了大量陈述句，也有其他类型的句子。直接引语多为口语，译者在翻译时要注意原文各部分的语域变化，用恰当的译语句式和词汇加以表达。

四、文学文体的特征及翻译要点

（一）文学作品的文体特征

文学作品包括诗歌、小说、散文、戏剧等各种类型。文学作品"用艺术化、形象化的语言，塑造艺术形象，反映深邃的历史与浩瀚的社会现实，反映人与人之间纷纭复杂的关系，描绘多姿多彩的大自然，抒发丰富的情怀，寄托人们的理想、愿望、追求，使读者通过它来认识世界、认识自己，从中受到感染、熏陶和教育，并得到一种美的享受"，英、汉语皆然。（黎运汉，2000）

（二）文学作品翻译要点

译者在翻译文学作品时，不仅要译出原文表达的意义，而且要译出其中的感情和韵味，译文语言应形象、生动、抒情，具有象征性和韵律感，给人以启迪、陶冶、美感。意境是文学作品的生命，存在于小说、散文、诗歌当中。散文的意境是其通过对具体事物的描绘，使人产生敬仰、喜爱、感动或憎恶、讨厌之情，从而突出其意义，产生意境。诗歌的意境是许多因素促成的。从语言上讲，诗歌有节奏、韵脚，讲究用词、句式，有形象，尤其是形象乃诗歌语言里最重要的成分。译者翻译诗歌时译文要反映出这些特点，高度真实，否则其难以传达原诗的新鲜和气势。但这种忠实不能限于字面相似，要考虑某一形象在译文中所具有的联想、力量、气氛是否与原文中的大体相符。

（三）诗歌的翻译

1. 阐释性翻译

阐释性翻译是面对广大读者的文学翻译的方法。这种翻译方法追求的是诗歌

的教学价值，追求保留原诗的意境美和音韵美，并在此基础上尽可能地保留原诗
的形式美。例如：

Ode to the West Wind

（excerpt）

——Percy Bysshe Shelley

O wild West Wind, thou breath of Autumn's being,

Thou, from whose unseen presence the leaves dead

Are driven, like ghosts from an enchanter fleeing,

Yellow, and black, and pale, and hectic red,

Pestilence-stricken multitudes: O thou,

Who chariotest to their dark wintry bed

The winged seeds, where they lie cold and low,

Each like a corpse within its grave, until

Thine azure sister of the Spring shall blow

Her clarion o'er the dreaming earth, and fill

（Driving sweet buds like flocks to feed in air）

With living hues and odours plain and hill:

Wild Spirit, which art moving everywhere;

Destroyer and preserver; hear, oh, hear!

西风颂

（节选）

——珀西·比希·雪莱

呵，狂野的西风，你把秋气猛吹，

不露脸便将落叶一扫而空，

犹如法师赶走了群鬼，

赶走那黄绿红黑紫的一群，

那些染上了瘟疫的魔怪——

呵，你让种子长翅腾空，

又落在冰冷的土壤里深埋，

像尸体躺在坟墓，但一朝

你那青色的东风妹妹回来，

为沉睡的大地吹响银号，

驱使羊群般的蓓蕾把大气猛喝，

就吹出遍野嫩色，处处香飘。

狂野的精灵！你吹遍了大地山河，

破坏者，保护者，听吧——听我的歌！

（王佐良译）

需要指出的是，阐释性翻译的结果往往会因译者的不同而不同，这是阐释性翻译的一个显著特点。

2. 形式翻译

形式翻译是指译者照搬原文的形式翻译，某种意义上可以等同于直译。译者有时为了保留译文的学术价值，会追求译文在形式上完全忠实于原文，避免任何外来成分（包括社会、哲学、历史、文化成分）的介入。这种翻译方法尽管比较极端，但比较适合那些形式特殊且意在通过这种特殊格式与内容呼应，从而深化主题的英语诗歌的翻译。

但是，形式翻译法是一种比较极端的直译，不能用于所有形式特殊的英语诗歌，译者在实际使用时应慎重。

3. 调整翻译

调整翻译介于阐释性翻译和形式翻译之间，是指在尽量直译的基础上调整译文结构，使译文兼顾原文的形式、内容，同时符合译语的表达习惯。

（四）小说的翻译

1. 传译语境

所谓语境，就是语言环境，即运用语言进行交际的特定的具体场合。小说的语境就是特定语言创设的语境。翻译小说时，语境的传译也十分重要。因为即使是相同的话语在不同的语境下也可能有不同的含义，语境一旦被翻译得不正确，就会影响原文语义的传递。因此，传译语境是小说翻译中一个需要特别注意却又很容易被忽视的问题。

小说的语境受多种因素的制约，译者在翻译时要依据原作的总体语境和个别语境，选用恰当词语和最佳的表达方式，以准确地再现原文的语境。

【例】There was much traffic at night and many mules on the road with boxes of ammunition on each side of their pack-saddles and gray motor trucks that carried men, and other trucks with loads covered with canvas that moved slower in the traffic.

【译文】夜间，这里运输繁忙，路上有许多骡子，鞍的两侧驮着弹药箱，灰色的卡车上装满了士兵，还有一些辎重车辆，用帆布盖着，在路上缓慢地行驶着。

【分析】《永别了，武器》这部小说本身是以战争为背景的，因而具有一种定向性。译者显然准确地抓住了这一点，将字面含义比较宽泛的 men 翻译为具体的"士兵"，将 other trucks with loads 翻译为"辎重车"，这就与小说的背景相吻合，同时也使字里行间弥漫着浓重的战争气息。

2. 传译人物特点

人物刻画是小说创作中极为关键的一个方面。人物被刻画得是否到位往往直接影响着小说的写作目的能否达到。因此，在翻译的过程中，译者要用心选词，寻找恰当的表达方式，将小说中的人物特点忠实地重现出来，以给读者留下深刻、鲜明的印象，使译文产生与原文同样的效果。例如：

【例】"I m trying to get Mom to let me bring you home, Jamie told the creature." I know you're not really a pet. You're a friend. . . sort of. But I can't let you stay out here in the cold. Winter's coming soon. It gets really cold here then. And sometimes Mom doesn't let me go outside when it snows."

【译文】杰米对小动物说："我会想办法让妈妈同意把你领回家的。因为，你不是宠物，其实呀——你是我的朋友。可不能让你待在这冰冰凉凉的地方。冬天要来了，这里会很冷很冷的。下雪后，妈妈就不会让我随便出来了。"

【分析】本例是一个九岁的小男孩对一只小狗所说的话。原文字里行间无不渗透着孩子的稚气和童真。考虑到这一点，译文也采用了相应的语气和孩子气的语言再现人物特点。

3. 传译风格

每位小说家都有属于自己的语言风格，或活泼，或简洁，或严谨，或幽默，这也是他们的作品之所以优秀的一大原因。因此，在翻译不同作家的小说时，译者不仅要准确地传达原文的内容，还要忠实地再现原文的风格，否则译文就遗失了原文的灵魂，也无法使译出语读者读到原汁原味的外国文学作品。

在实际的翻译过程中，要想忠实地再现原文风格，译者应该了解作者的创作个性、创作意图、创作方法、创作背景以及作者的世界观、人生观，这样译者才有可能更深刻地理解原文，更好地再现原文风格。例如，马克·吐温的小说通常具有幽默诙谐、口语化的语言特点，抓住了这一特点，译者翻译时就应注意使用口语化的、轻松诙谐的译语。显然，以下译文做到了这一点，较好地还原了原文的语言风格。

【例】We are at home when the news comes that they are dead. We see the maiden in the shadow of her first sorrow. We see the silvered head of the old man bowed with the last grief!

【译文】他们死去的噩耗传来时，我们正在家中。我们看见那位少女浸没在有生以来第一次悲伤的阴影之中。我们看见那位老人为人生最后一次哀恸，垂下了白发苍苍的头！

【分析】本例从第一句开始就传递了一个令人悲伤的消息，随后的每一句话中也无不弥漫着这种悲伤，最后一句更将这种悲伤渲染到了极点。译者显然注意到了原文的这一风格，因此在翻译最后一句时适当地调整了语言结构，突出、深化了这种悲伤。

（五）散文的翻译

一般而言，散文可以分为正式散文和非正式散文两类。前者用词讲究，结构严谨，逻辑性强；后者则语言浅显，结构松散，轻松自然。根据写作目的和手法的不同，散文又可以分为记叙文、议论文、描写文和说明文。下面就分别对这四种散文进行举例介绍。

1. 记叙文的翻译

记叙文通常是作者对亲身经历或听到、读到的故事传说、奇闻逸事的叙述。翻译记叙文时，译者需要注意作者个性、写作风格的传递，即要忠实地传达原作的风格与韵味。例如：

【例】自从我们搬到郊外以来，天气渐渐清凉了。那短篱边牵延着的毛豆叶子，已露出枯黄的颜色来，白色的小野菊，一丛丛由草堆里钻出头来，还有小朵的黄花在凉劲的秋风中抖颤，这一些景象，最容易勾起人们的秋思，况且身在异国呢！低声吟着"帘卷西风，人比黄花瘦"之句，这个小小的灵宫，是弥漫了怅惘的情绪。（卢隐《异国秋思》）

【译文】The weather has been getting nice and cool since we moved to the suburbs. Soybean leaves on the low hedges are beginning to turn brownish yellow. Clusters of white chrysanthemums are vying to break through the rank weeds while tiny yellow ones are shivering in the chilly wind. The autumn scene is most apt to bring about a lonesome and desolate mood, especially when we are in a foreign country. My heart was filled with melancholy when I recited in a low voice the following lines of an ancient Chinese poet:"When the west wind furls up the curtain, I'm more frail than the yellow chrysanthemum".

在准确翻译原文、再现原文语言风格的基础上，原作者在秋风中淡淡的惆怅也在 brownish yellow、shivering、chilly wind 等这些词中得到了充分的流露。原文中抒发的感情，在译文中得以充分、自然地传递。

2. 议论文的翻译

议论文是作者就某一问题展开分析、评论，表明自己观点的文体。议论文具有很强的说理性质，因此大多具有用词讲究、结构严谨、风格凝重等特点。为了加强文章的说服力，作者在议论文中不仅使用逻辑推理的方法来考验读者的理性和智力，也会用打动人心的论点来考验读者的知觉与情感。因此，在翻译议论文的时候译者也必须注意这些要点，力求译文精练、准确、严谨，以理服人，以情动人，将原文的说服力重现出来。

3. 描写文的翻译

描写文通常具有很强的抒情风格和形象性、直觉性、情感性的特点。描写的对象多是人、景、物。写人是为了树立个人形象，进而表达对生活的感受和认识；写景是为了营造气氛，抒发情怀；写物是为了托物言志，寄托志趣。与其他散文类型相比，描写文的语言更加清新，富有诗意。因此，译文也必须体现描写文的这一风格及写作意图，译者要使用清新、生动的译语，使译文和原文一样优美。

4. 说明文的翻译

说明文是作者就某一主题进行阐述的文章。换言之，说明文是对事物的发生、发展、结果、特征、性质、状态、功能等方面进行阐述的一种文章。说明文通常具有用词精确、结构严谨、逻辑性强的特点。因此，说明文的译文也必须符合这些文体特征，译者要注意选词造句。

（六）戏剧的翻译

戏剧艺术是一种综合艺术，它是通过舞台演出将剧中所反映的生活情境直接呈现在观众面前的一种艺术形式。除了剧本外，它还包括美术、布景、灯光、音乐、道具、舞台设置等多个方面。严格说来，我们这里提到的戏剧仅指剧本。

在中国，戏剧可以泛指戏曲、歌剧、话剧，有时候也专指话剧。在西方，戏剧就是指话剧。根据不同的分类标准，西方的戏剧又可以分为悲剧和喜剧，诗剧和自然主义戏剧，或者历史剧和现代剧。

戏剧语言主要由三个部分组成：布景说明、演员动作说明和台词。台词是戏剧语言的主要组成部分。剧中人物性格的刻画和故事情节的发展都通过台词完成。台词有三种形式：对白、独白和旁白。对白指人物间的对话，这是戏剧的主要组成部分；独白是人物内心活动的袒露；旁白则是指剧中某个人物背着其他人物对观众的交代。

作为一种与诗歌、小说、散文不同的特殊的文学形式，戏剧不仅可以供人阅读，还可以用于演出，供观众欣赏。因此，戏剧有其自身独特的个性。首先，戏剧不仅仅用于阅读，最重要的是其还用于演出。所以，一方面，戏剧的台词要方便演员在舞台上进行演出，念起来不觉拗口；另一方面，由于演员的对话转瞬即逝，戏剧的台词还要使观众能轻松地明白演员所讲，不至于在理解上有困难。因此，戏剧的语言通常有口语化和通俗化的特点以使读者顺眼、观众顺耳、演员顺口。口语化、通俗化是戏剧语言的一个突出特点。其次，与小说不同，戏剧中没有叙述者，不允许作者对人物的思想活动和表情变化等方面进行描述，故事情节的发展、人物性格的塑造、人物语气的轻重缓急以至人物性格的轻微变化都只能通过人物的对话来表现。因此，与小说相比，戏剧中人物的语言就必须更加个性化，更具有动作性。人物语言的个性化和动作性是戏剧语言的另一个特征。再者，戏剧要打动观众，其音韵和节奏也是关键因素。优美的节奏和音韵使戏剧更容易被观众接受，更容易在观众中流传。19 世纪之前的西方剧作家，如索福克勒斯、莎士比亚，都特别注重戏剧语言的节奏和音韵美，用诗歌来创作剧本。他们戏剧中的那些充满音韵美的台词给人们留下了深刻的印象，成为戏剧台词中的经典。因此，节奏和音韵美是戏剧语言的又一特征。下面，我们就从三个方面来谈谈戏剧的翻译。

1. 戏剧语言的口语化、通俗化

由于戏剧语言具有口语化和通俗化的特点，在进行戏剧翻译时我们一方面要善用戏剧中的一些口语化、通俗化的表达方式，特别是剧中的一些方言；另一方面，我们要尽量用简单的句式、通俗化的语言把原作翻译出来，使译文的语言不仅上口而且入耳，令演员念起来不吃力，让观众听起来不费力。在翻译时也要特别注意一些方言的翻译。下面以美国现代剧作家阿瑟·密勒的名著《推销员之死》中的一段台词的翻译为例。

【例】Linda: I know, dear, I know. But he likes to have a letter. Just to know that there's still a possibility for better things.

Biff: He's not like this all the time, is he?

Linda: It's when you come home he's always the worst.

Biff: When I come home?

Linda: When you write you're coming, he's all smiles, and talks about the future, and – he's just wonderful. And then the closer you seem to come, the more shaky he gets, and then, by the time you get here, he's arguing, and he seems angry at you. I think it's just that maybe he can't bring himself to open up to – to you. Why are you so hateful to each other? Why is that?

这是《推销员之死》中主角威利（Willy）的妻子琳达与他的大儿子比夫之

间关于威利的谈话。谈话的口语色彩十分明显。首先，两个人的台词中的句子都很简短，结构简单。琳达的第三段台词虽然比较长，但几乎都是由简单句和并列句组成的，即使其中一两个句子有从句，也是非常简单明了的宾语或者定语从句。其次，两个人对话的用词都很简单，除了必要的代词、连词、介词，几乎都是日常生活中的常用词汇，如 simle、angry、home、get、maybe 等。其表达方式也全是地道通俗的美国口语，如 all smiles、the more shaky he gets、he can't bring himself to open up to you 等。下面我们来看著名的戏剧家姚克是怎么翻译这一段台词的。

【译文】

琳达：我知道，好孩子，我知道。可是他盼着你来信。他只想知道：瓦片也有翻身的日子。

比夫：他不见得见天这个德行，是不是？

琳达：每逢你回来，他这毛病就闹得最厉害。

比夫：我回来的时候？

琳达：你捎信说要回来，他就眉开眼笑了，谈到将来的远景——他简直精神好极了。等到你回家的日子一天近一天，他就越来越坐立不定，你到了，他反而跟你话不投机，好像跟你生气似的。我想，原因也许是：他想跟你打开天窗说亮话——可又说不出口。你们爷儿俩为什么这样仇人见面儿似的？为什么呀？

姚先生的翻译可以说是很好地再现了原文口语化、通俗化的特点。首先，这一段台词译文中的句子都很简短，很好地再现了原文口语化的特点。翻译后的台词，通顺流畅，简单易懂。例如，琳达的第三段台词虽然长，但姚先生的译文充分地照顾到了原文句式的特点，很好地运用了句中的停顿，使每个意群的意思简单、清楚，充分体现了原文的口语风格。其次，姚先生在翻译中很好地运用了汉语口语中一些通俗的表达方式来再现原文口语化、通俗化的特点。例如，在翻译 "Just to know that there's still a possibility for better things" 这一句时，姚先生运用了汉语的俗语 "瓦片也有翻身的日子" 来翻译其中的 "there's still a possibility for better things"。这样，不仅贴切地表达了原文的意思，而且充分地再现原文的口语色彩，使译后的台词朗朗上口，通俗易懂。再如，在翻译 "It's when you come home he's always the worst" 这一句时，姚先生运用了汉语中 "闹毛病" 这一通俗说法，把这句灵活地翻译为 "每逢你回来，他这毛病就闹得最厉害"。在琳达的第三段台词里，姚先生更是运用了汉语口语 "眉开眼笑" "坐立不定" "话不投机" "打开天窗说亮话" "爷儿俩" 分别翻译原文中的英语口语表达方式 "all smiles" "shaky" "he is arguing" "open up" "you"，从而生动地再现了作为家庭主妇的琳达说话时的语气。

2. 戏剧语言的个性化及动作性

由于戏剧中缺少叙述者的介入，除了简短的人物动作描述外，戏剧情节的发展和人物个性的塑造都需要通过台词来完成。因此在进行戏剧翻译的时候要注意其语言的动作性及其所体现的人物个性，在译文中要尽量展现这些动作性和人物个性。例如，对萧伯纳的著名戏剧 *Pygmalion* 的翻译，我国著名翻译家杨宪益先生有两个 *Pygmalion* 的译本，分别是中国对外翻译出版公司 1982 年 5 月以英汉对照的方式出版的《卖花女》和收在 1987 年 8 月漓江出版社出版的《圣女贞德》中的《匹克梅梁》。与 1982 年的版本相比，在 1987 年的版本中，杨宪益先生在翻译上做了一些改进，这些改进在很大程度上不仅增加了译文的准确性，也使翻译后戏剧的语言更能体现人物的性格，更具动作性。

【 例 】The Bystanders Generally: (demonstrating against police espionage) Course they could. What business is it of yours? You mind your own affairs. He wants promotion, he does. Taking down people's words! Girl never said a word to him. What harm if she did? Nice thing a girl can't shelter from the rain without being insulted, etc. , etc. , etc. (Act I)

【1982 年版本译文】

一般旁观者：（抗议警察局的侦察行为）当然谁都看到的。关你什么事！你少管闲事。这家伙想升官呢。记下别人的话！那孩子没说一句别的话，她说了又怎么样？一个姑娘来避避雨都要受人欺负，好家伙，等等，等等。（第一场）

【1987 年版本译文】

一般旁观者：（抗议警察局的侦察行为）当然谁都看到的。关你什么事！你少管闲事。这家伙想升官呢。记下别人的话！真是的！那孩子没说一句别的话。她说了又怎么样？一个娘们儿来避避雨都要受人欺负，好家伙，等等，等等。（第一场）

上例是避雨者发现息金斯记录卖花女的话而误认为他是警察局的探子时说的一段话。1987 年的版本在 1982 年版本的基础上做了两处修改。"记下别人的话"后加"真是的"更能表达"旁观者"质问的口气，很好地表现出当时旁观者义愤填膺的情绪以及群情激愤的情景。而"姑娘"被改为"娘们儿"，这与前面句子中的"那孩子"一文一俗，形成鲜明对比，就更能表现出当时"旁观者"七嘴八舌，而人群中不乏出口粗俗之人的情景。

3. 戏剧语言的节奏和音韵美

戏剧语言的节奏和音韵美是特色，特别是诗剧的一大特色。在翻译戏剧的时候要注意展现原文的节奏和音韵美。在翻译诗剧如莎士比亚的诗剧时，可以借鉴诗歌的翻译方法：一是模仿原文的音韵和节奏；二是在不能完全模仿时换用与戏剧内容、风格相对应的其他音韵和节奏，以保留原剧的音乐美。在翻译非诗剧或者现代戏剧时，也要注意再现原剧台词句子的长短、节奏的快慢以及语句的押韵与否，并在译文中充分地再现这些特点。

下面我们来看看莎士比亚的名著《哈姆雷特》第三幕第一场中哈姆雷特最著名的一段内心独白的翻译。

【例1】

To be, or not to be : that is the question,

Whether 'tis nobler in the mind to suffer

The slings and arrows of outrageous fortune,

Or to take arms against a sea of troubles,

And by opposing end them? To die, to sleep;

No more; and by a sleep to say we end

The heartache and the thousand natural shocks

That flesh is heir to, 'tis a consummation

Devoutly to be wish'd. To die, to sleep;

To sleep, perchance to dream: ay, there's the rub;

For in that sleep of death what dreams may come

When we have shuffled off this mortal coil,

Must give us pause: there's the respect

【译文1】

生存还是毁灭，这是一个值得考虑的问题；默然忍受命运的暴虐的毒箭，或是挺身反抗人世的无涯的苦难，通过斗争把它们扫清，这两种行为，哪一种更高贵？死了；睡着了；什么都完了；要是在这一种睡眠之中，我们心头的创痛，以及其他无数血肉之躯所不能避免的打击，都可以从此消失，那正是我们求之不得的结局。死了；睡着了；睡着了也许还会做梦；嗯，阻碍就在这儿：因为当我们摆脱了这一具朽腐的皮囊以后，在那死的睡眠里，究竟将要做些什么梦，那不能不使我们踌躇顾虑。

（朱生豪译）

【译文2】

活下去还是不活：这是问题。
要做到高贵，究竟该忍气吞声
来容受狂暴的命运矢石交攻呢，

还是该挺身反抗无边的苦恼，

扫它个干净？死，就是睡眠——

就这样：而如果睡眠就等于了结了

心痛以及千百种身体要担受的

皮痛肉痛，那该是天大的好事，

正求之不得呀！死，就是睡眠；

睡眠，也许要做梦，这就麻烦了！

我们一旦摆脱了尘世的牵缠，

在死的睡眠里还会做些什么梦，

一想到就不能不踌躇。

（卞之琳译）

很多人认为，与朱生豪的译文相比较，卞之琳的翻译更为优秀。首先，卞译保留了原文诗体的形式，而且除了最后三句外，每行诗的意思都做到了与原文吻合。朱译则撇开了原文的格式，把原来的诗体译成了散文体，并且打破了原文诗行的顺序，把各个诗行的意思进行了重组，使译文更符合汉语的语言习惯。其次，较之朱译，卞译在音韵和节奏上与原文更加吻合。原文中莎士比亚使用的是素体诗诗体，每行有五个抑扬格音步，诗行末尾不押韵。卞译尽可能地在节奏和音韵上体现原诗的这一特点。

然而，虽然卞译具有这些优点，在读者中最流行的、被读者读得最多的还是朱译。我们对此探讨一下原因所在。细读卞译，我们发现虽然原文的音韵和节奏在其中有很好的体现，但是它却有表达上不尽如人意的地方。例如，译文的第一句"活下去还是不活：这是问题"，虽然很好地体现了原文的节奏，却不太符合汉语的表达习惯，给人生硬、拗口的感觉。首先，按照汉语的表达习惯，"活下去"的反义词不是"不活"而是"去死"，而且在"问题"前面通常要加量词"个"。其次，"活下去""不活"是非常口语化的表达方式，而莎士比亚的作品是以高雅的语言著称，这未免与原文的语言风格相冲突。这样的例子在卞译中还有不少。例如卞译的"要做到高贵"究竟要表达的是什么？读者读完整句话后仍感到迷惑，读了原文才知道这几句话是说哪一种行为更为高贵。再如，卞译中的"皮痛肉痛，那该是天大的好事""正求之不得呀"是完全口语化的表达方式，与原文高雅的语言风格不符。而且，虽然卞译很好地再现了原文抑扬格的节奏规律，但汉语读者缺乏对抑扬格的欣赏习惯，并不能体会到其节奏的美感。可见，卞译为了充分再现原文的格式与节奏而牺牲汉语通顺性及优美性的做法并不可取。

相反，朱译虽然没有顾及原文的格式与节奏，但是读起来却流畅、上口，意思清楚，符合汉语的表达习惯。而且，用词也典雅，体现了原文的语言风格。虽说没有体现原文抑扬格的节奏规律，但译文尽量保留了原文句中的停顿，例如，"To die, to sleep; No more"被译为"死了；睡着了；什么都完了"；"To die, to sleep; To sleep perchance to dream"被译为"死了；睡着了；睡着了也许还会做梦"；译文节奏也十分流畅。因此，朱译虽然没有保留原文的格式与节奏，却很好地体现了原文风格，读起来清楚明了、朗朗上口，更受汉语读者喜欢。

所以，在翻译诗剧时，当原作的音韵和节奏与目标语言的读者欣赏习惯不符合时，要在尽可能体现原作风格与节奏的基础上充分考虑目标语言读者的欣赏习惯和表达习惯，不能使译作的音韵和节奏牵强地迎合原作，否则只会使译作丧失原作的魅力，失去读者和观众。

在翻译当代戏剧时，也要注意戏剧语言的节奏、人物的语气，充分体现原作的特点。例如，《推销员之死》中威利说的一段话的翻译。

【例2】Willy: There's more people! That's what's ruining this country! Population is getting out of control. The competition is maddening! Smell the stink from that apartment house! And anther one on the other side. . . How can they whip cheese?

【译文】威利：我说比以前多！国家糟成这个样子，就为这个缘故。人口多得没法儿控制。竞争激烈得叫人发神经！你闻闻这幢公寓房子冒出来的臭味儿！那边又是一幢……我说，他们怎么可以打臭干酪呀？

（姚克译）

在原文中威利愤怒地抱怨周围的环境变得越来越差了，作者全部使用的是表达强烈感情的短句，节奏强烈、急促。姚克先生的翻译句子简短，语气强烈，很好地再现了原文的节奏和语气。

最后，在翻译戏剧时，还应该注意到由于戏剧是用于演出的，戏剧的翻译不像小说、诗歌等的翻译可以在需要的地方进行注释。我们不能指望观众一边拿着剧本看注释，一边看戏剧。戏剧具有不可注释性。因此，在处理戏剧中涉及的一些文化因素时我们就要运用灵活的方式，用译语读者和观众熟悉的概念来代替异域文化中陌生的概念，使他们既在理解上没有困难，又能够获得和原剧观众与读者同样的感受。例如，《哈姆雷特》第三幕第四场中哈姆雷特的一段台词的翻译。

【例3】Hamlet: Look here upon this picture, and on this,

The counterfeit presentment of two brothers.

See, what a grace was seated on this brow;

Hyperion's curls; the front of Jove himself;

An eye like Mars, to threaten and command;

A station like the herald Mercury

New – lighted on a heaven–kissing hill;

A combination and a form indeed,

Where every god did seem to set his seal,

To give the world assurance of a man;

This was your husband.

在这一段台词中，哈姆雷特愤怒地谴责自己的母亲对她丈夫的不忠，并且把自己的父亲与希腊神话中的太阳神海皮里昂（Hyperion）、罗马神话里的主神朱庇特（Jove）、战神马尔士（Mars）以及神使梅鸠（Mercury）做对比，描述了自己父亲英勇伟岸的形象。梁实秋先生是这样翻译这一段的：

【译文 1】

哈姆雷特：来看，看看这张画像，再看看这张，这是两个兄弟的肖像。你看看这一位眉宇之间何等的光辉；有海皮里昂的鬈发；头额简直是甫父的；眼睛像是马尔士的，露出震慑的威严；那姿势，就像是神使梅鸠里刚刚降落在吻着天的山顶上；这真是各种风姿的总和，美貌男子的模型，所有的天神似乎都在他身上盖了印为这一个人做担保一般：这人便曾经是你的丈夫。

在这段译文里，梁先生忠实地把众神的名字进行了音译，可是，由于文化的差异，中国读者和观众对这些名字并不熟悉。因此，为了避免这种尴尬，梁实秋采用了加注的方式。这样一来，读者的问题可以解决了，可是观众却不能在观看戏剧演出时还要一手拿着剧本翻找注释。因此，梁先生采用音译加注的办法来翻译台词中这些神的名字好像并不妥当。

我们再来看朱生豪的翻译：

【译文 2】

哈姆雷特：瞧这一幅图画，再瞧这一幅，这是两个兄弟的肖像。你看这一个的相貌多么高雅优美：太阳神的鬈发；天神的前额，像战神一样威风凛凛的眼睛，像降落在高吻穹苍的山巅的神使一样矫健的姿态；这一个完善卓越的仪表，真像每一个天神都曾在那上面打下印记，向世间证明这是一个男子的典型。这是你从前的丈夫。

在朱生豪先生的这一段翻译中，没有直接音译众神的名字，而是回避了一系列中国读者不熟悉的名字，以这些名字的实际意义代替，这样中国观众在理解这段文字的时候就不会有困难，就会很自然地进行联想，从而印证"每一个天神都曾在那上面打下印记"这句话的含义。

五、论述文的文体特征及翻译要点

论述文一般指社会科学论著、研究报告、文献资料及报刊社论和评论。论述文还包括正式的演说和发言。论述文不仅是社会科学论著中使用的语体，也是报刊政论（包括政治、经济、军事、法律及社会问题等专论）中使用的语体。政论性演说和发言虽然是口述形式，但使用的语言实际上是政论体，即论述文。

（一）论述文的文体特征

（1）从词汇上来看，用词规范、严谨、庄重。论述文中一般没有不合语法或不合逻辑的词语，文章中宏大、抽象、概括的词语较多。

（2）论述文句子结构比较复杂，句型变化及扩展样式较多。

（3）从文章内容来看，英、汉论述文都旨在解析思想、辩明事理、提出观点、表明态度，因此文章的内容比较复杂，文章的逻辑性较强，讲究修辞、发展层次和谋篇布局。

（4）论述文是以"理"服人，不是以"情"动人，因此特别简明、畅达，重条理性、论据的充分性和论述的客观性。

（二）论述文的翻译要点

（1）透彻理解原文。论述文大多是阐发思想，因此用词比较抽象和概括，要译好论述文，首先就要正确理解词义。

（2）注重逻辑性。论述文重在说理，因此很讲究逻辑性。译者要围绕文章的中心思想，分析文章的总体结构和谋篇布局的脉络，弄清作者逻辑推理的层次，才能忠实地传译出文章的意义。

（3）注意译文要和原文在用词倾向、风格、语体方面大体吻合。一般说来译文行文不可太俗，也不可过分求雅而变得文白夹杂、不伦不类。

政治文章的翻译对忠实标准的掌握就要严格得多，这是因为政治文章涉及国家大政方针和基本政策，稍一疏忽就会引起严重的后果。政治翻译不能任意增加或删减字词，更不能脱开原文任意发挥。有时原文的词序也不能任意改变，以免犯错误。在翻译政治文章时要仔细衡量用词的政治含义和影响。从事政治文章的翻译需要我们有政策头脑和政治敏锐性。特别要注意的是西方传媒对第三世界的渗透及其在无形中对中国传媒界的影响。（程镇球，2003）

（三）英语论述文举例

... I have nothing to offer but blood, toil, tears, and sweat. We have before us an ordeal of most grievous kind. We have before us many, many months of struggle and suffering.

You ask, what is our policy? I say it is to wage war by land, sea, and air. War with all our might and with all the strength God has given us, and to wage war against a monstrous tyranny never surpassed in the dark and lamentable catalogue of human crime.

You ask, what is our aim? I can answer in one word. It is victory. Victory at all costs — Victory in spite of all terrors — Victory, however long and hard the road may be, for without victory there is no survival.

Let that be realized. No survival for the British Empire, no survival for all that the British Empire has stood for, no survival for the urge, the impulse of the ages, that mankind shall move forward toward his goal.

I take up my task in buoyancy and hope. I feel sure that our cause will not be suffered to fail among men. I feel entitled at this juncture, at this time, to claim the aid of all and to say, "Come then, let us go forward together with our united strength."

对该篇论述文章的分析：

（1）用词规范、严谨、庄重。

（2）句子结构比较复杂，句型变化及扩展样式较多。

（3）文章的内容比较复杂，文章的逻辑性较强，讲究修辞、发展层次和谋篇布局。文章首先提出摆在"我们"面前的使命，其次谈"我们"的政策，再谈"我们"的目标，最后谈作者自己的态度，层层推进，扣人心弦，催人战斗。

（4）文章简明，畅达，重条理性、论据的充分性和论述的客观性。文章以短句为主，语气中透露出急迫和斗志，文字流畅，条理性强；摆事实，讲道理，说明不战斗就只有死路一条，论据充分、客观，使人信服并愿意采取行动。

【参考译文】

我没有什么可以奉献，只有热血、苦力、泪水和汗水。我们面对的是最为惨烈的考验。我们面对的是经年累月的、艰苦卓绝的斗争。

你们也许会问，我们的对策是什么？我认为那就是从海陆空发动一场全面的战争，一场竭尽我们所能、竭尽上帝所赐予我们全部力量的战争，一场与人类罪行簿上最黑暗、最可悲的凶残暴政相较量的战争。

你们也许会问，我们的目的是什么？我可以用一个词来回答，那就是胜利。不惜一切代价，去赢得胜利——无论多么可怕，也要赢得胜利——无论道路多么遥远和艰难，也要赢得胜利不惜付出一切代价的胜利，藐视一切恐怖的胜利。这是因为，没有胜利就没有我们的生存。

大家必须认识到这一点：没有胜利，就没有大英帝国的存在，就没有大英帝国所代表的一切的存在，就没有促使人类世世代代朝着自己的目标奋勇前进的强烈欲望和动力！

我精神振奋、满怀信心地承担起我的任务。我坚信大家联合起来，我们的事业就不会遭到挫败。在这一紧要关头，在这一重要时刻，我觉得我有权要求各方面的支持。我要说："来吧，让我们同心协力，并肩前进！"

六、旅游语体的特征及翻译要点

目前，旅游业已成为世界上最大的产业之一。我国旅游业自改革开放以来发展迅猛，随着出境游及入境游的旅客不断增多，旅游从业人员的队伍也逐渐庞大。如何更好地使境外游客听懂我们的导游语言，如何更好地把我国壮丽的河山和灿烂的文化介绍给世界，以及如何使国民了解更多的国外风景，引起越来越多的学者及旅游界人士的关注。旅游语体的翻译受到越来越多的重视。

（一）旅游语体的文体特征

旅游语体又名导游解说词，是导游在指导游客游览时进行讲解、传播文化、交流感情所使用的语言。它是一种比较特殊的文本，是通过外语导游之口直接说给外国游客听的。译成外语的旅游语体通常是供导游在旅游途中的景点、娱乐场所、商店或餐厅进行口头讲解用的，它不同于即兴发挥的"现场介绍"（on the spot introduction）和"途中介绍"（on the way introduction）。前者是事先翻译好的，而后者则需临场发挥。尽管旅游语体是事先翻译好的，但是它又具有自身文体上的独特之处，不同于一般的笔译。总的来说，旅游语体具有以下三个特点。

1. 旅游语体着眼于口头表达，语言强调简练、流畅、通俗

旅游语体是在旅游过程中导游与游客进行口头交流所使用的语言，它具有传递服务信息，引导游客完成旅游活动的功能，也具有讲解旅游地人人文和自然景观及其背景，使旅游者获得知识和审美满足的功能。虽然旅游语体是预先写好并且翻译好的，但游客是通过听觉来接收旅游语体中的信息的，不像阅读那样有充分的时间思考，如果其中使用过多的书面语言，过于复杂的句子，难免会给游客的理解造成障碍，达不到预期的目标。而简明扼要、通俗易懂、生动活泼的句子不仅短小精悍，表意明确，具有很好的表意传情功能，还能产生铿锵有力的效果。因此，旅游语体通常使用简单的句子以及简练、通俗的语言。例如，下面是一个描写泉州开元寺东塔的句子：

Built in 1238 AD, the pagoda was so high and magnificent that it took 32 0000 labourers 12 years to complete the project.

为了达到较好的视听效果，此句最好化整为零，改为：

The pagoda was built in 1238 AD. It was very high and magnificent. 32 000 labourers spent 12 years in completing the project.

2. 旅游语体中涉及的文化点较多

旅游语体中对于景点的介绍必将包括众多的人文景观，涉及许多人名及地名的介绍，触及许多文化点。例如，介绍国内风光的旅游语体就经常涉及历史人物、古诗词、历史典故、风土民俗，国外的景点介绍也不例外。

【例】今天我向各位介绍号称我国五岳之首的泰山，这五岳为东岳泰山、南岳衡山、西岳华山、北岳恒山和中岳嵩山。

其中的"岳"字的在英语中无论如何也找不出文化对应词的，只好翻译为great mountain。这样翻译虽然失去了原有的文化意味，但也是不得已之举。

【译文】Today I'd like to introduce Mount Tai, crowned as the most famous of China's five great mountains, namely, Mount Tai in East China. The Hengshan Mountain is in South China, the Huashan Mountain is in West China, the Hengshan Mountain is in North China and the Songshan Mountain is in Central China.

3. 旅游语体中涉及的特色名词较多

由于旅游语体所涉及的知识面较广，其必将涉及许多特色名词。例如，盂兰盆会（ullambana）、罗汉（arh）、禅堂（meditation hall）、施主（benefactor）、亭（pavilion）、拱桥（arch bridge）、台（terrace）、长堤（causeway）、曲径（zigzag path）、喀斯特地貌（karst landform）、兵马俑（the Terra-cotta Soldier and Horse Figures）、敦煌的"飞天"（Flying Apsaras）、峨眉山的"普贤真人"（Samantabhadra）都属于这类词。这些特色名词一般都有固定的译法，译者翻译的时候不能随意炮制，或者望文生义。这就需要译者有广阔的知识面和较高的专业水平。

（二）旅游语体翻译的标准

旅游语体是主要供导游讲解用的。优秀的旅游语体翻译既要忠实地再现原文，又要拥有良好的现场效果，使游客没有理解困难，以给游客带来美的感受。同时，旅游语体中对文化点的讲解还要起到传播文化的作用。

1. 旅游语体翻译的准确性

准确性是好的翻译的一个主要标准，旅游语体的翻译也不例外。虽然由于旅游语体经常涉及一些文化概念或者特色名词，在翻译的时候我们不得不采取一些变通的译法，但这并不意味着旅游语体的翻译可以脱离原文，随意发挥。丧失了准确性的旅游语体翻译只会误导游客，给游客的理解造成困难。

例如，芙蓉，有木芙蓉和水芙蓉。这一句的译文为"There are two kinds of lotus, the cotton rose and the lotus flower."汉语中的芙蓉既可以指锦葵科的木芙蓉，

又可以指莲科的水芙蓉——莲花，而英语中的"lotus"只是指莲花。因此，这句译文是欠准确的，难免会使游客迷惑。

要做到准确地翻译旅游语体，译者不仅有广阔的知识面、较高的专业水平，还要有负责的态度、敬业的精神，能够广泛地查阅各方面资料，以确保翻译的准确无误。

2. 旅游语体翻译的现场效果

旅游语体是导游在旅游的途中说给游客听的现场解说词。因此，导游词良好的现场效果非常重要。这就要求旅游语体的翻译不仅应该通俗易懂，还应该对一些文化概念、特色名词进行变通处理，这样可以使游客理解起来没有困难，而又不致大大削弱原文当中的文化内涵以及美的韵味。使游客没有障碍地听懂旅游语体的内容，并通过旅游语体对于景点有足够的认识和了解，同时获得美的感受。

例如，开元寺建于唐垂拱二年。这一句可译为 The Kai Yuan Temple was built in the 2nd year of Chui Gong of the Tang Dynasty.

这种翻译就会给外国游客造成理解困难。他们除非了解足够的中国历史知识，不然外国游客一定不明白 Chui Gong 是什么。因此，译者在翻译的时候就有必要对"垂拱"进行解释，或者译为 The Kai Yuan Temple was built in the Tang Dynasty, about 1 300 years ago.，这样更易理解。

再如，把"现在我们到了定陵，这里是咸丰皇帝爱新觉罗·奕詝和孝德显皇后的陵墓。"这一句可译为 Now we are in Dingling, the mausoleum of Aixinjueluo Yizhu, Emperor of Xian Feng of the Qing Dynasty, and his empress Xiao Dexian.

这句译文虽为简单句，但其中的同位语过长，句子结构不够紧凑，难免会使游客听起来辛苦，不容易跟随导游的思路。而且其中皇帝的名字、年号以及皇后的封号也难免会使国外的游客犯糊涂。另外，外国游客不熟悉中国历史，所以也会对皇帝所处的年代感到迷惑。因此，这句话最好译为 Now we are in Dingling, the mausoleum of Emperor of Xian Feng and his empress. Xian Feng is an emperor of the Qing Dynasty, who lived from 1831 to 1861, and reigned from 1851 to 1861.

这样游客就能很好地理解导游词的内容，并且能增加对中国文化、历史的了解，旅游语体的现场效果也会更好。

又如，"三潭印月"如果被翻译为"The Isle of Santanyinyue"，既缺少了原有名字的美感以及对景点特征的描述，又显得译名过长，读起来拗口。游客听了也是似懂非懂，不能明白其中的妙处，现场效果肯定不好。因此，不如译为"Three Pools Mirroring the Moon"。相信游客听了这个译名后，一定会展开笑容，并产生探索其美感的兴趣。

（三）旅游语体的翻译

翻译旅游语体的时候除了要注意旅游语体的文体特征，遵循旅游语体翻译的标准，运用一般的翻译技巧外，还要注意以下几点。

1. 增译

由于外国游客对于旅游地的文化和历史缺乏了解，所以译者需要在翻译时对原文中一些带有原语文化色彩和历史背景的信息进行阐释，避免使游客迷惑。但是，由于旅游语体是以口头方式说给游客听的，它的翻译不同于其他一些文本的翻译，不可以在文中做注。这就需要在译文中对原文的内容加以改变，加入阐释性的成分。如上一节提到的例子，在翻译时就进行了阐释性增译。

【例1】现在我们到了定陵，这里是咸丰皇帝爱新觉罗·奕詝和孝德显皇后的陵墓。

【译文】Now we are in Dingling, the mausoleum of Emperor of Xian Feng and his empress. Xian Feng is an emperor of the Qing Dynasty, who lived from 1831 to 1861, and reigned from 1851 to 1861.

再如：

【例2】山西省五台山是闻名中外的佛教圣地，至今保存着北魏、唐、宋、元、明、清及民国等时期的寺庙建筑47座。

【译文】Mount Wutai is in Shanxi Province, has 47 temples built during seven periods, from the Northern Wei Dynasty in the 4th and 6th century to the Republic of China in the first half of the 20th century.

2. 省译

由于旅游语体的目的是通过口头讲解，让游客对于景点有足够的了解以增加他们的兴趣，同时使他们获得相关的知识，增加美的感受，所以旅游语体中原有的枯燥难懂、相对次要且与游客对景点的了解关系不大的内容就可以省略。这样可以使旅游语体更有趣，使游客理解起来更轻松，使导游词的现场效果更好。

在例1中，由于我们在提到清朝皇帝时多以其年号指代，而对于他们的名字却少有提及，就是本国人也少有清楚清朝各皇帝的名字的，更不能要求外国的游客能搞清楚，因此在英译时省去了咸丰皇帝的名字爱新觉罗·奕詝，而只留他的年号。至于他的皇后的封号，既不是游客关心的内容，也不是游客能完全明白的，因此在译文中也就省去了。这样既不会影响游客对于这一文化和历史景观的了解，也省去了他们理解时的麻烦，优化了旅游语体的现场效果。

在例2中，由于唐、宋、元、明、清几个具体的朝代对于整句话意思的理解不太重要，省去了也不会影响游客对于五台山的了解，如果全译出来，游客也不一定能全部理解，因此除了开始和结束的时期以外，这几个朝代就以"七个时期"一并代替。这样，旅游语体既简洁明了，又减轻了游客理解的负担。

3. 古诗词的翻译

由于很多旅游景点挂有对联，或者题有一些名人的诗词，或者是涉及一些关于这些景点的著名诗词，因此旅游语体的翻译难免会涉及一些古诗词和对联的翻译。在翻译旅游语体中的诗词时，除了要注意我们在文学文体中所提到的诗歌翻译的要点外，还应注意不要拘泥于所选诗词涉及的具体背景。这是因为旅游语体中所引用的诗词，主要是供导游给游客介绍景点用的。而且，在翻译中应尽量减少典故的使用，必要时，在翻译前后对诗词的含义进行解释。

例如，岳飞《满江红》中的"壮志饥餐胡虏肉，笑谈渴饮匈奴血"，为了方便游客的理解，就不宜被翻译为：

I could feed on the Hun's flesh，forsooth.

In hunger — in the spirit of youth.

I could drink the Hun's blood in a jovial mood；

If I were thirsty enough, indeed, I could.

而更宜被译为：

My hungry aspirations are eager

To swallow the "Northern meat"，

My burning thirst is keen

To quaff the "Northern blood".

这样，翻译出来的这两句诗词的可读性就更强，而且其中"匈奴"和"胡虏"的翻译不会使游客理解起来困难。如果译者翻译前再加上对岳飞英勇抗击匈奴，却被奸臣谋害的悲壮事迹的讲述，游客就会对诗词有更深刻的理解，更能体会到诗中所表达的岳飞英勇、悲壮的情怀。

另外，对联的翻译也是旅游语体翻译的一个难点。对联雅称楹联，俗称对子，别称门联、联语。它言简意深，对仗工整，平仄协调，是由律诗的对偶句发展而来的。译者进行对联的翻译时主要需掌握两个要点：第一，要准确翻译原文，切不可为了形式的需要而改变原文的含义；第二，翻译时要突出对联的特点，或两联字字相对，或两联句子结构相同。技巧上可以是以偶对偶，以工对工。古人说"言对为易，事对为难；反对为优，正对为劣"，指的是对联的对仗之工，译文也如此，好译文要力求达到形美、音美、意美，再现汉语对联的韵律之美。

【例1】大肚能容容世上难容之事，开口便笑笑天下可笑之人。

【译文】He is always tolerant to tolerate hard things in the world;

he is always smiling to smile at funny people under the sun.

【例2】绿水本无愁因风皱面，青山原不老为雪白头。

【译文】The green water has no worries but the wind has given it wrinkles;

the blue hills are not old but the snow has given them white hair.

【例3】近水知鱼性，居山识鸟音。

【译文】Living near the water, one knows the nature of fishes;

Living in the mountains, one understands the sounds of birds.

七、法律文体的特征及翻译要点

法律文体属于非常正式的文体，有专门的形式和用词，英汉皆然。

（一）法律文体的语言特点

1. 使用法律术语

所谓术语，就是某一领域的专门用语。法律术语是用来准确表达特有的法律概念的专门用语，具有明确的、特定的法律含义，是法律英语的精髓。使用法律术语的目的就是保持词义在法律英语中的精确性。这类术语的数量相当可观。例如：

agency 代理

agent 代理人

conveyance 财产转让

covenant 契约

deposition 宣誓作证；证词

double jeopardy(对同一罪行的)重复指控

ex parte 单方面的

interrogatories 质询书

punitive damages 惩罚性的损害赔偿费

restitution 归还；补偿；赔偿

surety 担保人

variance（诉状与供词之间）不一致

will 遗嘱

2. 使用模糊词语

法律语言要求表达精确，法律文件的起草者须避免含糊其辞或模棱两可。但从语义上看，绝对精确的表达是有限的，而处于语义轴中间的、过渡的、难以划清界限的模糊现象是普遍的。为了实现法律语言要求的精确目的，在必要的情况下法律文件又必须使用一些意义模糊、灵活的词语准确表达法律概念或事实。模糊语言是表达模糊语义的语言，即内涵无定指、外延、不确定的语言。例如：

all reasonable means 所有合理的手段

compelling 强制的

consequential 相应而生的；接着发生的

due process 正当法律程序

duly 正当地；适当地；充分地

excessive 过多的；过度的

improper 不适当的

inadequate 不充分的

incidental 非主要的；附带的

in connection with 关于；有关

inconsequential 不重要的；无足轻重的

malice 恶意

manifestly 显然地

meaningfully 具有重要意义或价值地

negligence 过失

obviously 明显地

quite 相当地

reasonable care 应有的照顾；应有的注意

reasonable man 理性人

reasonable speed 合理的速度

related 相关的

satisfactory 符合要求的

serious misconduct 严重的不当行为

significantly 显著地；意义重大地

similar 类似的；相似的

somewhat 稍微；有点

soon 不久；很快

substantially 大体上地

sufficient 足够的

undue 不当的

unreasonable 不合理的

virtually 事实上；实际上

3. 使用法律行话

任何建立在独特知识和技能之上的行业或职业都会发展出一种独特的话语体系，即"行话"。一方面，行话确保了行业内部交流的精确度，提高了行业内部成员之间的交流效率；另一方面，它又是外显的符号，对于外行人而言，这种符号足以激发他们对于这个行业的好奇、尊重或畏惧。如此就可能致使在内外之间划界，有时甚至可以强化某种行业化权力的合法性基础。法律行话就是我们平常所称的"法言法语"。例如：

alleged 被指控的

cause of action 诉由

damages 赔偿金

day in court 出庭日

due process of law 法律正当程序

issue of fact 事实上的争论点

issue of law 法律上的争论点

legal fiction 法律拟制

material evidence 关键证据

reasonable doubt 合理怀疑

subrogation 代位权

4. 使用古英语和中世纪英语

法律英语词汇中还经常出现古旧词汇。所谓古旧词汇指的是古英语词汇和中世纪英语词汇。古英语是指公元 1100 年前的英语，中世纪英语是公元 1100 ～ 1500 年间使用的英语。古旧词汇的使用能够体现出法律英语简练、严谨的特点，这些古旧词汇在现实生活中人们使用较少。例如：

aforesaid 如上所述的；上面提到的

belike 大概；或许

haply 偶然地；碰巧地

hereafter 此后

hereby 特此

herein 于此处

hereinafter 以下；在下文中

hereto 至此

herewith 与此一道

nay 否决；不

pursuant to 根据

thence 从那里；所以，因此；之后

therein 在此（文）中

thereto 向那里；到那里

to wit 即；就是

whence 据此；由此

whereby 借以

whilst 同时；当……的时候

withal 而且；依然；仍然

wroth 愤怒的

5. 使用成对近义词

法律英语中还经常出现两个或三个意思相近或者相同的词构成的一个短语，它用来表达本来只需要一个词就能表达的概念。这种看似啰唆的表达恰恰是为了更好地体现法律语言的严谨性、准确性和完整性。下面是法律文体中常见的成对近义词。例如：

agree and covenant

aid and abet

all and every

all and singular

alter or change

annul and set aside

any and all

assign and transfer

assume and agree

attorney and counselor at law

bind and obligate

build, erect or construct

business and undertaking

by and through

by and with

cancel and set aside

cancel and terminate

cease and desist

cease and come to an end

changes and modifications

conjecture and surmise

convey and transfer

costs, charges and expenses

deem and consider

documents and writings

due and owing

due and payable

each and all

each and every

engage, hire and employ

entirely and completely

evidencing and relating to

excess and unnecessary

execute and perform

fair and equitable

fair and reasonable

false and fraudulent

final and conclusive

finish and complete

fit and proper

fit and suitable

for and during

for and in consideration of

for and on behalf of

fraud and deceit free and clear

free and unfettered

free and without consideration

from and after

full and complete

give and grant

give and bequeath

goods and effects

have, hold and possess

heed and care

hold and keep

if and when

in and for

in and to

in my stead and place

in truth and in fact

indebtedness and liabilities

keep and maintain

kind and character

legal and binding

let or hindrance

levies and assessments

lien, charge or encumbrance

6. 使用赘言赘语

赘言赘语即反复地表达同一个意思的词或者同义词。配对词和三联词经常用来表达法律上本来只需要一个词就能表达的概念。配对词和三联词指两个或三个意思相近或者相同的赘词构成的一个短语，它用来表达法律上只需要用一个词就能表达的概念。这些词表示固定的意义，使用时不能随意拆开。赘言的使用是法律文本的一大特色，其作用主要有两个：一是使其所表达的意思更加严密准确；二是使其所强调的语气更加强烈。这突出表现了法律英语语言的严谨性。下面我们列举一些在法律英语文体中常见的赘言赘语。例如：

breaking and entering 闯入

due and payable 到期应付的

goods and chattels 私有财物；全部动产

have and hold 持有

losses and damages 损坏

rights and interests 权益

terms and conditions 条件

will and testament 遗嘱

null and void 无效

7. 使用拉丁词语

拉丁词语言简意赅，表达标准，历史悠久，有助于体现法律文体的严谨和庄重，因此拉丁语在法律语言中处于权威性的地位。英语国家的居民，尤其是从事法律研究的人，把拉丁文视为高深学问的基础。例如：

affidavit 宣誓书

alibi 不在犯罪现场证明

bona fide 真诚的

habeas corpus 人身保护令

prima facie 表面的

versus 对抗；诉讼

（二）法律文体的句法特点

1. 使用名词化结构

为提高语言的准确性、严谨性以及正式程度，英语法律文献常使用名词化结构。名词化词语主要是表示动作或状态的抽象名词，或是起名词作用的非谓语动词。从句法功能上来讲，名词化结构可以避免使用人称主语，防止句子结构臃肿；名词化结构组合方式较多，意义容量非常大，适宜精细复杂的思想概念的表达。例如：

【例 1】If two or more applicants apply for registration of identical or similar trademarks for the same kind of goods or similar goods, the trademark whose registration was first applied for shall be given preliminary examination and approval and shall be publicly announced; if the applications are filed on the same day, the trademark which was first used shall be given preliminary examination and approval and shall be publicly announced and the applications of the others shall be rejected and shall not be publicly announced.

【译文】两个或者两个以上的申请人，在同一种商品或者类似商品上，以相同或者近似的商标申请注册的，初步审定并公告申请在先的商标；同一天申请的，初步审定并公告使用在先的商标，驳回他人的申请，不予公告。

【例 2】The State protects socialist public property. Appropriation or damaging of State or collective property by any organization or individual by whatever means is prohibited.

【译文】国家保护社会主义的公共财产。禁止任何组织或个人用任何手段侵占或者破坏国家和集体的财产。

2. 使用套语

法律语言形式是在不断的法律实践中形成的。经过长期的实践，法律语言形式形成后，语言趋于高度专业化，其文体相对稳定，有一些套语在法律英语中经常出现。比如，英语立法文本的序言部分通常采用 whereas、in view of、considering、given that 等引导的句型范式，还有不少 means、includes、refers to 等惯用结构。而汉语立法文本的序言中则通常采用"为了……""根据宪法""制定本法""本法所指的……是指……"等句型范式。例如：

upon the terms and conditions set forth below 根据如下所定条款

unless otherwise stipulated in... 除非在……另有规定

It is agreed that... 双方同意

It is hereby certified that... 兹证明……

in witness whereof 特此为证

... should be taken as valid and binding 应以……为准

... shall have equal status in law 具有同等法律效力

下面再来看一些例句：

【例1】In consideration of the mutual covenants and agreement herein contained, the parties agree as follows.

【译文】双方考虑到相互在此提出的契约和协议，同意如下条款。

【分析】此例中的 In consideration of 与 the parties agree as follows 为英语套语，与之相对应的汉语套语为"考虑到"与"双方同意如下条款"。

【例2】This contract is made in a spirit of friendly cooperation by and between Party A and Party B, whereby Party A shall invite Party B for service as a foreign staff on the terms and conditions stipulated as follows.

【译文】甲方和乙方本着友好合作的精神签订本合同。根据合同，甲方聘请乙方为外籍工作人员，合同条款如下。

【分析】在本例中，on the terms and conditions stipulated as follows 为英语法律套语。

3. 使用陈述句

陈述句在法律文本中也经常出现。由于法律文书是用来确认法律关系、贯彻法律条令、规定人们的权利和义务以及陈述案件事实的专用公文，因此不容许有丝毫的引申、推理或抒发和表达感情的特点，所以法律文本的基本句式通常是陈述句结构，没有感叹句和疑问句。例如：

【例1】The Arbitration Commission has one honorary Chairman and several advisers. The Chairman performs the function and duties vested by these Rules and the Vice-Chairman may perform the Chairman's function and duties with Chairman's authorization.

【译文】仲裁委员会设名誉主席一人，顾问若干人。主席履行本规则赋予的职责，副主席受主席的委托可以履行主席的职责。

【例2】The seller is not liable under subparagraph（a）to（d）of the preceding paragraph for any lack of conformity of the goods if at the time of the conclusion of the contract the buyer knew or could not have been unaware of such lack of conformity.

【译文】如果买方在订立合同时知道或不可能不知道货物与合同不符，卖方就无须按上一款（a）项至（d）项负有此种不符合同的责任。

4. 使用被动句

英语法律文件用于规定行为人的权利义务以及相关法律后果时常使用被动句式。被动句对有关事项进行客观的描述和规定，将动作本身放在了突出位置，有利于体现法律英语庄严、客观、公正的文体特点。例如：

【例1】This Agreement may be terminated by either party upon three months' written notice delivered or sent by registered mail to the other, and may be terminated at any time, without such notice, upon break of any of its terms and conditions.

【译文】任何一方提前三个月用挂号信书面通知对方或任何一方在任何时候违背本协议任何一款，无须通知，本协议即告终止。

【例2】An agreement is typically reached when one party（the offeror）makes an offer and the other party（offeree）accepts it.

【译文】当一方（要约人）做出要约，而另一方（接受要约人）接受要约时，双方就达成了一个典型的协议。

【例3】In consideration of the payments to be made by the Purchaser to the Supplier as hereinafter mentioned, the Supplier hereby covenants with Purchaser to provide the Goods and to remedy defects therein in conformity in all respects with the provisions of the Contract.

【译文】鉴于买方要向卖方付货款，故卖方在此向买方做出书面承诺：保证按照合同条款的各项规定提供货物并对任何可能出现的货物不足进行补偿。

【例4】Adequate food and refreshment will be supplied free. You are not entitled to receive from outside anything except the basic necessities of clothing. However you may, if you request, be permitted at your own expense to have food from outside to be brought to you subject to inspection.

【译文】免费供应足够的食物和茶点。不得接受外来的任何物品，必要的衣物除外。但经本人申请，可获准在监督下自费接受外来食品。

【例5】The organs of self-government of the national autonomous areas have the power of autonomy in administering the finances of their areas. All revenues accruing to the national autonomous areas under the financial system of the state shall be managed and used independently by the organs of self-government of those areas.

【译文】民族自治地方的自治机关有管理地方财政的自治权。凡是依照国家财政体制属于民族自治地方的财政收入，都应当由民族自治地方的自治机关自主地安排使用。

【例6】In the case of intentional or fraudulent misrepresentation，the victim is given the choice the additional remedy of a suit for dollar damages.

【译文】在故意或欺诈性不当陈述的案件中，受害者可以选择诉讼以取得额外赔偿金。

5. 使用复合句

法律语言的复合句式中的各句子之间的逻辑关系通过各句之间的逻辑意思关系来体现，根据句子间不同的意思关系复合句可被分为假设、目的、选择、并列、解释等类型。

（1）假设复合句

假设复合句中的分句表示假设后果的逻辑关系，即分句中提出一种假设情况，主句中说明该假设变为现实的后果，常用 if 等形式。例如：

If the bill of lading contains particulars concerning the general nature, leading marks, number of packages or pieces, weight or quantity of the goods which the carrier or other person issuing the bill of lading on his behalf knows or has reasonable grounds to suspect do not accurately represent the goods actually taken over or, where a "shipped" bill of lading is issued, loaded, or if he had no reasonable means of checking such particulars, the carrier or such other person must insert in the bill of lading a reservation specifying these inaccuracies, grounds of suspicion or the absence of reasonable means of checking.

（2）目的复合句

目的复合句指完整句中的各分句存在表达目的的逻辑关系。由于法律的制定和实施都是为了达到某一或某些目的，法律语言大量使用目的复合句来显示某种行为存在的目的逻辑关系，多采用 in order to，for the purpose of 等形式。例如：

We the People of the United States, in order to form a more perfect Union, establish Justice, insure domestic Tranquility, provide for the common defense, promote the general Welfare, and secure the Blessings of Liberty to ourselves and our Posterity, do ordain and establish this Constitution for the United States of America.

（3）选择复合句

选择复合句可通过不同的分句将某一事物存在的多种情况列举出来，并要求从中选择一种。选择复合句在法律英语中多用来表示列举性的关系，常用 or/nor 来表达。例如：

【例】No person shall be held to answer for a capital, or otherwise infamous crime, unless on a presentment or indictment of a Grand Jury, except in cases arising in the land or naval forces, or in the Militia, when in actual service in time of War or public danger ; nor shall any person be subject for the same offense to be twice put in jeopardy of life or limb ; nor shall be compelled in any criminal case to be a witness against himself, nor be deprived of life, liberty, or properly, without due process of law ; nor shall private property be taken for public use, without just compensation.

（4）并列复合句

并列复合句是由两个或两个以上相互联系的分句组成的复合句，各分句分别叙说相关的几件事或同一个事物的几个方面。法律英语通过并列复合句的使用将某一事物各个方面的含义解释清楚，从而确保法律语言的周密性。例如：

【例】The House of Representatives shall be composed of Members chosen every second Year by the People of the several States, and the Electors in each State shall have the Qualifications requisite for Electors of the most numerous Branch of the State Legislature.

（The Constitution of the United States of America, Article 1, Section 2）

（5）解释复合句

解释复合句表示分句之间存在解释、说明关系。在法律英语中的解释复合句中，后面的分句一般是对前面分句的解释、说明，解释复合句较多采用总分和并列陈述的方式。例如：

【例】The Congress shall have Power to lay and collect Taxes, Duties, Imposts and Excises, to pay the Debts and provide for the common Defense and general Welfare of the United States; but all Duties, Imposts and Excises shall be uniform throughout the United States;

To borrow money on the credit of the United States;

To regulate Commerce with foreign Nations, and among the several States, and with the Indian Tribes;

To establish an uniform Rule of Naturalization, and uniform Laws on the subject of Bankruptcies throughout the United States;

To coin Money, regulate the Value thereof, and of foreign Coin, and fix the Standard of weights and Measures.

6. 使用完整句

法律语言除了要以陈述句式为主外，还要求信息陈述完整、详尽和严密，以防因句子省略或缺失而出现漏洞或产生歧义，因此法律英语句子还应具有完整性的特征。例如：

【例】"Invention" as mentioned in the Patent Law means any new technical solution relating to a product, a process or an improvement thereof. "Utility Model" as mentioned in the Patent Law means any technical solution relating to a product's shape, structure, or a combination thereof which is fit for practical use. "Design" as mentioned in the Patent Law means any new design of a product's shape, pattern, color, or a combination thereof, as well as its combination with the color and the shape or pattern of a product, which creates an aesthetic feeling and is fit for industrial application.

【译文】专利法所称发明，是指对产品、方法或者其改进所提出的新的技术方案。专利法所称实用新型是指对产品的形状、构成或者其结合所提出的适于实用的新的技术方案。专利法所称外观设计，是指对产品的形状、图案、色彩或者结合所做出的富有美感并适合于工业应用的新设计。

7. 使用长句

据统计，法律英语文件中，句子的平均长度为 271 个单词，而科技英语句子的平均长度为 27.6 个单词。这说明法律英语文本中句子的长度要远远大于其他文体中句子的长度。例如：

【例 1】If the bill of lading contains particulars concerning the general nature, leading marks, number of packages or pieces, weight or quantity of the goods which the carrier or other person issuing the bill of lading on his behalf knows or has reasonable grounds to suspect do not accurately represent the goods actually taken over or, where a "shipped" bill of lading is issued, loaded, or if he had no reasonable means of checking such particulars, the carrier or such other person must insert in the bill of lading a reservation specifying these inaccuracies, grounds of suspicion or the absence of reasonable means of checking.

【译文】如果承运人或代其签发提单的其他人确知或者有合理的根据怀疑提单所载有关货物的品类、主要标志、包数或件数、重量或数量等项目没有准确地表示实际接管的货物，或在签发"已装船"提单的情况下，没有准确地表示实际接管的货物，或在签发"已装船"提单的情况下，没有准确地表示实际装船的货物，或者他无适当的方法来核对这些项目，则承运人或该其他人必须在提单上做出保留，说明不符之处、怀疑根据或无适当的核对方法。

【例 2】Some academics, whilst accepting that terms like ratio decidendi and obiter dicta are used in judgments, and whilst accepting that at least some judges think they construct their judgments, on the basis of ratio and obiter in previous judgments, believe that important influences on decisions made by judges are to be found in the nature of matters such as the social background of judges, the economic circumstances of the time or even the very nature of language itself.

【译文】有些学者，虽然接受在判决中使用如"判决依据"和"附带意见"这些术语，虽然承认有些法官认为他们是根据先前判决的"判决依据"和"附带意见"做出判决的，但认为影响法官判决的重要因素应从事情本身的特征，如法官的社会背景、当时的经济环境甚至预言本身的特征中去发现。

（三）法律文体的翻译技巧

1. 直译

由于法律文本强调文体的庄重性和语言的严谨性，所以为了保留这些特征，我们就应该采用直译的翻译方法。例如：

【例 1】The examination of the impact of the dumped imports on the domestic industry concerned shall include an evaluation of all relevant economic factors and indicators having a bearing on the state of the industry, including actual and potential decline in sales, profits, output, market share, productivity, return on investment, or utilization of capacity; the factors affecting domestic prices; the magnitude of the margin of dumping; the actual and potential negative effects on cash flow, inventories, employment, wages, growth, ability to raise capital or to make investment.

【译文】关于倾销进口产品对国内产业影响的审查应包括对影响产业状况的所有有关经济因素和指标的评估，包括销售、利润、产量、市场份额、生产力、投资收益或设备利用率实际和潜在的下降；影响国内价格的因素；倾销幅度大小；对现金流动、库存、就业、工资、增长、筹措资金或投资能力的实际和潜在的消极影响。

【例 2】All States have the duty to contribute to the balanced expansion of the world economy, taking duty into account the close interrelationship between the well-being of the developed countries and the growth and development of the developing countries, and the fact that the prosperity of the international community as a whole depends upon the prosperity of its constituent parts.

【译文】所有国家有义务对世界经济的均衡发展做出贡献，要适当考虑发达国家的福利同发展中国家的增长和发展之间的密切关联，并考虑整个国际社会的繁荣依赖于其组成部分的繁荣。

2. 重复

为了清楚地表达法律条文和规则，避免产生歧义，英语法律文本翻译常使用重复法。例如：

【例】In any arbitration proceeding, any legal proceeding to enforce any arbitration award and in any legal action between the Parties pursuant to or relating to this Contract, each Party expressly waives the defense of sovereign immunity and any other defense based on the fact or allegation that it is an agency or instrumentality of a sovereign state. Any award of the arbitrators shall be enforceable by any court having jurisdiction over the Party against which the award has been rendered, or wherever assets of the Party against which the award has been rendered can be located, and such award shall be enforceable in accordance with the "United Nations Covention on the Reciprocal Enforcement of Arbitral Awards"(except where reservations are made by the PRC)

【译文】在根据本合同进行或与本合同有关的双方之间的任何仲裁程序中，在为执行根据本合同进行或与本合同有关的双方之间的任何仲裁裁决的任何法律程序中及在根据本合同进行或与本合同有关的双方之间的任何法律诉讼中，每一方明示放弃以主权国豁免权为理由的任何其他辩护。仲裁员的任何裁决应可由对败诉方行驶管辖权或对败诉方资产所在地行使管辖权的任何法院执行，同时也按照《(1958年)联合国承认及执行外国仲裁裁决公约》(但中国声明保留的除外)执行。

3. 词性转换

英汉分属于两种不同的语系，同时二者在语言使用习惯上存在着很大的差异性，这对英汉互译提出了挑战。英汉两种语言在使用过程中并非一一对应，因此在翻译中恰当转换词性进行本土化翻译十分重要。

但是需要注意的是，翻译过程中的词性转换并不是随意的，而是需要遵循一定的原则。词性转换应该在不违背原文含义的基础上，最大限度地使译文简洁流畅。在法律文本翻译过程中，应该根据具体的文章特点采用灵活的词性转换策略。例如：

【例1】This agreement is subject to the approval of the examination and approval authority before it shall become effective.

【译文】本协议须经审批部门批准后方能生效。

【例2】The rights conferred upon the respective parties by the provisions of this Clause are additional to and do not prejudice any other rights the respective parties may have.

【译文】本条款规定赋予各方的权利，是对各方可能享有的其他权利的补充，而不是损害。

4. 增补

增补即在原文字面含义的基础上添加必要的单词、词组或句子，以使译文在语法、语义、语言形式上更符合原文的实际含义，并使译文的意思表达得更完整、严谨、清晰。尽管增补法看起来增加了原文字面中没有的含义，但实际上却是忠实了原文，保证了译文的质量。例如：

【例】Notwithstanding the foregoing, a Party hereby waives its preemptive right in the case of any assignment of all or part of the other Party's registered capital to an affiliate of the other Party.

【译文】尽管有上述规定，如果一方将其全部或部分注册资本转让给一家关联公司，另一方则在此放弃其优先购买权。

5. 省略

由于英汉语言在表达习惯、文化等方面有较大的差异，因而翻译时除了增补适当的词语之外，还要适当省略某些语言成分。省略即将原文中所有该表达的，但却在译文中多余的内容省略不译的方法。需要指出的是，省略是减词不减意，目的是更符合译语的表达习惯，使译文意思更明确，文字更加流畅。例如：

【例】Whoever commits arson, breaches a dike, causes explosion, spreads poison or uses other dangerous means to sabotage any factory, mine, oilfield, harbor, river, water source, warehouse, house, forest, farm, thrashing grounds, pasture, key pipeline, public building or any other public or private property, thereby endangering public security but causing no serious consequences shall be sentenced to fixed-term imprisonment of not less than three years but not more than ten years.

【译文】放火、决堤、爆炸、投毒或者以其他危险方法破坏工厂、矿场、油田、港口、河流、水源、仓库、住宅、森林、农场、谷场、牧场、重要管道、公共建筑物或者其他公私财产，危害公共安全，尚未造成严重后果的，处 3 年以上 10 年以下有期徒刑。

6. 调整语序

英语在表达上习惯将句子的重点和中心放在句首，开门见山，点明主体。但是汉语是一种含蓄性的语言，习惯将中心思想放到句中或段尾。明确了这个特点，在翻译过程中，译者就需要根据具体情况进行语序上的调整。调整语序就是按照译语的表达方式，依照时间先后、逻辑关系将源语的顺序加以改变，有时甚至需要全部打乱，重新排列。这样能够使译文更符合目的语的表达习惯，表达更清晰。例如：

【例 1】Subject to its right to take reasonable measures for the exploration of the continental shelf, the exploitation of its natural resources and the prevention, reduction and control of pollution from pipelines, the coastal state may not impede the laying or maintenance of such cables or lines.

【译文】沿海国除为勘探大陆架，开发其自然资源和防止、减少与控制管道造成的污染有权采取合理措施外，对于铺设或维护海底电缆或管道不得加以阻碍。

【例2】The Company will retain its full power and authority to use such inventory and assets and to continue to conduct its business after the transfer of the Purchased interest and will not violate any PRC laws and regulations.

【译文】本公司将保留使用上述存货和资产以及在转移购买权益后继续经营其业务的充分权力和授权，并且不会违反任何中国法律和条例。

【例3】Any clause, covenanter agreement in a contract of carriage relieving the carrier or the ship from liability for loss or damage to, or in connection with, goods arising from negligence, fault or failure in duties and obligations provided in this article or lessening such liability otherwise than provided in these rules shall be null and void and no effect.

【译文】运输契约中任何条款、约定或协议，凡解除承运人或船舶由于疏忽、过失或未履行本条款规定的责任和义务，而引起货物或关于货物的丢失或损害责任的，或在本公约外减轻这种责任的，都应作废或无效。

7. 长句拆译

英语法律文献中存在较多信息量较大的长句。翻译时，如果不能理清各个句子的复杂关系就不可能译得正确、通顺、自然。因此，翻译长句时译者应考虑使用拆分法，即切断原文句子，化长为短，或者将原文拆散，重新组织。例如：

【例1】If the Respondent applies to the court for it to consider the Respondent's financial position after the divorce, the decree nisi cannot be made absolute unless the court is satisfied that the Petitioner had made or will make proper financial provision for the Respondent. or else that the Petitioner should not be required to make any financial provision for the Respondent.

【译文】倘若答辩人提出申请，要求法庭考虑其离婚后的经济状况，则法庭须事先认为呈请人已经提供或将会提供给答辩人妥善的经济援助，方可将暂准离婚令正式确定为最终/绝对离婚令。倘若答辩人没有提出如此申请，则呈请人无须给予答辩人任何经济援助。

【例2】Although there is still room for improvement in terms of legal and regulatory frameworks to govern areas such as crimes in cyberspace and Internet related intellectual property rights, it is hoped that an increasing use of digital signature contracting, enforceable electronic records and ecert (encipherment) encrypted communication all under the Electronic Transactions Ordinance, will see the Ordinance as it now applies to cyberspace and the Code (albeit only disciplinary) helping to bring a regulated environment conducive to the smooth development of the best in e-commerce which will give Hong Kong the competitive edge.

【译文】尽管某些范畴（例如计算机世界罪行以及与互联网有关的知识产权权益）的法律和监管架构仍有改进的余地，但笔者仍寄希望，随着人们日渐频繁地根据《电子交易条例》而以数码签署订立和约、使用可予强制执行的电子记录以及进行经电子证书加密的通信，现时适用于计算机世界的《条例》及（纵使只属纪律性质的）《守则》将有助营造合适监控的环境，让最佳的电子商贸得以在香港顺利发展，从而提升香港的竞争力。

总之，翻译要根据不同文体的特点来确定翻译方法。"似乎可以按照不同文体，定不同译法。例如信息类译意，文艺类译文，通知、广告类译体，等等。所谓意，是指内容、事实、数据等等，需力求准确，表达法要符合当代国际习惯。所谓文，是指作家个人的感情色彩、文学手法、结构形式等等，需力求保持原貌，因此常须直译。所谓体，是指格式、方式、措辞等等，需力求该体在该语中的惯例，绝不能'以我为主'，把商品广告译成火气甚重的政治宣传品等等。"（王佐良，1997）语篇类型的差异也使翻译活动呈现不同的特点。不同的语言对组也会出现不同的信息传译规律，这些都必然会在翻译教学中体现出来，我们要分门别类地加以对待。笔译和口译需分开教，英译汉和汉译英也不宜混为一谈，按不同的语篇类型实施培训，如科技翻译、法律翻译，也已经有所实践。王先生说出了翻译不同的文体所应该注意的重点，他的话在今天仍然有着指导意义。

第六章 英语翻译教学方法的创新实践

第一节 任务教学法的运用

任务型翻译教学模式是一种以学生为中心，教师根据学生的实际水平设计任务，创设真实的或类似于真实的学习情境，引导学生利用信息资源进行可理解输入，可理解输出，协作学习，主动完成任务，以实现意义建构，提高学生翻译能力的相对稳定的操作性框架。该模式反映了外语教学从关注教法到关注学法，从以教师为中心到以学生为中心，从注重语言本身到注重语言习得的转变。这一模式既强调语言形式，又注重它的意义，将语言的用法、用途融为一体，具有较强的操作性，因而是对我国传统教学模式的一种革新，必将为培养更多适应新世纪发展需要的翻译人才奠定坚实的基础。

一、任务型翻译教学法概述

任务型语言教学（Task-based Language Teaching，TBLT）是 20 世纪 80 年代外语教学法研究者提出来的又一个有重大影响的语言教学理论。它主要以二语习得理论、心理语言学理论和社会构建理论为坚实的理论基础，以学生为中心设计具有明确目标的真实任务，激发学生的学习兴趣，提高其参与互动性，促使学生积极主动地使用语言，协作学习，主动完成任务，以实现意义建构，提高学生的翻译能力。

（一）任务的定义

许多学者分别从任务的范围（主要指涉及语言的任务）、视角（任务设计者的角度还是活动参与者的角度）、真实性（现实生活中有意义的活动）、语言技能（可能会涉及语言的任何技能）、心理认知过程（如领悟、使用、输出、互动、推理等）、结果（注重任务的实际完成）等方面对任务的定义进行了阐释。如朗（Long）从非语言学的角度把任务定义为自己或他人从事的一种有偿或无偿的工作，即人们在日常生活、工作、游玩中所做的各种各样的事情。理查兹、普拉特和韦伯（Richards，Platts & Weber）从语言教育学的角度给任务下的定义为"任务是指学习者在处理和理解语言的基础上完成的一项行动或活动。"布林（Breen）给出的定义是"任务是任何促进语言学习的工作计划，它具有特定的目标、恰当的内容、规定的程序和一系列的结果等基本组成部分。"大卫·纽南（David Nunan）在综合各家观点的基础上，把交际任务的定义概括为"交际任务是指学生在学习目的语的过程中领悟、使用、输出目的语和用目的语互动的课堂交际活动，在这些交际活动中，学生重点关注的是表达意义，而非操练语言形式。"拜盖特、斯凯恩和斯维因（Bygate，Skehan & Swain）对任务的定义是"任务是要求学生使用语言为达到某个目的而完成的一项活动，活动的过程中强调意义的表达。"埃利斯（Ellis）对任务的定义是"任务是那些主要以表达意义为目的的语言运用活动。"尽管各家说法不一，但任务都涉及语言的实际运用。学生共同努力，相互协助，一起完成任务，这一过程就是模拟真实世界的体验过程，这充分激发了学生的学习积极性和能动性，而学生在社会交往中通过分享信息解决问题并向同一个目标努力时，学习效果最好。

（二）任务的特征

根据斯凯恩提出的任务构成要素（意义首要，解决交际问题，真实活动，关注任务完成，评价取决于结果）（Skehan，1998），结合其他学者的观点，笔者认为，任务作为一种课堂教学活动应具有以下特征。

（1）完成各种真实的生活、学习、工作等有意义的任务，促使学生运用真实的语言。

（2）学生使用语言完成任务时，关注的重点是意义的表达而不是语言形式的操练，即重视学生如何沟通信息，而不强调学生使用何种语言形式。

（3）在教学过程中，任务可以涉及四种语言技能的一项或多项，包括各种增加语言知识和发展语言技能的练习活动。

（4）任务必须有具体的结果，即完成任务最受关注，至于如何完成及完成的情况次之。

（5）任务的评价取决于结果，任务完成的结果是评估任务是否成功的依据。斯凯恩指出，设计任务时应尽量避免：只是让学生鹦鹉学舌；仅展示语言；追求一致，与人雷同；机械性的操练以及为了特定句型结构硬把语言插入材料中。威利斯（Willis）给我们提出了一些问题，借以鉴定设计的活动是否为真正的任务：

"能激发学生的兴趣吗？主要关注的是意义吗？有完成结果吗？活动的成功是以结果来评判的吗？任务完成是否优先？和现实的真实活动相关吗？"得到肯定的回答越多，就越接近真实的任务。了解任务的正面、反面特征，以上面的标准为指导，有助于设计真实、有意义、操作性强的活动，使学生有机会自由地选择生活中实际使用的语言完成任务。

二、任务型翻译教学模式的教学原则

（一）坚持以学生为中心

这一原则是指在任务型翻译教学模式中，教师要以学生为中心，引导学生充分发挥其在认识和实践中的主体作用。学生是知识建构的主体，学生的认知参与、主动思考直接影响任务的完成。离开学生积极主动的参与，任何学习都是无效的。教是为学而存在，为学而服务的。教师的主导作用必须也必然有一个落脚点，这个落脚点只能是学生的学习。所以，教师一定要注重发挥学生的主体性，以学生为中心，从学生的需要和兴趣出发，根据学生的实际水平，设计不同的任务，创设适当的学习情境，引导他们积极利用多种信息资源，与学习伙伴合作、协商，共同完成任务。教师必须激发学生的参与意识，为其提供参与机会，最大限度地发挥学生的主观能动性。翻译知识和技巧是由学生通过主动探索、思考、实践等过程亲身体验和探究获得的，教师只是探究的组织者、指导者、促进者和评价者。

（二）坚持以任务为主线

任务型翻译教学模式区别于其他教学模式的根本点就在于它强调以各种各样的任务为主线，强调采用具有明确目标的"任务"来帮助学生更主动地学习和运用语言。所谓任务，就是一种活动，具有以意义为主、有某种交际问题需要解决、与真实世界的活动有某种联系、完成任务优先、以结果评估任务五个特征。就任务型翻译教学而言，任务的内容主要有对比英汉语言文化，认知翻译理论和技巧，积累各种文体的翻译实践经验。任务型翻译教学要求教师以任务为主线组织教学，自始至终引导学生通过完成具体任务驱动学生学习翻译，获得和积累相应的翻译知识和技巧，锻炼和提高翻译能力。总之，该模式重视学生在执行任务过程中的参与和协作，重视学生在完成任务过程中的能力和策略培养。学生在学习时首先考虑的是如何完成学习任务，而不是学会某种语言形式。所谋求的目标不再是机械的语言训练，而是实际翻译能力的培养。

（三）坚持协作互动的方式

任务型翻译教学模式不仅重视培养学生独立探究的精神，还重视培养学生的协作精神，力图使学生在完成任务的过程中，通过学生、师生多向互动、协作，通过意义磋商、交流、大量的语言输入和输出，培养和发展实际翻译能力。任务的完成过程是协作互动的过程。一方面，协作互动有助于学生建立对任务更为全面的理解，加深对意义的建构；另一方面，协作互动会使学生产生让别人明白自己表达的需求和达到这一目的的喜悦，有助于激活其学习动机，让其通过与他人的协作互动，从事大量翻译实践，积累翻译知识和技巧。任务型翻译教学强调协作互动学习的重要性，将学生个人之间的竞争转化为学习共同体之间的竞争，培养了学生之间的协作精神和团队精神，也弥补了一个教师难以应对众多有差异的学生的不足，真正实现使每个学生都能得到发展的目标。

（四）坚持以学习情境为前提

情境是指一定的社会文化背景。学习情境对翻译知识和技巧的建构起着重要作用，不同的学习情境对翻译理论的理解与建构、翻译技巧的选择与使用都会产生重大影响。真正的、完整的翻译知识只能在真实或类似于真实的学习情景中才能获得，翻译技巧的实际掌握也必须在真实或类似于真实的学习情景中才能体现。因此，在任务型翻译教学中，创设适当的（真实或类似于真实的）学习情境有助于学生翻译理论与实践的结合，有利于提高学生的实际翻译能力。换言之，教师应在设计任务时尽力创设真实或接近真实的情境，将课堂内的翻译学习与当前的社会文化背景相结合，让学生置身于贴近自己生活的语境中，通过完成任务，深刻地感受翻译学习与自己生活实践的紧密联系，从而激发他们自主、协作学习翻译的兴趣和学好翻译的信心，促进其实际翻译能力的提高。

三、任务型翻译教学模式的教学结构

任务型翻译教学模式的教学结构主要包括任务准备、导入、实施、巩固四个基本环节。这四个基本环节是贯彻教学原则、完成教学任务的有效保证，是既相对独立，又相互衔接、相互影响的有机结合整体，教师在实际操作中要注意它们之间的相互联系和制约。

（一）任务准备环节

任务准备环节主要是指教师从学生的需要和兴趣出发，结合社会对翻译人才的需求，从学生学习的角度，根据学生不同层次的水平，精心设计各种任务。任务的选择和设计是该模式得以顺利进行的关键，其具体设计应把握下列要求。

1. 任务涵盖的范畴应广泛

任务涉及的领域应从传统的文学作品翻译扩展至经贸、科技、外交、军事翻译。同时任务的范畴还应囊括翻译理论与技巧的学习，即教师应根据专业特点、社会需求和学生的认知现状选择一些理论和技巧引导学生学习，让学生有意识地

运用理论指导实践。另外，任务的设计还应注意语言形式与意义的结合。

2. 任务的内容应具真实性或类似真实性

任务的内容应贴近学生生活和学习经历，与现实世界有某种联系。这种联系不应是笼统的，而是具体的，能引起学生的共鸣和兴趣，激发学生积极参与的欲望。所涉及的情境和语言形式等要符合实际的功能和规律，使学生在一种自然、真实或类似真实的情境中体会翻译知识和技巧的应用。

3. 任务的难度应根据学生的实际水平由易到难，重视个体差异

教师应利用问卷调查、水平测试、座谈交流等多种形式了解学生的实际水平，以此为基础设计学习任务。任务的设计应符合学生的认知规律，由简单到复杂，层层深入，前后相连，形成由初级任务向高级任务以及高级任务涵盖初级任务的循环，构成"任务环"，使教学呈阶梯式递进。

4. 完成任务的形式应具多样性

学生可采取自主、结对或小组协作等形式完成任务，可通过传统的图片、纸质材料等形式完成任务，也可大量运用现代技术，通过录像、光碟、多媒体课件、网络论坛等形式完成，还可以通过参与具体的社会实践来完成。

（二）任务导入环节

在任务导入环节，教师按照任务设计，利用图片、录像、背景材料等创设情境，做一些激发学生学习兴趣的"热身"活动，吸引学生的注意力，让学生在十分活跃、轻松愉快的气氛中进入翻译学习，使其能够恰当地运用完成任务所需的关键性知识和技巧另外教师还应该为学生提供必要的输入，介绍任务要求和实施步骤，为后续环节做好铺垫。这一环节主要分以下几个步骤进行。

1. 在开始执行学习任务之前，教师应引导学生复习与任务有关的已掌握的知识和技巧

教师应尽量让学生想起与任务相关的背景知识，减轻其认知加工负担，为学生开展学习任务扫清障碍。教师可采用多种方式引导复习，如课堂提问、经验交流、多媒体课件等。

2. 对学生不熟悉的有关学习任务的话题进行提示

例如，教师应向学生提示任务中所涉及文体的特定翻译技巧、所涉及的某些关键词的翻译。提示的内容与任务的完成密切相关，提示的方式根据教学实际可以是直接、明确的，也可以是间接、含蓄的。

3. 教师应组织学生结对或划分学习小组，组成学习共同体

教师向学生布置学习任务，使其理解、明确任务的内容、目标、完成时间及完成后应取得的成果。教师在布置学习任务时的指令性课堂语言一定要简单明了，

学习任务的目标越具体越好。

（三）任务实施环节

任务实施环节强调"做中学"的原则，让学生为特定的学习目的去实践特定的任务，通过完成特定的任务获得和积累翻译知识与技巧。教师可利用国内外的学术会议、记者招待会等活动的同传录像、光碟模拟翻译现场，引导学生从事互译实践，让学生通过完成任务提高翻译能力。该环节主要由执行任务、准备报告和汇报评价三部分组成，学生之间、师生之间采取不同的交互方式，各自扮演不同的角色。

1. 执行任务

学生以个人、结对或小组的形式执行各项任务。

任务型翻译教学模式要确保每个学生都有事做，每个学生在执行任务的过程中都应有明确的分工，都应有大量从事翻译实践的机会和充分表现自己的机会，每个学生都应参加具体的任务活动。教师监督、鼓励学生参与学习任务，但并不直接讲授，只是提出思考方向，让学生自己探索，或指出几种可能，由学生自主判断。

2. 准备报告

学生准备以口头或笔头的方式向全班或小组报告任务完成情况和任务完成结果。

他们可将汇报内容设计为纸质、录音、录像、多媒体课件等形式，以便能更生动形象地向全班或小组进行汇报。教师应使学生明确汇报目的，组织学生积极讨论，集思广益，在学生无法继续执行任务时，给予适当的提示或帮助。

3. 汇报评价

学生向全班或小组报告任务完成情况和结果。

在此基础上，以学生自评、小组互评、教师总评等多种形式，多层次、多角度地比较、分析、评价、补充学生任务完成的结果，总结翻译知识与技巧，探寻翻译规律。教师可扮演主持人的角色，并挑选发言者，对学生完成任务取得的成绩及时予以肯定，尊重学生的意见，鼓励学生的创造性，并提醒学生注意语言形式与意义的结合。

（四）任务巩固环节

任务活动不能仅限于课堂教学，还应延伸到课堂之外，以巩固旧知、预习新知，这是任务型翻译教学模式的最后环节，即任务巩固环节。该环节是学生完成翻译知识迁移，将所学知识灵活运用于实际生活的关键环节，主要有课外作业与第二课堂两种形式。课外作业和第二课堂的内容都应与课堂学习任务及学生生活经历有关，既复习和强化学生所学知识，变机械学习为有意义的学习，又为他们提供了展示个性和能力的舞台。

1. 课外作业

根据课堂任务内容及学生生活经历，教师向个人或小组布置课外作业，使课外作业与课堂教学融为一体。作业题材应适量、多样化，遵循学生的认知规律，难易适度，具有针对性和开放性，能对教学起到反馈作用。教师可向学生推荐参考文献，指导他们课外阅读与课堂任务有关的资料，也可选择与课堂任务有关的内容让学生在课外继续巩固练习。

2. 第二课堂

第二课堂的内容应新颖，但也不是不切实际地被凭空安排，而是应该与课堂任务内容及学生生活经历紧密相关，能巩固课堂任务内容，顺应学生主观愿望，增强学生的思维活力和创造能力。第二课堂的形式应灵活多样，教师可通过组织学生举办翻译竞赛、向报纸杂志投稿、参加各种翻译社会实践等多种形式，为学生提供和创造丰富的学习、实践机会。

第二节　合作学习法的运用

20 世纪中叶，许多学者提出以学生为核心的教学新理念，建立在该理念之上的"合作学习"方法作为一种全新的教学模式，被应用于多种课程教学中，并取得了良好的效果。合作学习理论主张将不同能力和特点的学生划分为若干小组，通过开展多种学习活动，促进学生对所学科目的理解。在合作学习中，教师与学生的角色作用与传统翻译教学中的有所不同。这种教学模式是以学生为中心的，教师起辅助与管理引导的作用。只有所有小组成员都达到了预期的学习目的，学习任务才能算是真正被完成了。将合作学习法运用于翻译教学中将极大地提高学生学习的积极性。

一、合作学习法概述

合作学习法是一种把学生以团体形式组织起来的集体学习方法。它是一种系统的小组合作学习方法。Nunan 将这种学习方法归于经验语言学习模式（Experiential Language Learning）。合作性学习策略强调团体合作，以学生为中心来组织教学活动，强调学生的自我及互相指导、个性发展、内在动机及合作意识。成员之间的合作动机和信息差距（information gap）是合作得以进行的基础，合作学习的目的是使各方在合作过程中获取有价值的信息，以弥补自身在信息、知识和能力等方面的不足，并获得心理上的满足和快乐。合作者要遵循一定的原则，即合作各方为达成共同的学习目标需要进行多方面的配合。合作式学习必须具备五个特点。第一，学生有与他人合作以完成任务的心理需求。第二，学生有能力总结、提供和接收各种解释性信息并通过以往的学习经验来完成互动活动和口头交流。第三，学生必须能各自独立学习语言材料并帮助他人学习语言材料。第四，学生必须练习社交技能，如鼓励他人，在不伤害对方感情的前提下表达自己的不同意见，轮流参加活动以及解决冲突等社交技巧。第五，必须给予学生机会去分析自己的小组如何更好地运作以及如何运用社交技巧。合作学习法源于早期的希腊，在西方教育界，大多数教师采用这种模式来组织课堂学习。采取合作学习法基于五个理由：体现学生积极的彼此独立性；保证学生的参与；促进学生—教师—学生之间的互动；有助于培养社交技能；有利于探索和实施小组活动的运行模式。近年来，我国也有一些外语教师将合作学习法引入课堂，取得了良好的效果。

二、合作学习对学生所起的作用

合作学习打破了传统的教学模式，在教学中营造一种协作式的温馨轻松的学习氛围，有利于激发学生求知的本性、发挥学生自身的潜能，也有利于学生共同学习、互相激励、互相促进。合作学习的好处可以归纳为五点：增加学生使用目的语的总量；提高学生使用目的语的质量；为学生提供更多接受个别指导的机会；使学生拥有学习语言的轻松环境；提高学生的学习积极性。

笔者结合自己的教学实际，将合作学习对学生的作用概括为以下四点。

（一）增强学生的自信和自尊

在合作学习中，学生可以学会互相依赖、互相鼓励，感到安全、放松，克服学习中的焦虑感。学生在练习和对自己"译法"的自圆其说中会建立起自信。通过教师的不断鼓励以及小组成员间的相互激励与通力协作，合作学习更容易使学生在竞争环境中保持自信和自尊，从而使他们更愿意尝试新的任务并取得更优异的成绩。

（二）激发学生的学习热情

孔子曰："三人行，必有我师。"学生不仅可以从教师的教学中汲取知识，也可以在合作学习中通过同伴获得知识。在合作小组中，学生相互支持和配合，实现的是互动式、协作式的学习，不同层次的学生拥有了更多参与学习的机会，这就促进了学生之间的交流和沟通，增强了他们的学习自主性。成员间的相互支持和鼓励对缺乏学习兴趣或安全感的学生来说无疑是一种强大的动力，能够促使他们努力学习，配合小组完成相应的学习任务。

（三）提高学生的人际交往能力

人际交往能力是指在一个团体内部与他人和谐相处的能力。培养学生的人际交往能力是高等教育的一个重要目标。现代社会离不开开放的社会人际交往。一个团队就是一个微观的社会。良好的人际交往能力和人际关系是生存和发展的必要条件。合作学习能为学生提供广阔的交际空间，对交际能力的培养具有极大的促进作用。团队成员通过互动协作可以加强彼此思想、感情、信息的交流和沟通，学会正确处理人与人之间的关系，提高合作共事的能力，达到互赢互利。

（四）培养学生的团队合作精神

在 21 世纪的信息社会，全球性的各种相互依赖的活动更加频繁，对学生来说，学会积极地相互依存、面对面地合作显得尤为重要。合作学习在教学中强调培养学生的团队合作精神。团队合作精神是一个优秀团队的灵魂，是成功的基础。团队成员有对团队目标的认同感，有对实现团队共同目标的责任感，有认可自己是团队一员的强烈归属感，有愿意合作并善于合作的意识。在合作学习中，每位团队成员可以学会信任和尊重他人，学会欣赏和包容他人，不仅培养了责任心，还培养了协调合作的能力、整体意识和全局观念，团队成员都懂得了要不遗余力地为实现整个团队的目标而共同努力。

三、合作学习理论在英语专业翻译教学中的运用

合作学习在教学中强调学生个体之间的相互支持和配合，实现的是互动式、协作式的学习，可以为层次不同的学生提供参与学习的机会，促进师生之间、生生之间的交流和沟通，并培养学生的自主学习能力和团队合作精神。翻译教学中的合作学习应包括以下几个步骤。

第一，教师精讲。教师要把握翻译课的教学目的和学习要点，精要地讲解翻译教学内容中的重点、难点和技巧，为合作学习做好准备。

第二，学生参与。教师把班上的同学分成几个组，以每组 6 ~ 7 人为宜，每级各选出一名组长，确定组长和成员的职责，由组长组织本组成员按教师的要求开展工作。

第三，小组讨论。各小组领到任务后，组织组员就主题内容进行交流和讨论，发表自己的见解，互相交流信息和思想，选出最佳答案，教师可做适当的引导和帮助。

第四，小组报告。经过大家的讨论后，组长或选派出的某个组员代表小组发

言，在班上汇报本组讨论的结果。

第五，分析评价。教师要客观公正地对小组报告进行分析与评价，采用科学的检测指标和评分标准来检验学生的合作学习成果，这一步骤既要体现合作学习的效果，也要体现个人努力的过程。

合作学习在教学中处处可寻，贯穿在整个翻译教学的过程中。教师积极倡导学生参与到课堂的学习和讨论中来；学生也喜欢这种团结合作、参与竞争的学习方式。合作学习在翻译教学中可以通过以下几种方式进行。

（一）课前的合作学习（Cooperation Before Class）

教师在上第一堂课之前，可让学生谈谈对翻译的初步认识和了解，比如希望在翻译课上学到什么内容、想让自己在翻译水平上达到哪个层次、对翻译课有何具体要求与疑问、在哪些文体上需要加强训练，学生可分组讨论后以书面形式上交教师。教师可根据学生反映的较为普遍的问题，结合自己的教学经验和该学期的教学目标确定教学计划和内容。教师有时可将某些教学内容在上课之前发给学生，让其做预习并分组讨论，让学生注意翻译中英汉两种语言表达的不同，实现从读者到译者的转变。学生在翻译过程中遇到问题时可及时将其记录下来，带着问题来上课。教师还可让学生在课前以个人形式完成翻译材料中好词佳句的摘录工作，包括名人名言、谚语、格言、警句，或者小说、散文或诗歌中的片段，然后让学生分小组在课前进行介绍交流，选出小组中的最佳代表与作品参加课内陈述报告（presentation）的演示。

（二）课内的合作学习（Cooperation in Class）

1. 陈述报告

教师可以让学生在翻译课堂上做陈述报告，这是一种锻炼学生综合能力的重要形式。可根据具体情况确定做陈述报告的次数。笔者的做法是将班上的学生按6～7人一组分成几个组（从性别、学习层次及性格等方面进行搭配），每组由一名组长负责，按组次轮流在每次翻译课上做一次报告。教师对这样的小组活动要说明要求、指导方法及注意事项，杜绝学生偷懒甚至走入学习的误区。课堂上的陈述报告是学生在课前选出的最佳代表完成的作品，教师在推出翻译材料之前可适当介绍一下背景知识，然后就材料本身请同学们进行分组讨论，提交自己的译文。这种训练方式既培养了学生的听说能力，又提高了翻译能力，还让学生在学习技能上得到了锻炼。

2. 小组讨论（Group Discussion）

合作学习不但需要小组成员互相交流思想和信息，还需要成员互相合作后确定一个或多个讨论结果。小组讨论这种活动方式比较有利于培养学生对教师、同学及翻译材料的正确认识，有助于学生在交流中体会到与同学合作的乐趣，促进其交际水平的提高。在这一环节中，教师确定讨论的内容，可讨论某次翻译作业、某个话题、某个语篇。组内成员既要有分工也要有合作，先完成自己该承担的部分，再与其他成员对接，积极参与到讨论、提问和回答问题中来。教师要给予学生一定的时间限制，在这一时间范围内一般不要打断学生的发言，以免打击学生的学习积极性。但教师如果发现讨论偏离了主题，就要及时介入，夺回话语权，保证小组讨论的有效性。

3. 小组练习（Group Exercise）

翻译教学是一门理论与实践相结合的学科，在教师讲完一些翻译理论和技巧后，就要有意识地给学生布置一些翻译练习让他们在课堂上完成。教师可结合学生实际，选择一些既能引起学生兴趣又能达到练习目的的课内外材料，如具有代表性的一些段落或篇章。教师要让学生经历人人准备、共同讨论、集体修改、汇总定稿的过程，让学生真正做到相互学习、取长补短、集思广益。在练习过程中，教师还要指导他们正确地使用工具书，提高翻译速度，训练全译、摘译及编译等方面的能力。

4. 小组评价（Group Evaluation）

评价是学习过程中的一个十分重要的环节，让学生参与评价，不仅可以改变他们在传统教学中的被动地位，还可以使其从评价中得到启发，找出改进的方法，提高翻译能力。小组评价就是让学生相互交换翻译练习或作品并提出修改意见和建议的小组活动。在评价和批改中加深学生对错误的认识，增加同学之间相互学习和交流的机会，锻炼发现和解决问题的能力。小组评价还能使学生由被动接受知识转变为主动学习知识，有助于发挥学生学习的积极性和创造性，在不断完善译文质量的同时，也可以适当地减轻教师逐个批改作业的负担。

5. 讲评总结（Summary）

教师对每组学生的翻译练习要给予讲评，把练习中出现的普遍性问题在课堂上重点讲评，讲评时指出问题出现的原因所在，总结规律，寻求解决问题的最佳策略。教师既要帮助学生发现错误、纠正错误，又要肯定和保留学生译文的可取之处，还可印发优秀的翻译作品，供学生借鉴和学习。教师要让学生正确地理解英、汉语在语言表达上的差异与各自的特点，多给予学生鼓励和引导，帮助其树立自信心，提高翻译能力。教师在讲评中还要总结学生每次合作学习的优势和不足，制定合理的"合作原则"，提高合作学习的效率。

（三）课后的合作学习（Cooperation after Class）

课堂上的时间十分有限，有时学生可以在课后解决一些在课堂内处理不完的翻译材料，课后的合作学习是课内合作学习的延伸和发展。在课后的合作学习中教师可让学生完成以下几方面的内容。

1. 理论学习

教师可以发放翻译理论的基础知识、翻译界的最新动态、翻译研究的发展与方向等材料给学生，让学生分组讨论教师提出的问题，写成书面报告，上交给教师供其审阅。学生可从中了解一些与翻译相关的知识，从而拓宽翻译学习的视野。

2. 佳作赏析

教师可以给每个小组推荐翻译名家的作品，如小说和戏剧的片段、散文、诗歌，让学生阅读和鉴赏译文佳作，体会翻译的"美"，从文学素养上提高语言表达能力，为进一步学好翻译奠定语言基础。

3. 小组辩论

辩论是一种极具挑战性和竞争性的活动，在一定范围内开展小组之间的辩论可以锻炼学生的思辨能力与语言表达能力。教师利用课余时间在每两个小组间进行翻译辩论，其他组的同学当听众和评判员，可使全体学生受益匪浅。

4. 竞赛活动

开展翻译小组之间的比赛能激发学生的学习兴趣，使学生通过对比来发现问题，提高合作学习的效果。教师要给胜出的小组一定的奖励，让其体验成功的喜悦；对失败的小组也要鼓励，希望他们在失败中总结经验，为下一次竞赛的成功做好准备。

第三节　互动教学法的运用

学习就是一种互动过程，是一种协作习得的过程。建立翻译课程互动教学模式，符合学生对事物的认知规律。这种教学模式一旦建立，至少将会产生这些效果：学生真正成为学习的主体和中心，更能被激发学习的兴趣和动机；学生全程参与互动，在此过程中，更能培养自己的批判性思维，更易于形成个体的学习风格；在互相协助的过程中，学生会逐渐消除学习中的紧张焦虑情绪，提高学习效率；教师在互动中是协调者、促进者、资源顾问，在互动的过程中可以帮助学生提高翻译能力。也就是说，教师最终让学生收获的不仅仅是翻译的理论知识和具体的翻译技巧，还有独立的工作能力和翻译能力。

一、互动教学法概述

互动教学思想源于社会学中的互动理论。众所周知，欧洲是人类历史文明发展的摇篮，20世纪的欧洲更是当时社会学研究的故乡，也理所当然地萌发了许多影响重大而深远的理论，如较早的结构功能主义及与其对立的冲突理论和社会学分支研究的相关理论（实证主义社会学、心理主义社会学、社会学主义）。这些理论和思想都深刻地影响着社会学的构建与完善，同时广为流传，影响深远，互动理论正是在这样的历史社会大背景下应运而生的。世界和人是实用主义的两大主题，世界具有不稳定性、选择性、创新性和可能性；人之所以为"人"，主要是通过人与自然、人与社会、人与人之间的相互作用。符号互动论又被称为象征互动论，该理论认为社会不是独立存在的，而是由个体间的互动构成的，当然，我们要了解、探寻社会中存在的各种社会现象，也只能从这些互动行为中寻找，重点在于社会互动过程与社会关系。

米德（Mead，G. H.）被公认为互动理论中最有影响的创始人，他的互动理论的基本思想是，个人、自我、社会均产生持续不断的对话与交往，人类的交往是通过有意义的动作，即有别于非人类的自觉意识的影响，而实现的，动作被行为者赋予了意义，手势也就变成了符号，符号的互动正是人类行为的本质特点。米德的互动论认为互动存在两种不同类型的对话的倾向：首先是"外部世界的对话"，即人与外界（社会、自然、他人）之间的一种互动；其次是"内部世界的对话"，即人自身不同面之间的一种互动。但"符号互动论"一词最早在米德的学生布鲁默（Blumer）名为《米德思想的社会学意义》的著作中被提出，他认为只有"符号互动论"最能体现和概括米德关于互动论的主要思想。

自布鲁默之后，互动论开始在米德和布鲁默研究的基础上展开，并形成了这几个倾向：坚定相对纯粹的"布鲁默主义"的理论立场，坚持解释的意义并对直接的开放的互动做进一步的研究；继续坚持外部环境对行动的意义；进一步发展米德的自我理论；在超越社会与自我之间的障碍方面做出努力。通过对社会学中互动理论的分析，该理论对当今我国教学论的研究至少有四点值得借鉴的地方：第一，将研究视角放在具体的人与人之间的互动上，可以使教学论研究进入具体的课堂环境，可以使我们关注师生的具体行为和具体教学情境，为教师的教学提供切合实际的帮助；第二，就学生的发展而言，传统的教学论总是强调学生的发展是教师行为的结果，忽略了学生本身的知识建构问题，忽略了学生行为的习得和各方面的转化取决于学生自身对外部环境影响的解释、理解与反思，即取决于学生的自我意识；第三，互动理论强调互动是人与环境的作用；第四，互动教学中，不仅要关注学生单方面的进步，而且更为重要的是通过与其他人、事、境的互动促进学生的内在发展和教师自身的可持续发展。

二、多元互动教学的特点

（一）教学因素的互动交融性

在大学英语多元互动教学模式中，各种教学要素不是孤立的，它们紧密相关。大学英语多元互动教学模式是将教学主体、教学手段、教学方法、教学材料、教学环境、教学组织形式、教育政策等多个要素交织为互动的一体并使其协调发展的动态过程。从互动主体上看，教学主体（师生）之间，教学环境（教学政策、教学资源——多媒体网络）与教学主体之间，教学场地（课堂内外）、教学结果与教学过程之间都产生了积极的互动。从互动形式上看，本模式既有显性互动（如师生互动、生生互动、生机互动），也有隐性互动（如教学政策与教学过程之间的互动、学生活动中的文化互动以及课堂上下教师与学生的情感互动、认知互动）。可见，大学英语多元互动教学模式是认知与情感、形式与意义的统一。互动的交融性是该模式的核心特征。

（二）互动的层次性与自主性

多元互动教学模式对学生的学习内容、学习方法、学习过程与进度、网络媒体的使用等不做统一的规定和要求，而是以师生共同制定的"自学—指导"计划为风向标，以互动任务为驱动，充分尊重学生个性，以满足不同层次的学生的需要。同时，多元互动教学要求师生在课前和课中必须做好充分的互动，包括课前学生自身目前的认知水平与以往有关的认知结构之间的互动以形成新的认知结构，学生与学习材料之间的互动，学生与学生之间的合作互动，学生与信息网络之间的互动，师师互动，生生、师生的情感互动、认知互动，知识与实践之间的互动，学生与计算机的在线学习监控、测评措施等的互动，课上师生的行为互动，人机互动，人本互动，师生与教学环境、文化氛围之间的互动。这些都离不开学生充分发挥自己的主观能动性，在很大程度上培养了学生自主探索、互动协作和实践创新的精神。总之，在互动过程中，重视学生的思维主动性成为互动教学关注的焦点。

（三）教学形式的多样开放性

多元互动教学从实质上来说就是要放手让学生做，还课堂于学生，赋予学生学习的自主权与主动权，这就需要学生积极地参与到教学活动中来，促进多元教学要素的有效互动。在此过程中，教师应当转变角色，为学生提供开放的互动环境，采取多样的互动形式，提供全方位的互动内容，引导多层次的互动主体，等等。多元互动教学采用"一纲多本"的教材，在全国统一的教学纲领下，根据地区的差异、学校的差异、学生的差异进行多样化的教学，教材不是一成不变的；

教学也不再是一言堂的灌输式教学，而是赋予学生自主权，强调学生自身内部的互动与学生之间的合作探究学习，教师协助引导，注重学生的主观能动性的培养并使其对自己的学习负责。多元互动教学引导学生学会学习、自主学习和终身学习，这可以为实现学生的全面发展和可持续发展做准备。教学活动形式的多样性与开放性不仅可以使学生积极参与到教学设计中，而且能激发学生的学习兴趣与热情，同时能为学生提供更多的展示机会。

（四）互动结果的互补互惠性

没有互动的教学不能称为真正的教学。互动主体间之所以需要互动是因为互动的双方在本质、能力、环境、性格、背景、思维方式、需求等方面存在个体差异，这为双方的互动提供了必要条件，同时这样的互动行为必定会带来相应的互动结果。互动的结果应当是互动双方通过互补互惠、实现双赢而形成的一种强大的合力，这种合力无疑会大大地提升互动教学的效果。同时互动类型的多样化也使互动结果的互惠互补更加丰富多彩。"以教促学，以学促教""教学相长""生生互助共进"就是我们在教学活动中体现互动、互惠、互补的最鲜活的例子。总之，以牺牲互动某一方的利益而得到教学效果不是真正的互动，互动的目的是互动各方因多元互动而实现多方多赢。

三、翻译课程互动教学模式

那么，怎样来实施互动教学模式呢？如何才能真正做到"任务型"教学呢？如何才能真正做到以学生为中心呢？如何让学生在实践和思索中、在交流和探讨中发现、运用双语转换的规律，从而最终提高翻译能力呢？这就需要教师在整个教学活动中全程开展互动教学，通过教学过程中的师生互动、生生互动、课内互动以及课外互动达到翻译课程的真正目的。现将这一教学模式介绍如下。

（一）课内互动

1. 开学初的课程互动

开学的第一堂翻译课，教师并不用急于向学生灌输翻译史或翻译理论等方面的知识，而是可以与学生交流，了解学生对翻译的认识和理解，了解学生对翻译课程的期待。一般说来，此时学生对翻译难免存在一些误解，比如他们会把翻译简单化，对翻译课程的期待过高，或者将翻译课程当作提高语言能力的后续课程。这时，教师就需要做一些必要的解释，引导学生一开始就树立对翻译的正确认识，为后面的课程教学奠定良好的基础。当然，教师也可以和学生共同商讨课程的要求、作业量以及完成方法。第二学期开学初，教师则可以让学生以书面形式告知教师对哪种文体感兴趣、想尝试翻译哪种文体甚至具体的哪些篇章，说明选择的理由，教师则综合学生的意见、自己的教学经验以及本学期的教学目标进行筛选，最后给出翻译练习的篇目，并给予充分的解释。让学生自己选择翻译的原文，有利于学生形成自己的翻译风格。因为教师的职责不是拿一些满是"陷阱"的文章难倒学生，使学生对翻译产生畏惧感，而是让学生认识到任何一篇文章都可以有各种各样不同的译文，给他们指出各种不同的路径，使他们能够离开教师的扶持而独立工作。

2. 课堂汇报互动

在第一学期介绍翻译流派、翻译技巧等理论知识时，教师不应该唱主角，而是应将任务分配给学生，要求学生以小组为单位收集相关内容，学生课前讨论之后，产生相对统一的见解，每个小组在课堂上派出一名代表进行 5～10 分钟的陈述，组内其他成员可以进行补充和说明。遇到分歧时，小组之间也可以进行一些交流和讨论。这种做法不仅可以让学生感受到教师的信任，增强自我学习和探究的自信心，同时也便于教师了解学生对知识点掌握的情况，进行具有针对性的讲解，有利于学生对知识的消化和吸收，从而大大提高学习效率。

3. 现场模拟互动

在课堂上，教师可以通过选择英文名著对学生的翻译能力加以培养。比如，在《简·爱》两个译本的评析课堂上，教师在导入部分可以选取书中男女主人公一段经典的对白。首先，教师利用多媒体将英文对话部分显示在屏幕上，让两个学生分角色有感情地朗读，然后另外两个学生分角色将对话译成英文，随后 2～3 个同学点评，最后教师做点评，与学生一起探讨翻译的得失，肯定学生的表现，同时指出需要注意的地方。在口译课程训练中，教师可以模拟宴会、记者招待会、商务洽谈会等真实场景。学生在真实的场景中体味翻译的快乐和痛苦，品尝译者的成功和失败，学会琢磨、推敲、应变，这种方式不仅激发了学生的学习热情，克服了学生"等靠要"的思想，而且促进了学生的消化和吸收，在让其"悟"的过程中培养了学生的翻译意识。

（二）课外互动

1. 课前互动

教师将课堂上要讨论的主题事先公布给学生，并给予指导性意见和具体要求，要求学生以小组为单位收集相关的内容，各小组组长将组员的任务细化并上报教师。学生课前就各自收集的资料进行讨论，并充分利用网络课堂。学生课前可以在网络课堂的聊天室里交流，也可以将不能解答或者感到迷惑的问题在网络课堂的留言区以及答疑栏中提出。学生课前在讨论中产生相对统一的见解，然后在课堂上进行小组汇报。这种互动可以让学生在教师的指导下进行探究式学习，不仅能让学生在这一过程中真正领悟翻译，而且有利于初步培养学生的科研能力，为其今后的论文写作以及深造奠定一定的基础。

2. 译前互动

教师在布置篇章翻译作业时，可以先告知学生原文的出处，让学生分析原文的文体、功能，并提醒学生在翻译时注意考虑译文读者的接受情况，恰当地处理译文功能，要求学生查询相关的背景资料。同时，教师也可以和学生一起讨论文章中理解的难点和翻译的难点。这样的译前互动可以避免学生翻译中的部分语言错误，改变传统教学中的"纠错"教法，让学生的注意力转移到翻译技巧的实践中去，从而能够引导学生发挥自己的优势，产生高质量的译文，有效地提高其翻译能力。

3. 译后互动

学生独立完成翻译作业以后，教师不用急于让他们上交，而是可以要求学生以小组为单位，对翻译作业进行互评，在翻译本上写出评阅意见，然后分组讨论，最后每组上交一份自认为比较满意的译文，作为最终成绩。同时，每个学生也上交自己的译文修改本，便于教师把握学生的翻译进展情况。这样做的目的在于：①让学生明白要想产生满意的译文，一定要反复地修改、推敲，让他们养成良好的翻译习惯；②培养学生分析、评判译文的能力；③在学生之间形成互帮互助的氛围，培养团队精神；④改变教师批改翻译作业费时不讨好的局面，因为学生在讨论的过程中基本上可以纠正拼写错误、语法错误，便于让教师集中精力在语篇、文体等方面进行翻译指导，提高教学效果。

4. 译文评析前的互动

这个环节主要指的是学生进行译后互动之后，在规定的网络互动时间内进入翻译网络课堂的聊天室进行师生、生生、组内、组际互动。互动的内容包括翻译过程中的得失、翻译策略选择以及具体的翻译词句探讨。这样做的优势在于：①进一步的交流，有利于学生取长补短，更好地感悟翻译；②给性格内向的学生提供了一个表达自己见解的机会和平台；③便于教师更好地把握学生的情况，在课堂上进行更有针对性的讲解。

（三）互动评估

评估是教学中一个不可或缺的环节，有效的评估体制不仅可以正确评价学生的学习情况，更有利于教师了解学生的学习动态，把握自己的教学状况，从而进行教学方式的调整，不断提高教学质量。翻译课程评估应将形成性评估和互动评估有机地结合起来。

1. 作业互评

作业互评要求学生在译文中留下修改的痕迹，写下评阅意见，并签上评阅者的姓名。教师收上翻译作业后，不仅可以看到学生的学习情况，同时也可以了解评阅学生的译文评判能力。教师根据译文情况以及评阅情况同时给两个学生打分。这一环节中，教师主要根据学生的学习态度打分，其目的在于培养学生良好的翻译习惯和认真负责的翻译态度。

2. 网络互动

网络互动的所有内容会被自动保存下来，评分主要根据学生的参与情况来进行，其目的在于鼓励学生积极思考翻译问题，不断进步。

3. 课堂汇报

课堂汇报评分主要由两部分组成：一个是学生评分；另一个是教师评分。学生评分包括自我评分和他组评分。在所有评分中去掉一个最高分，去掉一个最低分，以最后的平均分为成绩。评估的标准包括：内容（50%）、逻辑（20%）、语音语调（10%）、应变能力（20%）。

4. 翻译作业

翻译作业的批改可以采取两种形式。第一，在一学期中，教师逐个批阅所有学生的作业3次，即学生的第一次作业、期中作业以及期末作业。第一次翻译作业批改可以使教师从整体上把握学生的现有水平，便于实施相应的教学策略。期中作业批阅可以使教师了解学生的进展情况，便于针对出现的情况适当调整教学方法。期末作业批阅便于教师了解学生一学期的收获，总结自己的翻译教学。第二，学生小组讨论后产生一篇自己比较满意的译文，通过网络课堂将其上交；教师课前评阅，课堂上讲解分析译文后给出评分标准，匿名展示每个小组的译文，让学生根据讲评要点和评分标准进行公开打分，并说明理由；最后教师综合情况给出分数。这种评分办法公开透明，有利于发挥老师的引导作用，将理论化、条文化的翻译知识和翻译实践结合起来，从而有利于培养学生的翻译意识和批判性思维能力，提高学生的翻译实践能力。

5. 期末考试

在期末考试中，除了传统的翻译题型以外，教师还可以设计20%的译文评析题，要求学生利用所学翻译理论知识和翻译技能，认真研读所给的原文和2～3个译文，并对译文进行评析，判断其优劣。学生要做到观点鲜明，例证充分，条理清楚，逻辑性强，能够自圆其说。这种考核方式也是评估阶段师生之间的一个互动，这种方式能更全面地评估学生对教学内容的掌握情况和综合运用所学知识的能力。

第四节 项目导向法的运用

"项目导向教学法"是把整个学习过程分解为一个个具体的工程或事件，设计出一个个项目导向教学方案，按行动回路设计教学思路的教学方法。项目导向教学法不仅传授给学生理论知识和操作技能，更重要的是还培养他们的职业能力，这里的能力已不仅是知识能力或者专业能力，而是涵盖了如何解决问题的能力、接纳新知识的学习能力以及与人协作的社会能力。在我国当前的高等教育和职业教育体系中，已经有不少学校和不少专业利用项目导向教学法的模式进行了课程改革，并取得了良好的效果。

一、语言学领域的项目导向教学法

项目导向教学法的概念和意义：项目导向教学法（Project Teaching）最早起源于美国，是由美国著名教育家凯兹教授和加拿大教育家查理教授共同推出的一种以学生为本的教学方法。它是师生通过共同实施一个完整的"项目"而进行的教学活动，是职业教育领域非常典型的行动导向教学组织形式，盛行于德国企业的职业教育领域，并对德国的职业教育产生了巨大影响。在大学教育中，"项目"主要是指以生产具体的、具有实际应用价值的产品为目的的一种任务，它旨在把学生融入有意义的任务完成的过程中，让学生积极地学习，自主地进行知识的构建。它应该满足以下条件：该工作过程用于学习一定的教学内容，具有一定的应用价值；能将某一教学课题的理论知识和实际技能结合起来；与企业实际生产过程或现实商业经营活动有直接的关系；学生有独立制订计划并实施的机会，在一定时间范围内可以自行组织、安排自己的学习行为；有明确而具体的成果展示；学生自己克服、处理在项目工作中出现的困难和问题；项目工作具有一定的难度，要求学生运用新学习的知识、技能解决过去从未遇到过的实际问题；学习结束时，师生共同评价项目工作成果。

根据布里基斯（Bridges，1992）、豪林格（Hallinger，1992）和格兰特（Grant，2002）的定义，项目导向教学体现了以学生为学习主体的教育思想，其基本特征是为学生提供对有价值的课题进行深入研究的机会，让学生身体力行地进行科学研究，在研究工作中体验完整的科学研究过程，形成科学研究意识和获得初步独立进行科学研究的能力。实行"项目导向教学法"需满足几点要求：项目必须是一个有步骤的系统过程；项目所涉及的内容和学生所学专业紧密相关；项目预期目标明确，有实施计划；项目在教师的指导下进行；学生实施项目的情况可以被跟踪观察；项目的最终结果应该是可以评估的；项目应该凸显合作意识。这种项目导向教育思想在西方学校教育中得到了广泛的应用，特别是在理工科专业中已成为美国教育的主流。

项目导向教学在我国基础教育和高校专业教学中也得到了尝试性的应用。有些大学的英语专业（如南开大学外国语学院的英语专业）教学也在开展这种基于项目的教学实践，但其在大学英语教学中仍不多见。从项目内容方面讲，以语言研究为内容的项目导向教学活动更为少见。这主要有两个方面的原因：一是人们认为语言研究是语言学专业教学的事，和语言学专业外的教学无关；二是人们认为自己对自身的语言太熟悉了，不知道有什么可以研究的，看不到语言研究在科学研究通识教育中的价值。其实，根据项目导向教学中关于研究重点不在成果而在过程的要求，语言研究十分适合成为大学英语项目导向教学的内容。首先，语言中的各种现象和事实本身就是最便捷的、唾手可得的研究材料，任何研究者都可以用探索的科研心态获得这些材料；其次，语言本身就是一个奇妙而复杂的有机系统，有其自身的法则和规律，有许多可以研究的地方；最后，人们研究语言时不必通过复杂的实验工具就可以直接感知和观察它。

在项目导向教学中，学习过程成为一个人人参与的创造实践活动，项目导向教学注重的不是最终的结果，而是完成项目的过程。在这个过程中，学生不仅学到了理论知识和操作技能，还获得了一定的职业能力，包括如何解决问题的能力、接纳新知识的学习能力以及与人协作的社会能力等几个方面，而这些能力正是社会对大学毕业生的要求。所以，在大学教育中推行"项目导向教学法"具有十分重要的意义。

二、项目导向教学法对我国传统翻译教学的影响

（一）学生学习兴趣

项目导向教学法能够改变传统翻译教学中教师"一言堂"的教学模式。教师将所开设课程的教学内容设计成具体技能的训练项目，根据项目组织实施教学与考核。这一教学法重点体现了翻译的趣味性与应用性，培养了学生对翻译课程的兴趣和主动性。

（二）课堂学习效果

项目导向教学法能够使学生从被动地接受翻译到主动地翻译，从根本上改变学生的学习及思维习惯，培养学生的主动性、创造性。学生从此不再是被动地学习所谓的翻译技巧，而是主动思考、研究并进行翻译实战，从实战中学习技巧，巩固技巧，熟练掌握技巧，同时学习效果也会事半功倍。

（三）学生未来发展

由于项目导向教学法在实践的过程中引用的都是真实的翻译项目，学生在真正踏入翻译行业之前就已经充分了解并能够驾驭翻译实践。更为重要的是，由于翻译项目都是与当今时代充分接轨的材料，体现了当今社会形势下真实的文化差异，学生能够在不断实践的过程中了解这些信息，真正掌握处理文化差异的翻译方法。这一教学法使学生成为不但具有过硬的专业知识和技能，而且能够促进国际文化交流的全方位的应用型人才。

（四）翻译专业课程教学的长远发展

建立一套全新的、实用的、科学的、系统的翻译教学模式，是翻译专业教学改革的基础，有利于培养大批创新型、技能型应用型翻译人才以及为翻译专业课程教学的长远发展奠定坚实的基础。

三、项目导向教学法在大学英语翻译教学中应用的可行性

项目导向教学法是一种围绕一个具有很强实践性的和接近生活实际的工作活动进行教学过程设计的教学方法，在完成工作活动的过程中，其特别强调学生要尽可能自主完成。从中可以看出，项目导向教学法不仅突出了教学内容的"实践性"和"职业性"，而且强调学生的自我反思能力。与传统的教学方法相比，项目导向教学法打破了传统的知识本位和学科本位，实现了从以教师为中心到以学生发展为中心的转变，有利于培养学生的职业能力。项目导向教学可以分成四个教学阶段：明确项目任务；制订项目计划；实施项目计划；项目成果展示和评估。学生在教师的指导下，从工作活动中或类似工作情景中确定要解决的问题或任务；学生为此共同制订切实可行的解决计划；小组共同努力实施项目计划，解决问题或完成任务；最后，展示各小组的成果，并对项目计划及其成果进行检查评估。项目导向教学法被引进国内后各个学科的教学中得到了广泛应用，在大学教育中也被广泛应用。这一教学法要求教师尽力从工作活动中选取典型项目，着眼于学生未来职业能力的培养，非常有利于解决我国大学教育面临的学制短、要求高、学生基础薄弱等一系列问题，也有利于提高大学教育的质量。翻译课是大学商务英语的一门重要课程，项目导向教学法的合理应用也必将进一步提高翻译教学的效果，促进学生翻译能力的发展。

四、项目导向教学法的实施过程

在教学过程中实施项目导向教学法时，要以学生为中心，充分发挥学生的主动性和创新性，而教师起着指导和协助的作用，负责整个教学的设计和组织。一个完整的项目导向教学的过程一般有四个阶段：项目设计期、项目实施期、项目

展示期和项目总结期。

（一）项目设计期

好项目可以充分调动学生的学习积极性，所以项目的选取非常关键。项目设计最重要的原则就是可实践性，以保证学生可操作并有所收获。因此，项目设计应采用结构化的方法，自上而下、逐步细化。应注意这些事项：①从本校教学资源的实际状况出发，项目要可行；②项目由易到难，难度逐步提高；③进行项目设计时要注意分散重点、难点，要考虑"任务"的大小、知识点的含量、前后的联系等多方面因素；④项目设计要符合学生的特点，充分考虑学生现有的文化知识、认知能力、年龄、兴趣等方面，做到因材施教；⑤以"项目"的方式（即以"布置任务—介绍完成任务的方法—归纳总结"的顺序）引入有关概念，展开教学内容。项目导向教学法的着眼点在于"项目"，而项目的选择要以教学内容为依据。

项目设计以国际商务情景（接待、陪同、洽谈）下商务翻译员或商务助理员的工作任务为线索进行。设计的项目活动载体以一个大学毕业生新入公司后经历的一系列涉外翻译活动为主线，使用各种对应知识点和技能点的案例，覆盖所有工作项目，合成完整、真实的商务译员或助理员的岗位工作任务。

（二）项目实施期

项目制定好后，学生要根据项目细分任务，制定工作计划和步骤，并分组实施。项目的实施按照自下而上、由易到难、逐步完善的原则进行。此时，教师应充分相信学生的能力，让他们自己动手，针对学生计划中的欠缺或不完善处，教师可适当地加以点拨或指导，然后师生合作，共同完善。在实施项目的时候，师生要根据不同的项目选用不同的方法。

对于一些操作比较简单的项目，学生自己可以通过参考书或者其他渠道（网络、实地调查）找方法，根据理论知识进行操作；对于一些操作比较复杂的项目，教师要及时给出相关资料，还应适当提醒学生先做什么、后做什么，必要的时候做一下示范，这样做既可以避免接受能力较差的学生面对较为复杂的项目时束手无策，又能避免学生走不必要的弯路。例如，在公司简介翻译环节中，教师可以通过公司模拟法将全班学生分成四组，以组为单位模拟成立外贸公司，让学生为自己的公司取名，注册国籍和业务范围，设立法人代表，成立董事会，制作公司简介。在此基础上，学生根据教材内容和项目要求，做成演示文稿，在多媒体教室展示，学生相互评价。这样，学生可以通过进行相应的商务模拟实践活动熟悉商务活动环节。

（三）项目展示期

这一阶段以学生作品展示为主、教师点评为辅，其特点是集思广益，拓展思路，鼓励创新。学生可以进行作品欣赏或方法交流，开展一些热门问题的讨论，在思路上得到一些启发，取人之长，补己之短，提高自身水平。这一阶段中教师可以在教学节奏上给学生一些放松的时间，同时教师可以查漏补缺，讲解一些共同的难点和重点，并触类旁通地给出大量应用实例，加深学生对所学知识的理解。

（四）项目总结期

由于学生的学习能力不同，他们对知识的吸收和掌握程度也不同，这容易造成学生成绩的两极分化和教学知识点的操作疏漏。针对这些问题，教师在采用项目导向教学法的时候，要加强课堂小结和对知识点的回顾环节，使学习能力差的同学或操作有疏漏的同学能通过教师的总结和回顾跟上教学进度，全面掌握知识点，达到教学要求。

项目导向教学法设计案例：实地搜集苏州市区著名商标、品牌及商号的英语译文，并分析或纠错（课堂演讲）。

【步骤一】宣布教学内容、目的（时间为 5 分钟）

新课导入项目任务：苏州天成体育用品有限公司市场部经理将赴欧洲寻求合作伙伴，要求其助理根据公司简介整理材料，将公司名称和产品名称等翻译成英文。

【步骤二】知识归纳和操作示范（时间为 40 分钟）

（1）商标、品牌及商号的概念和特征

（2）商标、品牌及商号的翻译方法

（3）商标、品牌及商号的翻译纠错示范

【步骤三】学生项目实施和展示（课堂演讲）（时间为 40 分钟）

任务 1：为苏州市区著名商标、品牌和商号及其英语译文分析或纠错。

任务 2：设计中英文商标（品牌）和商号（公司名称）各一个，并阐述理由。

【步骤四】总结和作业布置（时间为 5 分钟）

五、项目导向教学法对翻译教学的启示

（一）积极开展师资培训，提升教师的课堂监控能力

要把项目导向教学法推广应用到学生职业能力的培养中，做好师资培训，给教师接触实际职业岗位的机会。例如，学院安排英语教师定期到基层企业实习锻炼，或到校外做外销员、导游、翻译等兼职工作；学院利用寒暑假对英语教师进行职业培训；教师采用集体备课形式来优化设计项目等。

（二）加强项目导向教学法中的有效输入，提高学生的项目参与度

在项目导向教学法的实施中，教师应灵活地将不同文化背景知识融入课堂中。例如，在西餐餐桌礼仪、筹备庆祝晚会等项目中，教师应考虑到西方国家的风俗习惯，提高学生的参与度。另外，教师还可以采用多种途径，如电影、网络资源、图书馆书籍等，进行输入，增加英语学习的趣味性，充分发挥学生的主观能动性。

（三）促进项目导向教学法中的有效输出，积极培养学生的职业能力

教师要鼓励学生以创造性的方式展现项目成果，如英语演讲、英语报告、短剧、采访、辩论赛等，充分挖掘学生的创造潜能，培养学生的创新能力。同时，教师应既重视对合作成果的评价，又重视对合作过程的评价，帮助学生提高听说和交际能力，使其发挥创意并增强团结协作。

第七章　英语翻译教学与跨文化交际

第一节　文化差异对翻译教学的影响

翻译不仅是一种语言间的转换活动，更是一种文化之间的信息交流活动。从某种程度上来看，译者对英汉文化差异的正确解读对翻译的成败起着至关重要的作用。概括来说，文化差异对翻译的影响主要体现在以下两个方面。

一、文化误译

文化误译是由文化误读引起的，是指在本土文化的影响下，习惯性地按自己熟悉的文化来理解其他文化。文化误译是中国学生在英汉翻译中经常出现的问题。例如：

It was a Friday morning, and the landlady was cleaning the stairs.

误译：那是一个周五的早晨，女地主正在扫楼梯。

正译：那是一个周五的早晨，女房东正在扫楼梯。

英美国家的人有将自己的空房间租给他人的习惯，并且会提供打扫卫生的服务。房屋的男主人被称为 landlord，房屋的女主人被称为 landlady。所以该例中的 landlady 应译为"女房东"，而不是"女地主"。

"You chicken!" He cried, looking at Tom with contempt.

误译：他不屑地看着汤姆，喊道："你是个小鸡！"

正译：他不屑地看着汤姆，喊道："你是个胆小鬼！"

大多数中国学生都会将 chicken 译为"小鸡"，这是因为汉语中只有"胆小如鼠"一说，并无"胆小如鸡"的概念。事实上，英语中的 chicken 除本义外还可用来喻指"胆小怕事的人""胆小鬼"，故 "You chicken!" 的正确译文"你是个胆小鬼！"。

John can be relied on; he eats no fish and plays the game.

误译：约翰为人可靠，一向不吃鱼，常玩游戏。

正译：约翰为人可靠，既忠诚又守规矩。

该例中的"eats no fish"与"plays the game"的字面意思为"不吃鱼""经常玩游戏"，但这两个意思在这句话中显然是讲不通的。实际上，这两个短语都有其特定的含义。英国女王伊丽莎白一世规定了英国国教的教义和仪式，部分支持此举的教徒便不再遵循罗马天主教周五必定吃鱼的规定，于是"不吃鱼"（eat no fish）的教徒就被认为是"忠诚的人"。而玩游戏的时候总是需要遵守一定的规则，因此play the game 也意味着守规矩（follow principles）。译者如果不了解这些文化背景，想要正确翻译是不可能的。

可见，在英汉翻译教学中，教师应引导学生不断地扩充英语文化背景知识，要求学生在英汉翻译时根据具体语境，结合文化背景，准确地理解原文的含义，然后选择恰当的翻译技巧进行翻译，切忌望文生义。

二、翻译空缺

翻译空缺就是指任何语言间或语言内的交际都不可能完全准确、对等。更何况，英汉语言分属不同的语系，翻译的空缺现象在英汉语言交际中表现得尤为明显，给翻译的顺利进行带来了障碍。在英汉翻译教学中，教师应该提醒学生注意这一现象．英汉翻译中常见的空缺有词汇空缺和语义空缺两大类。

（一）英汉词汇空缺

不同语言尽管存在一定的共性，但同时也存在各自的特性。这些特性如果渗透到词汇上，就会造成不同语言之间概念表达的不对应。这和译者所处的地理位置、自然环境以及所习惯的生活方式、社会生活相关。

有些词汇空缺是因生活环境的不同而产生的。例如，中国是农业大国，大米是中国南方主要的粮食，所以汉语对不同生长阶段的大米有不同的称呼，如长在田里的叫"水稻"，脱粒的叫"大米"，而煮熟的叫"米饭"。相反，在英美国家，不论是"水稻""大米"还是"米饭"都叫 rice。

语言是不断变化发展的，随着历史的前进、科技的进步，新词层出不穷。例如，1957 年 10 月第一颗人造地球卫星发射成功后就出现了 Sputnik 一词，而该词随即也在世界各国的语言中出现了词汇空缺。再如，1969 年 7 月，当美国宇航员登上月球后，英语中首次出现了 moon craft（月球飞船）、moon bounce（月球弹跳）、lunar soil（月壤）、lunar dust（月尘）等词，这些词也一度成为各国语言的词汇空缺。

因此，教师在英汉翻译教学中要特别注重对词汇空缺现象的渗透，要求学生认真揣摩由词汇空缺带来的文化冲突，指引其采用灵活的翻译方法化解矛盾，翻译出优秀的文章。

（二）英汉语义空缺

英汉语义空缺是指不同语言中表达同一概念的词语虽然看起来字面含义相同，但实际上却存在不同的文化内涵。以英汉语言中的色彩词为例，它们在大多数情况下都具有相同的意义，但在某些场合，表达相同颜色意义的英汉色彩词被赋予了不同含义。例如：

black and blue 青一块，紫一块

brown bread 黑面包

green-eyed 眼红

black tea 红茶

brown sugar 红糖

turn purple with rage 气得脸色发青

因此，教师在日常的翻译教学中要让学生注意语义空缺现象，使其遇到语义空缺时尽量寻求深层语义的对应，而不是词语表面的对应。

需要说明的是，语义空缺还表现在语义涵盖面的不完全重合，即在不同语言中，表达同一概念的词语可能因为语言发出者、语言场合等的不同而产生不同的含义。例如，英语中的 flower 除了可以用作名词表示"花朵"以外，还可以用作动词表示"开花""用花装饰""旺盛"等含义，而这种用法是汉语中的"花"所没有的。相应地，汉语中的"花"作动词时常表示"花钱""花费"等含义，这也是英语中的 flower 所没有的含义。可见，英语中的 flower 和汉语中的"花"表达的基本语义虽然相同，但在具体使用中，二者的语义差别极大。因此，教师应引导学生注意词语在语言交际中产生的实际语义，从而在翻译时弥补语义空缺。

第二节　文化翻译的策略与原则

一、文化翻译的原则

很多人都误认为翻译是一种纯粹的实践活动，根本不需要遵循任何原则，并提出了"译学无成规"的说法。还有不少人认为："翻译是一门科学，有其理论原则。"然而，金堤和奈达在两人合编的《论翻译》（*On Translation*）中指出："实际上每一个人的翻译实践都有一些原则指导，区别在于自觉和不自觉，在于那些原则是否符合客观规律。"可见，翻译原则是指翻译实践的科学依据，是一种客观存

在。历史上大量的翻译实践也证明，合理地使用翻译原则指导翻译实践活动将会有事半功倍的效果。

同样，基于文化差异下的翻译活动也必须遵循一定的原则。奈达在《语言、文化与翻译》中提出，翻译中的文化因素应该得到更多的重视，他进一步发展了"功能对等"理论。当奈达把文化看作一个符号系统的时候，文化在翻译中获得了与语言相当的地位。翻译不仅是语言的，更是文化的，因为翻译是随着文化之间的交流而产生和发展的，其任务就是把一种民族的文化传播到另一种民族文化中去。因此，翻译是两种文化之间交流的桥梁。据此，有专家从跨文化的角度把翻译原则归结为"文化再现"（culture reappearance），分别指如下两个方面。

（1）再现源语文化的特色。例如：

贾芸对卜世仁说："巧媳妇做不出没有米的粥，叫我怎么办呢？"

（曹雪芹《红楼梦》）

译文1：Even the cleverest housewife can't cook a meal without rice. What do you expect me to do?

（杨宪益、戴乃迭译）

译文2："... And I don't see what I am supposed to do without any capital. Even the cleverest housewife can't make bread without flour.

（霍克斯译）

该例中，"巧媳妇做不出没有米的粥"就是我们的俗语"巧妇难为无米之炊"，意思是"即使是聪明能干的人，如果缺少必要条件，也是难以办成事儿的"。译文1中，译者保存了原作中"米"的文化概念，再现了源语的民族文化特色，符合作品的社会文化背景。译文2中，"没米的粥"被译成没有面粉的面包（bread without flour），译者考虑到西方人的传统食物以面包为主，故将"米"译成"面粉"（flour），这有利于西方读者的接受和理解。虽然西式面包与整个作品表达的中国传统文化氛围不协调，在一定程度上损害了原作的民族文化特色，但译文已经能够传达原文的文化内涵，即"即使是聪明能干的人，如果缺少必要条件，也是难以办成事儿的"，并且提高了其可接受性，是应该值得提倡的。

（2）再现源语文化的信息。例如：

It was Friday and soon they'd go out and get drunk.

星期五到了，他们马上就会出去喝得酩酊大醉。

尽管该译文看上去与原文对应，但读者看到后肯定会感到困惑不解：为什么星期五到了人们就会出去买醉呢？很显然这句话承载着深层的文化信息：在英国，Friday是发薪水的固定日期，所以到了这一天，人们领完工资之后就会出去大喝一场。译者在翻译时不妨将 Friday 具体化，加上其蕴含的文化信息，可把这句话译为："星期五发薪日子到了，他们马上就会出去喝得酩酊大醉。"如此一来，Friday 一词在特定的语境中所承载的文化信息就得以完整地理解和传递。

二、文化翻译的策略

在跨文化翻译过程中，干扰翻译的因素有很多，这就需要译者可以灵活地处理，运用恰当的翻译策略。

（一）归化策略

归化策略是指以译语文化为归宿的翻译策略。归化策略始终恪守本民族文化的语言习惯传统，回归本民族语地道的表达方式，要求译者向目的语读者靠拢，采取目的语读者所习惯的表达方式来传达原文的内容，使用一种极其自然、流畅的本民族语表达方式来展现译语的风格、特点。归化策略的优点在于可以使译文读起来比较地道和生动。例如，as poor as a church mouse 译为"穷得如叫花子"，译者而不是"穷得像教堂里的耗子"。

另外，对于一些蕴含着丰富的文化特色，承载着厚重的民族文化信息和悠久文化传统的成语与典故，译者也可采用归化翻译策略。例如：

to fish in troubled waters 浑水摸鱼

to drink like a fish 牛饮

Where there is a will, there is a way.

有志者，事竟成。

Make hay while the sun shines.

趁热打铁。

There is no smoke without fire

无风不起浪。

to seek a hare in a hen's nest. 缘木求鱼

Fools rush in where angels fear to tread.

初生牛犊不怕虎。

当然，归化翻译策略也存在着一定的缺陷，即它滤掉了原文的语言形式，只留下了原文的意思。这样译语读者就很有可能漏掉一些有价值的东西。如果译者每次遇到文化因素的翻译时，都只在译语中寻找熟悉的表达方式，那么译语读者将不会了解源语文化中那些新鲜的、不同于自己文化的东西。长此以往，不同文化间将很难相互了解和沟通。

以霍克斯对《红楼梦》的翻译为例，读者从其译文中可以感受到好像故事发生在英语国家一样，这样的译文具有很强的可读性且促进了《红楼梦》在英语世界的传播，但其也改变了《红楼梦》里丰富的中国传统文化内涵。例如，他将带有佛教色彩的"天"译为西方读者更容易接受的"God"（神）；将"阿弥陀佛"译成"God bless my soul"。

（二）异化策略

异化是相对于"归化"而言的，是指在翻译时迁就外来文化的语言特点，吸纳外来语言的表达方式，要求译者向作者靠拢，采取与作者所使用的源语表达方式相对应的表达方式来传达原文的内容。简单地说，异化即保存原文的"原汁原味"。异化策略的优势是，它为译语文化注入了新鲜的血液，丰富了译语的表达，也有利于增长译文读者的见识，促进各国文化之间的交流。例如：

As the last straw breaks the laden camel's back, this piece of underground information crushed the sinking spirits of Mr. Dombey.

正如压垮负重骆驼脊梁的一根稻草，这则秘密的讯息把董贝先生低沉的情绪压到了最低点。

将原文中的习语 the last straw breaks the laden camel's back 照直译出，不但可以使汉语读者完全理解，还能使其了解英语中原来还有这样的表达方式。

（三）归化与异化相结合的策略

作为跨文化翻译的两个重要策略，归化与异化同直译与意译一样，属于"二元对立"的关系，二者均有自己适用的范围和存在的理由。然而没有任何一个文本能够只通过归化策略或者异化策略就能被翻译出来，因此只强调任意一种都是不完善的，译者只有将归化和异化并用，才能更好地翻译。归化与异化结合的策略，有利于中国文化的繁荣与传播。随着中国在经济与政治上的强大和全球一体化的深入，世界文化交流日益加强，中西文化的强弱被渐渐地淡化。翻译家们越来越尊重源语的文化传统，采用"异化"翻译，尽可能地保留源语文化意象。例如，北京奥运会吉祥物"福娃"的国际译名，经过多方的商议，最终由 Friendlies 更改为 Fuwa。

（四）文化调停策略

文化调停策略是指译者省略部分或全部文化因素，不将其译出，直接译出原文的深层含义。文化调停策略的优势是，译文通俗易懂，可读性强。当然，文化调停策略也存在一定的缺陷，即不能保留文化意象，不利于不同文化的沟通和交流。例如：

当他六岁时，他爹就教他识字。识字课本既不是《五经》《四书》，也不是常识国语，而是从天干、地支、五行、八卦、六十四卦名等学起，进一步便学些《百中经》《玉匣记》《增删卜易》《麻衣神相》《奇门遁甲》《阴阳宅》等书。

（赵树理《小二黑结婚》）

When he was six, his father started teaching him some characters from books on the art of fortune-telling, rather than the Chinese classics.

该例的原文中包含了十几个带有丰富的汉语文化色彩的词,如《五经》《四书》、天干、地支、五行、八卦、六十四卦名、《百中经》《玉匣记》《增删卜易》《麻衣神相》《奇门遁甲》《阴阳宅》。将它们全部译成英文是非常困难的,同时也是没有必要的,因为即使它们被翻译成英文,英文读者也很难理解,所以译者可以考虑采用文化调停的策略,省去不译。

第三节 文化差异与翻译教学的开展

一、翻译教学的现状

(一)英语翻译教材内容受限

当前,学生使用的多数翻译教材存在一个共性问题,即说明性和科技性较强的文章比重较大,多为"骨架"式,忽视了语言形式的文化意义。翻译教材中涉及的英语文化,尤其是有关英语国家价值观、思维方式、民族心理等方面的材料很少。这就使学生在学习翻译的过程中对非语言形式的西方文化了解甚少。

(二)翻译教师的文化意识淡薄

教师的文化意识是文化翻译教学能否落到实处的重要因素。英语翻译教学仍停留在翻译单词、语法层面上,几乎不涉及文化。造成这一结果的原因有很多,首先是翻译教师自身接受的翻译教育就是传统的"骨架知识"教学,所以其观念也就难以得到矫正。在英语翻译课堂教学中,多数教师仅注重学生对某些单词、语法点的翻译,却很少教授如何更好地完成跨文化交际活动,他们对英汉文化知识的渗透十分有限,也很随心所欲,点到即可,使文化知识的传授缺乏一定的系统性和条理性。一些翻译教师认为学生能准确翻译出单词和语法等基本语言点就够了,不需要引入一些文化知识;一些教师认为学生学习英语翻译,仅掌握正确的翻译方法即可,进而忽视了语言中文化因素所起的作用;更有一些教师认为传授文化知识会加重学生翻译学习的负担,故而他们不会将课堂上宝贵的时间花在文化教学上,所以放弃了文化知识的传授。另外,教师也属于英语非母语学习者,缺乏英语学习的大环境,所以其掌握的跨文化知识也非常零散;由于教师的教学任务过于繁重,他们没有太多时间和精力用在文化差异研究上。

（三）学生缺乏跨文化交际意识

我国学生学习英语的主要目的是为了通过考试，因此考试是学生英语学习的指挥棒。在这种观念的指导下，学生的文化学习的意识非常淡薄，他们认为跨文化学习是一种浪费精力的行为，并不能提高英语考试的成绩。

由于学生的跨文化意识淡薄，虽然他们在应试教育的考试中会取得一定的成绩，但是其英语实用能力与交际能力相对较弱。中国学生中存在的"哑巴英语"现象便是普通语言知识教学的产物。

二、翻译教学的内容与目标

（一）翻译教学的内容

翻译教学的内容主要包括：翻译基本理论、英汉语言对比、常用的翻译技巧。

1. 翻译基本理论

翻译的理论知识主要涉及对翻译活动本身的认识，翻译的过程、标准，对译者的要求和工具书的使用。

2. 英汉语言对比

英汉语言对比既包括语言层面的对比，又涉及文化层面和思维层面的对比。在语言层面上，主要是对英汉语言的语义、词法、句法、文体篇章进行比较，发现它们的异同。对英汉文化、思维的比较有利于更加准确、完整、恰当地传达原文的信息。

3. 常用的翻译技巧

翻译中的常用技巧有语序的调整、正译与反译、增补语省略、主动与被动、句子语用功能再现等。

（二）翻译教学的目标

《大学英语课程教学要求》提出的翻译教学目标如下。

一般要求：

（1）学生可以借助词典对题材熟悉的文章进行英汉互译。

（2）学生的英汉译速达到每小时约300个英语单词，汉英译速达到每小时约250个汉字。

（3）学生的译文基本准确，没有重大的理解和语言表达错误。

较高要求：

（1）学生可以摘译所学专业的英语文献资料。

（2）学生可以借助词典翻译英语国家的大众性报刊上题材较为熟悉的文章。

（3）学生的英汉译速应达到每小时约350个英语单词，汉英译速应达到每小时约300个汉字。

（4）学生的译文通顺达意，理解和语言表达错误较少。

（5）学生可以使用适当的翻译技巧。

更高要求：

（1）学生可以借助词典翻译所学专业的文献资料与英语国家报刊上有一定难度的文章。

（2）学生可以翻译介绍中国国情或文化的文章。

（3）学生的英汉译速达到每小时约400个英语单词，汉英译速达到每小时约350个汉字。

（4）学生的译文内容准确，基本没有错译、漏译，文字通顺达意，语言表达错误较少。

三、文化差异对翻译教学的启示

（一）提升学生英语文化知识水平

从当前的英语翻译教学现状来看，很多学生仅注重专业课的学习，全面照搬课本上的知识，对英美国家的文化知识了解甚少。因而，在翻译过程中一旦遇到文化问题，学生就会手足无措，出现误译。然而，翻译涉及众多学科与领域，译者若不具备该领域一定的基础知识将很难理解文本，也就很难翻译得准确。有限的词汇量、狭窄的知识面、匮乏的文化背景知识均是阻碍学生翻译水平提升的因素。

基于以上问题，很多院校纷纷开设了涉及西方文化以及文学方面的选修课，旨在扩大学生的知识面，激发学生对外国文化的兴趣，培养学生的文化差异意识。在具体的翻译教学中，教师还应将英美文化知识和教学内容有机地结合起来，增强学生对英语中所包含的文化现象的认识和理解，从而提高他们在翻译工作中处理文化问题的能力。

此外，教师还应有意识地选用一些包含文化知识、涉及文化差异的教材，并利用一切策略、资源来帮助学生置身于跨文化交际的真实情景中，体会英语的具体使用，以便使学生能更加忠实、准确地再现原文的思想意图。

（二）夯实学生的语言功底

由于翻译是把一种语言转换为另一种语言的活动，所以译者要想译出好的作品就必须在两种语言之间寻找最佳的信息匹配方式。如果学生没有强大的双语基本功做支撑，那么他们既无法深刻理解源语言的信息，又无策略将其有效地通过目的语表达出来，这就会导致翻译的质量大打折扣。例如：

He identified himself with the masses.

Enjoy the luxury of doing good.

It is two years come Christmas.

理解以上三个句子并不难，难的是如何用符合汉语表达习惯的话语将其内涵传达出来。下面是以上三个句子对应的译文：

他和群众打成一片。

以行善为乐。

到今年圣诞时就是两年了。

在先前的英语翻译教学中，教师通常只关注提高学生的英语水平，而忽视了学生的汉语水平。著名翻译家陈廷佑曾指出，能不能译出来取决于译者的英文功底，而译得好不好则取决于译者的汉语功底。因此，加强培养学生的汉语语言功底具有十分重要的意义。教师要让学生熟悉汉语行文特征，了解汉语的表达习惯，这样学生才能在翻译过程中体现、发扬汉语语言传统，创造出更加完美的译文。

（三）积极开展网络教学与第二课堂教学

从目前来看，我国的英语翻译教学仍沿用着传统的教学策略和教学工具。在科技、经济、生活发生巨大改变的今天，传统的教学策略与工具已经无法更好地提升学生的翻译能力。基于此，教师应积极主动地探索新的翻译教学策略与教学工具并身体力行。

互联网技术是一种信息技术，是关于信息传播、整理、分析、搜寻的一种技术，其主要任务是传递信息。互联网中存储着海量的信息，且这些信息、资源的更新也非常及时。因此，在翻译教学中教师应充分发挥互联网的优势，将网络作为翻译课堂教学的补充。互联网既可以实现由教师现场指导的实时同步学习，也可以实现在教学计划指导下的非实时自学，还可以实现使用电子邮件、网上讨论区、网络通话等手段的小组合作型学习。

另外，由于翻译课堂的时间十分有限，所以教师还应在课下开展一些有益于学生增加文化知识、提高翻译水平的活动，如要求学生阅读英文原版书籍、报刊、杂志，观看英文电影、电视剧，听英文广播等。

（四）注重学生文化差异意识的培养

加强学生的文化差异意识，对其能够更好地处理翻译中的文化差异问题，提高其翻译能力，改善翻译教学的质量有重要意义。具体来说，教师可从以下几个方面着手。

1.自然因素引起的文化差异教学

自然环境对人类生产和生活有着较大的影响，这些影响也必然反映在其语言中。而中国和英美国家所处的自然环境不同，因而各自语言中有关自然环境的语言所表达的文化含义也有所区别，其主要体现在自然、植物、动物、数字、颜色等客观文化现象的差异上，对此我们会在随后的章节中详细介绍。例如：

Shall I compare thee to a summer's day? Thou art more lovely and temperate.

本句出自莎士比亚的十四行诗，诗人将恋人比作"a summer's day"。中国的夏天常常热不可耐，令人心情烦闷，因此中国读者在理解这句话时常感到困惑。实际上，英国四周环海，纬度较高，夏天时太阳早上4点升起，晚上10点落下，平均温度约20℃。因此，英国的夏季景色秀丽，凉爽宜人，这也就难怪诗人将恋人比作夏日了。译者翻译时若缺乏这方面的知识就很容易出错。再如：

spend money like water 挥金如土

中国位于亚洲大陆，土地面积辽阔，"土"是人们生活中最依赖、最常见的事物，所以汉语中形容花钱大手大脚的词语是"挥金如土"。而英国是个岛国，其航海成就一度领先世界，英国的人们对于海洋、海水的意识更加深刻，因此在表达相同意思时使用了"spend money like water"。

所以，学生只有掌握了产生文化差异的自然因素，才能更准确地理解原文，并将原本的真实含义传递给目的语读者。

2. 历史、宗教因素引起的文化差异教学

一个国家的历史、宗教中的重要人物、事件等往往会反映在其本民族的语言之中，这就产生了不同民族的文化差异。这一因素带来的差异主要体现在修辞文化和习语文化等语言文化方面，我们会在以后章节中对此详细说明。在翻译过程中，学生只有对不同的文化积淀有所了解，才能准确辨别翻译中的文化问题，进而采取有效的对策，实现忠实、通顺的翻译。

中国深受佛教影响，因此汉语中有很多和佛有关的习语。例如：

半路出家

借花献佛

临时抱佛脚

不看僧面看佛面

苦海无涯，回头是岸

跑得了和尚跑不了庙

人争一口气，佛争一炷香

救人一命胜造七级浮屠

泥菩萨过河——自身难保

在英美国家，人们大多信仰基督教，因而英语中和 God（上帝）以及《圣经》有关的表达很多。例如：

a doubting Thomas 多疑的托马斯（怀疑一切的人）

a wolf in sheep's clothing 披着羊皮的狼（貌善心恶的人）

beat the air 击打空气（徒劳；白费力气）

Judas's kiss 犹大之吻（比喻可耻的背叛行为）

Paradise Lost 失乐园

the elect of God 上帝的选民

the Judgment Day 最后审判日

the lost sheep 迷途的羔羊

在翻译教学中，教师应有意识地教授一些相关的历史、宗教背景知识，以帮助学生准确地译出原文。

3. 风俗不同引起的文化差异教学

英汉民族有各自特别的习俗和对事物的认识。这种差异在语言中的一个重要表现就是那些包含动物的词语的褒贬含义不同。例如，"龙"是中国神话中的动物，大约从秦始皇开始，就有把帝王称为龙的说法。汉朝以后，龙就成了帝王的象征。汉语中许多含有"龙"字的成语都是褒义成语，如"真龙天子""蛟龙得水""龙凤呈祥"。经历了上千年的演变和发展，龙的形象已经成为中华民族的象征，海内外的炎黄子孙仍骄傲地自称为"龙的传人"。但是，英语中的 dragon 是一种外形巨大、长着翅膀、有鳞有爪、口中喷火的替魔鬼看守财宝的凶悍怪物，因而它是邪恶的代表和恶魔的化身。由此可见，虽然龙与 dragon 都是神话中的动物，但它们的文化内涵相去甚远。风俗不同引起的文化差异主要体现在人们日常的服饰、居住文化方面。

总之，教师要重视这些由不同民族的风俗引起的文化差异，以使学生能够妥善处理词语所具有的不同文化内涵，做出正确翻译，从而实现跨文化交际的目的。

4. 思维方式不同引起的文化差异教学

英汉民族往往因为对同一事物的看法、理解不同而在各自的语言中有着不同的表达方式。思维方式的差异可以说是文化差异的根源，它几乎可以包罗或解释中西文化差异的各个方面。例如：

It is impossible to overrate the significance of the invention.

不了解英语表达习惯和思维方式的学生很可能将其译为"过高评价这项发明的意义是不可能的"，但这和原文的含义相去甚远。原文含义的重点不是过高地评价不可能，而是这个事物本身就不值得如此好评，因此正确译文应为"这项发明的意义再怎么评价也不会太高"。

可见，在翻译教学中，英汉思维方式引起的文化差异教学也同样重要。学生只有了解并把握了英汉不同的思维方式，才能译出地道的文字。

第八章 英语翻译教学师资的培养与建设

第一节 对翻译教学师资的要求

一、对翻译专业师资的要求

所谓"百年大计，教育为本"，发展教育，教师是关键。翻译人才的培养质量在很大程度上取决于翻译教师的质量，如同外语教学质量与外语师资队伍密切相关一样。我国外语师资的培养目标是培养具有高度社会责任感、高尚的人格修养、完整的专业知识结构和知识运用能力以及丰富的教育心理学知识和教学法知识的外语教师。戴炜栋等（2006）则将外语教师教育目标定位在培养"教学＋科研"型外语教师，具体说来，即培养爱岗敬业（有责任心和爱心）、专业知识渊博（包括外语语言本体、教育教学理论）、综合能力强（包括语言技能、教学与研究能力）的专业教师。从以上两种目标定位中我们可以看出，对外语教师的要求主要涉及品德、知识、技能方面，这也适用于对翻译教师的要求，下面结合翻译专业的特点进行具体阐释。

高校教师需要了解一定的教育学、心理学、现代教育技术等方面的知识（尤其是适应大学生特点的教育教学知识），掌握一定的教学艺术，具备课堂管理、课外辅导等能力；高校外语教师除了需要具备以上知识和能力外，还须具有扎实的母语和目的语语言、文学、文化等知识，一定的现代语言理论、外语习得理论和外语教育教学知识，以及较强的听说读写译等语言应用能力。诚如 Richards（2002）所言，教师所涉及的角色包括学生学习的监督者、学生行为的组织者和控制者、正确语言模式的提供者、咨询者、朋友、需求分析者、教材编写者、评估者。而对于高校翻译专业教师，相应的要求须进一步细化。考虑到翻译涉及不同文化的各个层面，具有学科融合性和实践性强的特点，笔者认为一位合格的翻译专业教师不仅要具备上文所提到的知识和能力，还要夯实翻译基本理论基础，具备扎实的翻译基本功、较强的翻译实践能力、一定的翻译实践经验和独立的翻译研究能力。换言之，翻译教师不仅要长于运用学科知识（如语言学、文学、哲学、美学、历史、计算机、数理统计学、外贸、金融、法律）、结合翻译实践进行教学，还要具备以实践（包括翻译教学实践）为基础进行研究（翻译本体或翻译教学研究）并将研究结果（理论或实践模式）应用于教学的能力。这就是将理论与实践有机结合的教师，也是理想的翻译教师。诚如余光中（2002）所言：翻译专业教师要兼有"眼高"和"手高"，"眼高"包括有学问、有见解、有理论，正是学者之长；"手高"则指自己真能出手翻译，甚至拿得出译绩，此为作家之功。余光中（2002）尤为强调翻译实践的重要性，认为眼高未必保证手高，手高则往往说明眼高。也就是说任何译作都在一定程度上体现了翻译理论，一位长于翻译实践的教师虽然并不发表论作，也应该有一定见解。此论点有其合理之处，但是笔者认为如果一位翻译专业教师既能用理论指导实践，又能在实践中升华理论，那他在翻译教学研究中将更好地发挥示范引导作用。关于这一点吴启金（1999）也有所论述，他认为从事翻译教学的人一方面要做好教学工作；另一方面要做些研究工作，要注重用新思维、新方法、新观点潜移默化地熏陶学生，使他们既打好基础，又拓宽思路，增进理解，今后走上工作岗位时具有创新能力和独到见解。刘和平（2000）则从不成功的翻译专业教师角度论证了这一点，他认为如果翻译专业教师既没有翻译实践经验，又不懂教学法，则翻译教学目标的实现便成为空中楼阁。

二、对翻译专业师资队伍的要求

为了整个翻译学科的发展，应该在提高翻译专业教师素质的基础上，建立一支学历、职称、专业特长结构合理，教研方向明晰，教研能力强的学术梯队，尤其重要的是，要有几位学术带头人，有一定数量的学术骨干和大量的青年后备力量。这样才能够充分发挥学术带头人的引导作用、学术骨干的表率作用，以及青年后备力量的参与作用。譬如英国最大的翻译研究与教学基地——沃里克大学就以著名的翻译和文化理论家 Susan Bassnett 为学术带头人，主编了《翻译研究》（*Translation Studies*）等著名系列丛书；复旦大学翻译系也拥有一支高水平的翻译师资队伍，在文学翻译方面人才辈出，如 2003 年诺贝尔文学奖获奖作品《耻》、2004 年诺贝尔文学奖得主作品《死亡与少女》的中译本均出自该系教师。下面笔者尝试在对翻译教师进行分类的基础上，阐释翻译师资队伍的建设问题。

Underhill（2000）从教学角度将教师分为讲师（只熟悉学科专业知识，不了解教学方法和技巧）、教师（既懂学科专业知识又熟悉教学方法和技巧，但不懂学生的学习心理）和导师（熟悉专业知识、教学方法以及学生的学习心理）三类，指出导师有助于提升教学效果。笔者认为这一分类虽然对教学有所启示，但没有考虑到教师的科研能力层面。结合翻译教学研究的实际情况，笔者尝试把翻译教师粗略地分为三类：第一类为精通翻译本体理论但不太了解翻译教学、外语教学、教育学理论的教师，他们著作颇丰却不善于操控课堂；第二类为口笔译实战经验较丰富，但整日里忙于兼职，不善于、不注重、几乎不从事任何科研工作的教师；第三类是理想的翻译教师，他们能较好地把握科研与教学、理论与实践之间的平衡，一方面熟悉翻译理论和相关教育教学理论，另一方面具备较强的翻译能力和教学能力，并且有一定数量的译作出版或发表，深受学生欢迎。第三类教师不但善于阐释翻译思想和知识，传授翻译经验和策略，而且善于运用网络等现代教育技术，勤于翻译实践，为学生做出表率。同时，他们还了解翻译研究动态，将自己的研究成果与国内外同行分享。教师之间存在个体差异，不可能所有的翻译专业教师都具备科研教学能力。但就师资队伍的整体建设而言，师资队伍应该呈正态分布，也就是说理想的翻译专业教师所占比例应最高，而另外两类教师应该占较少的比例，这样才有助于翻译专业和学科的发展。

第二节　对翻译教学师资的培养建设

从翻译学科建设角度来看，我国的翻译专业师资培养任重道远。随着翻译专业的设立及其招生规模的扩大，对翻译专业教师数量和质量的要求不断提高；同时针对近百万（据不完全统计）各类翻译工作不同层次的培训也需要大量翻译专业教师。面对这种需求，我国翻译专业师资队伍在学历、学术研究、梯队建设等方面存在一定不足，譬如教师学历相对较低，翻译批评、翻译教学理论等研究相对薄弱，翻译教学界缺乏协作，教师专业进修较少等问题。目前翻译教师队伍的年龄结构和职称结构等已经逐渐趋于合理，但是多数翻译专业教师还是缺乏严格的职业训练和学术训练，其相应的理论水平需要提高。因此，加大对翻译专业教师的教育力度，培养高质量的翻译专业教师势在必行。

一、学历学位教育

对于高校翻译专业教师而言，学历学位教育主要包括外国语言文学一级学科下翻译方向的全日制硕士、博士研究生教育。随着翻译学二级学科的建立，翻译学方向的硕士、博士开始招生，这就为翻译教师培训提供了新的渠道。而且据报道，2006年12月22日国务院学位办在上海外国语大学高级翻译学院召开了"翻译硕士专业学位论证专家小组第二次工作会议"，进一步论证了设置和试办翻译硕士专业学位（Master of Translation and Interpreting）的必要性、可行性，具体探讨了翻译硕士专业学位的设置方案、申请翻译硕士专业学位试点单位的基本条件等问题。2007年1月，国务院学位委员会第23次会议审议通过了《翻译硕士专业学位设置方案》，标志着翻译硕士专业学位在我国正式设置。这就意味着该学位将成为翻译专业教师提升学历的一个途径，并且有助于培养高层次的应用型翻译人才。

鉴于翻译专业、翻译方向的硕士、博士培养均属于研究生教育范畴，不属于本研究重点，因此这里对此不做详细阐述。相信各硕士、博士学位授予点均会制定相应的培养方案，规定培养目标、研究方向、学习年限、课程设置、教学实践、培养方式、考核方式、学术活动、学位论文等具体内容，其总体课程设置也会注重研究性与实践性的融合，比较科学、规范、合理。一般说来，经过系统的研究生教育，翻译教师将在教学研究方面有很大程度的提高。因此，为了提高翻译师资质量、建设高素质的翻译师资队伍，各翻译院系一方面应招聘翻译专业或方向的高学历研究生，包括外教和海外留学人员以及学术能力强、在翻译专业某一领域颇有造诣的人才，譬如上海外国语大学高级翻译学院邀请国际会议口译员协会（AIIC）会员承担教学任务；另一方面应鼓励在职翻译专业教师报考该专业或方向的硕士、博士，构建合理的翻译专业研究生教学体系（譬如设置翻译教学理论、翻译研究方法等课程，鼓励翻译学术研究和翻译实践积累，整合多元化互动教学模式），使他们通过系统的教育进一步夯实专业基础，培养其独立进行翻译教学研究的能力。当然，各翻译院系也可以聘请一些经验丰富的翻译工作者承担部分教学任务。刘和平（2000）指出在国外的翻译学校，任课教师大部分为职业翻译人员。我们也可以根据院系的实际情况选用部分译者作为兼职教师，以丰富教学内容、提升教学质量与效果。

二、在职或短期培训

此处所论述的在职和短期培训，主要是针对在职教师的非学历学位类培训。从终身教育的角度来看，此类培训更有实践意义和应用价值，因为硕士（一般为2～3年）、博士（一般为3年）等学历教育在教师专业发展过程中非常短暂，从某种意义上来说仅为教师教研打下了一定基础，提供了相应的发展平台。教师在职期间需要通过不同形式的活动（如做高级访问学者或参加学术会议、学术研讨班、周末班、假期班、实践班、理论班）实现专业发展，不断提升专业素质。其中做高级访问学者一般是到国内外相关高校，以跟随导师做课题或者同研究生一起听课、修学分为主；参加学术会议则主要是听取专家报告，与业内同行交流研究成果，并了解最新研究趋势；学术研讨班一般是在暑假期间举办，时间一般为7～10天，常就某几个专题开展学术报告和学术研讨活动；周末班可就某一方面素养的提高进行专题培训；假期班是寒暑假期间的研究生课程班，需要分期修满一定的学分；实践班可就提高翻译实践能力，进行实际的翻译训练或研讨；理论班可就某一翻译理论请专家学者讲学或参与研讨。无论哪一种方式都要讲实效，使受训者在实践和理论两方面都有切实的提高。应该当说这几项活动都有利于教师发展，但据笔者所知，此类活动在普及性、成效性等方面存在不足之处。例如，做高级访问学者（尤其是出国访学），每年各院校都有一定的名额限制，一般仅有少数教师能够获得这一机会；有的高校在选送高级访问学者方面存在管理比较松懈、效果差强人意等问题。又如，参加学术会议的人数也有相应比例，有的院校规定每年每位教师参加学术会议不能超过3次，且其论文必须在大会被宣读后教师方可参加；有的学术会议在研讨氛围、会议组织、学术报告质量等方面也存在一定局限性。另外，各类短期班在时间和质量方面存在不少问题，有待进一步探索。

各翻译院系要重视翻译专业教师的在职培训。因为以往受学科发展的限制，相关翻译专业的学术会议、学术交流、学术研讨等较少，这不利于师资素质的整体提升。现在随着翻译学二级学科的设立和本科翻译专业的招生，社会对翻译专业教师提出了更高要求，为了切实促进翻译教师的专业发展，笔者认为除了采取传统的国内外访学、学术会议、学术研讨、短期培训班等方式外，应该借鉴"校本培训"理念。各翻译院系要以自身的学术资源为基础，充分发挥学校及院系本身的能动作用，促进翻译专业教师之间的合作，构建合理的翻译教研梯队，注重师资质量的提高。鉴于大家相对比较熟悉传统的访学、学术交流等方式，笔者将主要阐述一下教师"校本培训"模式。

所谓教师"校本培训"模式在英、美、法等西方国家比较普及，一般以教师所任职学校为基础，由大学或师资培训机构提供必要的课程和培训人员，其最大特点是培训的需要产生于教育实践。鉴于翻译自身的实践性强，且该专业对教师的理论和实践能力要求较高，有必要以翻译专业教师所在的学校、院系为基地成立教研小组，以突出学科特色、构建教研梯队、提高教师的整体教研能力为目的，以学术沙龙、专题报告会、学术研讨、公开课为主要形式，充分发挥学术带头人和资深教授的传、帮、带作用，注重学科之间、教师之间的合作以及学术交流的广泛性和学术发展的全面性。

翻译院系要立足于师资现状，结合教研实际进行整体规划。各翻译院系可以在征求教师个人意愿的基础上，根据教师的科研水平、职称、学历层次等将师资粗略划分为学术带头人（教授，在国内外有一定声望）、学术骨干（高级职称，在省市内外有一定影响）、青年梯队成员（讲师以上职称，有一定成果）、梯队后续成员（翻译专业硕士毕业生，助教以上职称）等，成立以不同方向的学术带头人或博士生、硕士生导师为首的教研小组（如笔译理论与实践、口译理论与实践），每一个教研小组在学术成果、年龄、学历等方面都要合理匹配，呈正态分布。教研小组对于不同教研层次的教师分别规定不同的培养任务、目标和计划。学术带头人有责任提携后进，从理论和实践等方面指导年轻教师；年轻教师应该及时向老教师请教，拓展知识、积累经验。教研小组可以一方面共同申报、参与相关教研项目，组织各种教学、学术研讨活动（如教学研讨、教学观摩、科研讨论）；另一方面定期聘请国内外、校内外、院内外专家学者做学术报告，使教师了解学术发展动态，从而切实培养教师的教研意识、合作意识和研究能力。当然，教研活动的开展有赖于学校、院系和科研处的大力支持（包括提供政策、资金、人力、物力，与国内外相关高校或研究所建立友好合作关系，定期组织短期国内外访学、研讨），只要认识到位，措施得当，教师全力参与，教研活动必然能够取得好的成效。

翻译专业教师要注重培养自己的终身学习和自我反思的观念。Mulkeen 和 Tetenbaum（1987）认为终身学习是每个教师培养计划的中心观念，实践性、自主性和灵活性为关键部分。而 Posner（1989）则提出了一个教师成长工式"经验 + 反思 = 成长"。卢思源、吴启金（2000）也指出：翻译从业人员要树立终身学习的思想，不断学习，更新知识，改造传统的教学方法，学习新的翻译理论，以指导教学和实践。教师作为新兴翻译专业的教研主体，应该树立正确的教研观念，提升教学实践能力和科研水平。目前，有些高校教师认为教学与科研彼此矛盾，教师如果一心从事研究，就会影响教学质量；如果大部分时间搞教学，则很难有时间进行科研。有一些专家也感慨一些科研成果多的教师教学效果不太好，而一些教学效果好的教师在科研方面又相对薄弱。这样看来，似乎教学与科研相互矛盾，但笔者认为这两者是相辅相成、互相促进的。也就是说，一方面，翻译教师可以在翻译或翻译教学实践中发现问题，这些问题可以成为科研题目，接下来教师可以借助某些理论对其进行研究，然后将成果应用到教学实践中，提高教学实效；另一方面，教师可以在实践中对这些理论进行检验、补充或者修正。理清科研与教学的关系有助于翻译教师提升自身的教研能力。同时，翻译教师还要认识到自身专业发展是一个"反思＋学习＋探究"的循序渐进的过程，应采取具体可行的计划或措施进一步提高自身的教研能力。首先，翻译教师要根据自身的学术兴趣（翻译理论、翻译批评、翻译史或翻译教学），结合教学工作（笔译、口译、视译或计算机翻译）制订切实可行的教学研究计划。一方面，教师可以积极申报学术研究项目（如国家级、省级、市级、院校级的社科项目），参与到具体的材料搜集、调查研究、论文写作等活动中去；另一方面，教师可以运用教学日志、访谈、座谈、电子邮件等不同形式与专家、同事、学生等交流，对自己的教学实践进行反思，并针对实际情况进一步学习探究，尝试寻求提高教学实效的不同途径。尤其是对于刚毕业的年轻翻译教师（硕士或博士），虽然他们的翻译理论知识相对比较丰富，但其在相关教学理论和翻译实务方面尚有不足之处，他们应不断在反思学习的过程中积累经验，提高自身驾驭和管理课堂的能力；对于某些高年资教师而言，他们也应该尝试了解最新的翻译理论流派，拓展研究领域，适应现代教育技术的变化，不断改善教学方法和手段，提高教学效果。

翻译专业的学生也应该积极配合教师的教学研究，促进教师的专业发展。随着以学习者为中心这一教学理念的普及，教学相长的作用也更加明显和重要。学生作为学习主体，其专业知识的拓展和研究能力的提升一方面对教师是一种启发和鼓励；另一方面也是对教师的督促和推进，因为学生在专业学习过程中通过积极思考产生的问题（如翻译本质、翻译研究角度、翻译效果等问题）往往是激发教师就此进一步研究的动因，这也在一定程度上对教师的专业能力提出更高的要求。笔者在采访翻译专业教师时，有教师反映现在的学生个体差异较大，其教学需求各有不同，但学生对教师的翻译学术能力、翻译教学能力、翻译实践能力等要求都较高。如果，仅依靠传统经验进行照本宣科式的教学，往往事倍功半，学生会感觉枯燥，教师也会有一定的挫折感。而通过访谈等方式及时了解学生的反馈，不仅有助于调整教学方式，提高教学效果，也促进了自身的研究。有位教师谈到他之所以从事翻译教学平台的研究主要是因为学生抱怨大班授课缺乏操练机会。另外一位教师则通过观察学生的翻译学习方式尝试探索翻译与口语、听力、阅读、写作等之间的互动关系。此外，前面我们谈到翻译教学可以实行导师制度，导师的教研水平、教研能力、责任心等在指导学生的过程中不仅能够得以体现，还能通过与学生的交流互动以及学生的反馈评价等得以进一步提升。传统上我们往往仅注重培训、访学、学术交流等方式对教师专业发展的作用，但在校本培训模式中，我们应该重视学生对教师的启迪、督促和反馈作用，鼓励学生深入思考，大胆发言，尤其是在具体的实践性翻译课程（如翻译工作坊）或理论性翻译课程（如翻译流派）中，教师更要充分发挥学生的主观能动性，了解他们的观点和看法，进而提升自身教研素质。

　　以上主要从翻译院系、翻译教师、翻译专业学生这些角度阐述了校本培训模式的基本框架，没有涉及微观的翻译专业教师培训方式（如短期培训所采用的教学方式和手段）。在培训过程中我们可以借鉴一些建构主义、互动主义、认知主义的教育理念，结合翻译专业教师的实际水平和需求，针对其专业知识、教学技能、研究能力等方面存在的问题，鼓励他们参与整体培训设计、培训实践和培训评估；采用案例分析、反思观摩、互动研讨、合作探究等不同方式，注重师生之间、学生之间的互动，培养学生的自我定位、自我引导和自我评价能力进而提升其整体素质。

第九章 英语翻译教学的未来发展与创新方向

第一节 英语翻译教学与学生跨文化意识的培养

一、跨文化语篇与跨文化转换策略

翻译活动以前一直被看作纯粹的语言之间的转换活动，但自 20 世纪 90 年代翻译研究实现文化转向以来，翻译被越来越多的人看成一种跨文化的活动。我们知道，语言是文化的载体，文化是语言滋生的土壤，语言在其形成和发展过程中，在社会生活的各个方面留下了深深的烙印，它反映和折射着某一独特的文化现象。因此翻译与文化有着密切的联系，研究翻译必然要研究相关的文化。然而，翻译作为特定语境下的跨文化交际活动，并不涉及某一文化整体的所有方面。

正如浙江大学许力生教授所指出的那样，讨论翻译问题应找到语言和文化的结合点——话语。特定的跨文化翻译通常并不涉及整体文化的所有方面，而只涉及相关的话语系统和话语社团。基于"话语系统""话语社团"的概念和理论，许教授认为语言之间的翻译实际上应该进一步划分为"话语内翻译"（intra-discourse translation）与"跨话语翻译"（inter-discourse translation）。他认为，表面上不同的语言体系或语言社团之间并不是彼此孤立、毫无联系的，而是有所重叠和交叉，即不同的语言体系或语言社团中包含相同或相似的话语系统或话语社团。换句话说，使用某一语言的某些人可能会与使用另一语言的某些人属于同一个话语系统或社团，因而这些人之间的交流就是同一话语内的交流，他们比较容易做到相互理解。他们之间交流的障碍主要产生于各自语言之间的差异。而对于那些既不属于同一语言社团又不属于同一话语社团的人们来说，他们交流时不但会碰到语言上的障碍，而且会因为话语系统或社团的不同遭遇更大的困难。他们之间的交流就较为复杂，理解上的障碍也更多。同一话语社团内的交流与不同话语社团间的交流所存在的差异，必然会对交流产生深刻的影响，并使其呈现不同的特征。这种观点为我们进行语篇分析和语篇翻译方法的选择提供了一个比较新的视角。"话语翻译"的提出，改变了我们把所有的翻译都笼而统之地认为是跨文化翻译的观点，也为我们采用何种翻译策略提供了思路。同一话语社团的不同语言之间的翻译，一般以直译为主；不同话语社团的不同语言之间的翻译，一般则以意译为主。文化的差异一般是存在于不同话语社团之间的，当然，"话语翻译"要建立在语篇分析的基础上。

语篇模式实质上就是人们在特定文化的具体语境中使用语言完成其交际任务的习惯性方式和程序。从根本上讲，语篇的构建方式与所使用的语言没有必然的联系，尽管同一语篇模式在不同语言中的实现可能会有一些差异。决定语篇构建方式的主要因素是文化，即基本文化观念与价值，包括如何看待外部客观世界、人与外部世界的关系、个人与社会之间的关系、人与人之间的关系。这些决定文化基本特质的东西在很大程度上决定着人们会构建出什么样的语篇来。我们可以说，语篇的不同与人们对语言的使用即话语密切相关，而与使用的语言之间的差异并无本质上的联系。因此一些用不同语言表达的语篇之间的相似之处可能明显多于用同一语言表达的语篇之间的相似之处；某些同一语言语篇之间的差异也可能多于不同语言语篇之间的差异。例如，有些汉语语篇可能跟某些英语语篇有更多的相似之处。而同样是英语语篇或汉语语篇，有些语篇内部之间的差异也许会多于与另一种语言语篇的差异。

由此看来，对于那些不属于同一语言社团但属于同一话语系统或话语社团的话语内语篇的翻译，由于牵涉到的文化差异相对较少，译者在翻译时可更多地采取直译或异化翻译的方法；对于那些既不属于同一语言社团，又不属于同一话语系统或话语社团的跨话语语篇的翻译，译者要采用意译或归化的翻译方法。解决了不同话语社团之间的文化差异问题，我们才能成功实现跨文化交流的目的。

翻译不仅是语言符号间的转换，更确切地说是文化符号间的转换。各民族文化的共性使转换成为可能，文化的差异使转换不可能完美甚至可能成为一定程度上的障碍。文化的个性会形成文化差异的鸿沟，译者的使命就是架设跨越鸿沟的桥梁。

无论英语还是汉语，都有许多具有浓郁文化特色的词语，特别是在许多成语、谚语、俚语、方言、颜色词、动物名词、人名、地名中，文化内涵十分丰富。翻译这样的词语时，应该掌握的原则是：一方面要尽可能传达源语的文化特色；另一方面又不能逾越译入语文化和译入语读者可接受的限度。具体来讲，翻译这些文化内涵丰富的词语有三种策略：

第一，移植法／直译法。这种方法就是在译入语中保留原文的形象化语言，即文化意象。保留原文的形象化语言，就等于为读者保留了了解异域文化的机会。同时，新意象的引入，有利于提高译入语文化对异域文化的解释和消化能力，成为译入语的"新鲜血液"，但译者在表达时切忌生搬硬套。例如："armed to the teeth"被译为"武装到牙齿"；"路遥知马力，日久见人心"被译成"A long road tests a horse's strength and a long task proves a man's heart"。

第二，借用法。这种方法就是借用译入语现成的俗语来传译原文中的俗语。这种方法涉及两种情况。一种是源语中的表达方式在意思和形象上同译入语的表达方式相似。例如："go through fire and water"被译成"赴汤蹈火"；汉语成语"英雄所见略同"被译成"Great minds think alike"。另一种是源语中有许多表达方式尽管在译入语中找不到"形同意同"的对等表达方式，但可以找到"形异而意同"的表达方式。例如："leave no stone unturned"译成"千方百计"；"头头儿还没批准他的计划，所以他决定去拍拍马屁"被译为"The chief hadn't accepted his plan yet, so he decided to go in and polish the apple"。但译者在译"形似而意不似"的习惯说法时，要避免望文生义。例如：不能将"pull one's leg"（跟某人开玩笑，取笑某人）译为"拖后腿"，或将"eat one's words"（收回前言，承认错误）译为"食言"。

第三，意译法。由于英汉语言文化的差异，有些文化内涵丰富的表达方式，既不能采取移植法／直译法，也难以采用借用法，只能采取意译法。例如：汉语成语"粗枝大叶"被译为"to be crude and careless"，而不是"with big branches and large leaves"；"It was another one of those catch-22 situations. you're damned if you do and you're damned if you don't."被翻译成"这真是又一个左右为难的尴尬局面：做也倒霉，不做也倒霉"。

需要注意的是，语言的文化内涵并不是一成不变的。随着时间的推移，有些文化内涵丰富的表达方式渐渐演变成了一般性词语，译者翻译时用意译法即可。例如，如果"tribal war dances"被译成"部落出战前跳的舞"，现代人可能有点不太懂，它还不如被译成"狂欢乱舞"，这种表达更易被人们接受。

二、翻译中的跨文化意识

文化是翻译过程中必然会面临的，且可能是最难的问题之一。成功的翻译绝不仅仅是译者掌握了语法、词汇等语言基础知识后就能做到的。翻译的最基本任务不是语言的转换而是信息和内容的传达。由于文化与语言密不可分，作为跨文化交际的桥梁，翻译活动不仅是语言文字的转换活动，更是不同文化间的相互沟通和移植活动，翻译所涉及的不仅是两种语言，更是两种文化。文化之间的差异是普遍存在的，缺乏跨文化意识必然会引起文化误解，甚至文化冲突，导致跨文化交际不能顺利进行。这就要求译者不仅必须掌握两种语言，还必须熟悉两种语言文化。简而言之，跨文化意识是译者必须培养的素质之一，如何在翻译教学中培养跨文化意识值得深入研究。

翻译离不开语言的转换，但这种语言转换远比单纯的语言转换要复杂。其中一个重要的原因就是语言反映文化，而且受文化的制约。由于语言和文化具有民族、地域、时代的特性，而语言文字又是文化的最重要的载体，所以不同语言文化的沟通自然离不开翻译，可见，文化及其交流是翻译发生的本源，翻译是文化交流的产物。译者要想成功地进行语言转换，不但要熟悉两种语言，还必须熟悉两种语言所代表的文化，并在进行语言转换的同时传达源语文化信息。王佐良先生曾经说："翻译者必须是一个真正意义上的文化人。"对于具有一定外语功底的译者来说，翻译中最大的困难往往不是语言本身，而是语言所承载的文化意蕴。因此，积累和掌握文化知识、了解背景知识对翻译者来说是十分重要和必要的，这对保证译文质量、促使译作忠实、准确地再现原作的思想内容和精神风貌等大有助益。

目前，翻译被认为是一种跨文化交际行为。跨文化交际指的是不同文化的交际双方以语言为媒介，通过"信息源—编码—信息传递—解码—反馈"等环节构成的一个双向信息交换的动态连续过程。在这个过程中，信息在一种文化背景下被编码，而在另一种文化背景下被解码，译者作为跨文化意识的载体在信息传递中起着桥梁作用，是文化传播者。跨文化交际大致有两种形式：语言交际和非语言交际。语言交际又有话语交际和书面语交际两种形式。口译属于跨文化话语交际，笔译属于跨文化书面语交际。跨文化交际的研究有助于国际交流与合作的顺利进行，因为其研究的主要内容是"不同文化背景的人们在交际中产生的问题以及如何解决这些问题"。跨文化交际的研究的目的在于提高人们对于不同文化间的差异的敏感性，从而使其能够适应不同的文化环境并与不同文化背景的人们进行正常交流。这种对于不同文化间的差异的敏感性，就是跨文化意识，也有人称之为"跨文化的敏悟"或"文化敏感性"（intercultural awareness）。换言之，跨文化意识需要外语学习者对于其所学的外语文化知识具有较好的掌握能力和较强的适应能力与交际能力，能用译入语读者的思维思考问题并做出反应以及进行各种交往活动。具有良好的跨文化意识意味着外语学习者能自觉地消除在与外语本族人交往的过程中可能碰到的各种障碍，从而保证整个交际过程的有效性。从翻译的角度看，跨文化意识则指在语际交流中译者所自觉或不自觉地形成的一种认知标准和调节方法，或者说它是指译者所持有的思维方法、判断能力以及对文化因素的敏感性。

翻译是文化交流的重要工具，肩负着帮助人们沟通思想情感、传播文化知识、促进社会文明的神圣使命。翻译不仅是一种语际转换，更是一种跨文化转换。在某种意义上语言的转换只是翻译的表层，而文化信息的传递才是翻译的实质。因此，要想更深刻、更贴切地传递原文的内在信息，译者必须探明英汉双语的文化特征及其差异，并将双语的文化内涵恰当地"对接"起来，真实地再现原文的面貌。就翻译而言，文化障碍即文化差异，主要体现在历史文化、地域文化、习俗文化和宗教文化四个方面。

（一）历史文化与翻译

　　所谓历史文化指的是在特殊的历史发展进程和社会演变过程中所积淀的人类文明。由于各个民族和国家的社会历史发展不尽相同，有时甚至差异巨大，因而其历史文化也往往大相径庭。这种历史文化的差异阻碍了语际转换的信息通道。差异越大，其间的鸿沟越难逾越。译者应尽量熟悉源语和译入语这两种语言所反映的两种历史文化的方方面面，意识到差距源自何处，思考何种表达方法才能为读者所接受。若译者缺乏这种敏锐的意识，那么在翻译中理解错误、表达不当就不可避免。例如："twist the lion's tail" 被引申译成"摸老虎屁股"或"自找麻烦"实属误译，其真正含义是"冒犯英国"或"与英国（人民或政府）为敌"。这是因为很久以来，英国君主一直用雄狮纹章作为英国国徽，而且英国又被称作"the Brilish Lion"（不列颠雄狮）。又如："John can be relied on. He eats no fish and plays the game"，英语中的 "eat no fish" 和 "play the game" 都具有丰富的文化内涵。在英国历史上，宗教和政治斗争一直很激烈，保守的天主教徒周五只能吃鱼，但新教徒为了表示他们对新教和新政府的忠诚而拒绝遵守这一规定，因此，"eat no fish" 即为"做忠实可靠的人"。同样地，"play the game" 从 "fair play（公平比赛）" 中衍生而来，意思是"守规矩"。这个例句如果被简单异化译成："约翰是可靠的，他不吃鱼，还玩游戏"，会让人困惑不解。它如果被译为："约翰是可靠的，他既忠诚，又守规矩"，虽然仍难以传达源语中丰富的文化内涵，但成功地完成了交际使命。

　　再如，汉语习语"一个和尚挑水吃，两个和尚抬水吃，三个和尚没水吃"源于我国古代一个家喻户晓的故事，比喻互相推诿而不负责任，译者如果注意到这一点就可避免将其译成："One monk brings his own bucket of water to drink，two monks carry their bucket of water jointly，but when three monks are together，there is no water at all"。这样的译文是很难让外国读者领悟到 "everybody's business is nobody's business" 的含义的。又如，在中国，1949 年以前参加革命的人在退休时享受被称为"离休"的特殊待遇，而这种背景知识对于不熟悉中国国情的外国读者来说肯定是难以理解的。

（二）地域文化与翻译

地域文化指的是不同地域、自然条件和地理环境形成的文化，其主要表现是不同地区的民族对同一现象或事物采用不同的语言表达形式。如汉语"人心齐，泰山移"中的"泰山"就是特定地域的事物，喻指显赫的事物。一个缺少中国文化背景的外国人，是难以体会到该成语所要表达的含义的。再如中、英两种文化中的对应词语"东风"与"east wind"，所指意义相同，但联想意义却截然不同。中国人偏爱东风，在中国文化中"东风"象征"春天""温暖"，有"东风报春"之说。而英国人却讨厌东风，因为英国的东风是从欧洲大陆北部吹来的，象征"寒冷""令人不愉快"。英国的"报春"之风为"西风"，英国人偏爱"西风"。英伦三岛由于有北大西洋暖流经过，其所带来的西风往往温暖和煦，而从欧洲大陆北部吹来的东风却寒冷刺骨，所以英语中的西风代表"春天"，东风代表"冬天"，而这在汉民族文化中则恰恰相反。在汉语中，东风象征革命和正义，西风象征邪恶和反动，所以我们常用"不是东风压倒西风，就是西风压倒东风"来描绘两种敌对势力的斗争。再如，英国的地理位置使那里夏季也凉爽宜人，而中国属于大陆性气候的夏日却炎热难耐，尤其在广阔的中原及江南地带，夏日的夜晚也是热浪袭人，这也就是为什么有些读者难以理解莎士比亚要把谈情说爱这种浪漫行为安排在"仲夏之夜"（a midsummer night），把友人比作夏日（"Shall I compare thee to a summer's day? Thou art more lovely and more temperate"）。

不同的生态环境使不同民族对动植物的喜好也各不相同。中国是一个传统农业大国，农业是国民经济的重要基础。自古以来人们以牛耕为主，因此在中国传统文化里，耕牛自然成了勤劳的象征。人们常把那些勤勤恳恳、任劳任怨工作的人比喻为"老黄牛"。鲁迅先生曾有"俯首甘为孺子牛"的名句。与中国不同，英国古代主要依靠马耕，牛则很少干活，主要提供牛奶和肉食，因此马在英语文化中是勤劳和吃苦耐劳的象征。所以汉语说"力大如牛"，英语则是"as strong as a horse"；汉语讲"工作像牛一样勤劳"，英语则是"work like a horse"。

在中国传统文化中，人们对"岁寒三友"——松、竹、梅有很高的评价，常用它们来比喻人类高洁正直、刚正不阿的品性。英语中的"pine""bamboo""plum blossom"则没有这样的联想意义。以竹为例，竹子是中国南方特有的一种植物，当地的人多有食笋的习惯，与此相关的比喻在汉语中时有出现，而竹子在英国比较罕见，一般人不熟悉其生长习性及其与人们生活的关系。所以译者在把汉语中以"竹"为比喻形象的表达译成英语时，应注意考虑英语读者的接受程度。如"雨后春笋"不能被译成"spring up like bamboo shoots after a spring rain"，译者应考虑代之以英语读者熟知且喻义相近的"spring up like mushrooms"，因为英国受其海洋气候的影响多产蘑菇。

（三）习俗文化与翻译

习俗文化指的是贯穿于日常生活中的各种民俗习惯形成的文化，不同的民族在打招呼、称谓、致谢、恭维、道歉、告别、约会等方面往往会表现出不同的民族文化规约和习俗。如英国人见面时喜欢谈天气，中国人见面打招呼时常用"你去哪儿？""干什么去？""吃饭了吗？"，这几句话并无多深的含义，只不过是礼节性打招呼的一种方式。然而西方人往往对这几句话很敏感和认真。"你去哪儿？""干什么去？"在他们看来纯属自己的私事，别人不能随便打听，否则就会被看作没有礼貌。他们还把"吃饭了吗？"当成请客吃饭的一种邀请。又如，我们有"红白喜事"的说法，对于不了解中国文化习俗的英美人来说，生儿育女、迎娶婚嫁之类的事被称为"红喜"还好理解，因为英语中这类喜庆之日也被称为"red letter day"，但人的过世也被称为"喜"就会使他们难以接受。此外，在中国人的婚礼宴会上人们常用"恭喜"二字对新郎新娘表示祝贺，但在英语文化中"congratulations"一词却只适于说给新郎，而不可以用于向新娘道喜，因为"congratulations"表示几经努力终于得到某人或做成某事。对新娘说"congratulations"似意为"你终于不择手段找到了个丈夫"或"你终于嫁出去了"，难免会让对方不悦。再如毛主席关心身边工作人员的一个小故事，其中有这么一句："主席问陈妻：'你们俩感情好不好？'陈妻答：'好！'主席听了很高兴。"在中国文化中，长辈、领导或上司询问晚辈的婚姻家庭等个人问题，是表示体贴关心，但在西方，这类问题属于个人隐私，别人无权过问。如果直译，这就可能产生一些误解和文化冲突。所以毛主席的问话不可被译成诸如"Do you have a happy life?"，而较得体的处理方法是化直接为间接、化具体为模糊以表达出原文的含义。这句话可被译为："Chairman Mao talked with Chen's wife. He was pleased to know that they had a happy home life."

（四）宗教文化与翻译

宗教文化是人类文明的一个重要组成部分，是民族的宗教信仰形成的文化。几乎每个民族都有自己的宗教信仰，佛教、道教在中国民众中有着深远的影响。佛教从印度传入中国，认为每个人都具有佛性，只要弃恶从善，均能修成正果，立地成佛。汉语中与佛教有关的词语和表达很多，例如"做一天和尚撞一天钟""放下屠刀，立地成佛""借花献佛""闲时不烧香，临时抱佛脚"等都是以佛教特有的事物来做比喻的。道教是中国本土的宗教，"道高一尺，魔高一丈""灵丹妙药""八仙过海，各显神通""运气"等许多词语都来自道教。

在许多西方国家，尤其是在英美两国，人们普遍信奉基督教，认为世界是上帝创造的，世上的一切都是按上帝的旨意被安排的。基督教宣扬原罪论，认为人生来即有罪，只有相信上帝，用一生去忏悔、赎罪，死后方可进天堂，否则就会下地狱。英语中有很多来自基督教和《圣经》的固定用语，如"the forbidden fruit"（禁果）、"God helps those who help themselves"（天助自助者）、"separate the sheep from the goats"（区分好人与坏人）、"land flowing milk and honey"（原指以色列，后多喻指鱼米之乡）。

对于中西方宗教文化方面存在的差异，译者在翻译时应给予足够的重视，否则就会出现失当。宗教文化广泛而深刻地影响着社会生活的语言交际。本民族的宗教文化往往不同程度地在语言观念上限制和影响着语言学习者在外语学习中对其他民族宗教文化的理解和接受。语言是文化的载体，原文中的一些词语和表达难免带有源语文化的色彩。初学翻译者容易受母语文化的影响，造成理解上的偏差。如英语中的"to bear/take/carry one's cross"源自《马太福音》，意为"背上十字架""忍受苦难"，有人将其引申为"忍辱负重"，这反而造成误导。根据基督教教义，教徒跟随耶稣基督，必须忍受苦难；汉语"忍辱负重"源自佛规"忍辱"（"忍辱"是佛教六大修行之一），要求教徒为了实现宏大志愿，忍受一时的委屈。因而"忍辱负重"通常指为了承担更大的责任，忍受眼前一时的屈辱。所以此处的"负重"与背十字架无关，"忍辱"更无从谈起。

从以上四个方面我们不难看出，在翻译过程中，对原文的正确理解已远不是单纯的语言问题。语言是文化最为重要的载体，文化又是语言的主要内涵，语言和文化密不可分，相互依存，这给译者带来了很大的挑战。由于文化存在差异，在一种文化里不言而喻的东西，在另一种文化里译者却需要花费很大力气来解释。更为重要的是，初涉翻译者往往意识不到这种差异的隐蔽性，从而造成译文不能很好地传达原文的思想风貌，这就给不谙源语文化的译入语读者带来理解上的障碍甚至误解。所以，译者不仅要熟练掌握双语，更要做一个真正意义上熟悉双语文化的人。译者虽然仅靠课堂所学不能掌握两种文化，甚至终其一生也难以做到，但必须养成从文化差异角度看待翻译活动的意识，从而沿着正确的方向努力提高翻译能力。

三、翻译教学中译者的跨文化意识的培养

翻译课程的教学目的主要就是培养和提高学生的翻译能力。尽管英语专业的学生在初级阶段已进行了大量的英汉互译实践，但在此基础上如果他们只强调语言对比，并以此指导实践，则未免流于肤浅，难以激发自身的学习兴趣，也不能真正有效地培养和提高其翻译能力。语言学研究表明，语言不是孤立存在、自足发展的符号体系，而是与其所存在的文化系统紧密相关的。虽然我们在语言符号的各个层次上，如词素、词、词组、句子、话语，都已进行了比较充分地对比研

究，并提出了一些切实可行的翻译技巧，如词类转换、减省增益、正说反译、抽词拆句，然而，更多含有浓厚文化色彩的语言符号是远非只靠某种技巧就能在译文中得以传达自如的。王佐良教授曾说过："翻译者必须掌握两种语言，但是，不了解语言当中的社会文化，谁也无法真正掌握语言，可以说，翻译教学中只进行语言对比，而不进行社会文化对比，是无法真正搞好翻译教学的。"所以我们不仅要注重训练学生的语言转换能力，更要时刻注意培养学生对语言中所包含的文化差异的敏感性，并针对不同的文化差异采取适当的手段加以处理。在跨文化交际中，人们倾向于借助母语的语言规则、交际习惯、文化背景及思维方式来表达思想。跨文化交际的难点在于交际双方对不同文化背景、价值观念等方面意识的缺乏。所以培养跨文化意识能够帮助译者提高对文化差异的敏感性，增强译者对文化共通之处的把握，从而促进两种文化的相互理解，使交际活动和谐、顺畅地展开。

（一）跨文化意识与翻译教学

教育部颁布的《高等学校英语专业英语教学大纲》对教学原则做出这样的规定：在专业课程教学中要注意培养学生的跨文化交际能力。这种能力除包括正确运用语言的能力外，还包括对文化差异的敏感性、宽容性以及处理文化差异的灵活性。而翻译教学作为以双语（如英语和汉语）的转换为主要内容的学科领域对文化传播更负有直接的责任。跨文化意识的培养对于翻译教学具有比一般外语教学更为重要的意义。在翻译过程中，译本的可信度和被接受程度很大程度上取决于译者的跨文化意识，即译者对源语和译入语这两种语言在文化上的细微差异、完整性与多样性的感知。

（二）翻译教学要有明确的目的性

长期以来人们一直有种错觉，认为翻译课就是要教会学生翻译，培养译员甚至翻译家。我们不排除课堂走出翻译家，但应该清楚的是翻译教学的目的是让学生了解翻译，认识翻译，具备基本的翻译理论，为今后的发展奠定基础。教学实践证明，翻译学习者切不可期望通过一两年的翻译课就成为一名好的译者。目前由于目的不明确，培养方式就发生了错位，学生则把翻译课当成了培训班，开始大量的翻译练习，期待能从翻译课上掌握一些字词的翻译，掌握几条技巧，就可以"登台献艺"了。学生对教师讲授的翻译过程、标准、原则以及原作、译者和译作之间的关系毫无兴趣，却希望走出翻译课堂就成为地地道道的译者，这显然是不切实际的。

（三）课程设置方面的改革

我国高校英语专业本科独立的翻译课一般在三、四年级开设，每周开课两节，总课时往往不足 70 学时。由于翻译需要较为均衡的中英文水平，并涉及许多其他门类的知识。因此，学生要在如此有限的时间内对这门学科有个全面的认识，了解一定的翻译理论知识，并接受系统、正规的训练，在实际翻译能力上获得显著的提高是不现实的。迫于无奈，许多翻译教师都将本该是双向的英汉、汉英翻译课简化为单向的英—汉翻译课。即便如此，教师还是没有足够的课时来讲授常用的翻译技巧，更不用说将双语对比研究的范围扩大到文化因素的对比研究，并提出解决问题的办法以提高学生的跨文化意识了。

要解决翻译教学课时不足的问题，最直接的办法就是适当增加课时，使翻译课得到与其学术重要性和实际运用重要性相对应的重视。但据笔者所知，本科教育由于公共课所占课时比例过大等原因，要做到这一点还有很大的障碍。一个较为可行的办法是各科教师协同合作，向学生传授较为系统的文化知识，以弥补翻译课时之不足。但这涉及各科教材（精读、泛读、文学、听力）编写者的跨文化意识、各科教材相互协调及相互配合等复杂问题，短期内实施的难度较大。

（四）翻译教学方法的改革

由于英汉两种语言之间的巨大差异，我国翻译课的教材和课题教学大多遵从传统的教学模式，即把重点放在语言的讲解上。从理解的角度讲，教师会帮助学生理解难懂的词语和句子结构等；从翻译技巧的角度讲，教师会着眼于句子结构和篇章逻辑的分析与转换。这样做无疑会帮助学生提高语言能力和掌握某些具体的翻译技巧，但是这没有将翻译活动提升到跨文化交流以及翻译理论与翻译实践相结合的高度，难免有"一叶障目"之感，忽略了翻译的精髓。在翻译教学过程中，教师要有强烈的跨文化意识，不但要注意语言知识和翻译技巧的讲授，以及这两种语言所反映的文化背景，而且需要培养学生，使其具有敏锐的观察力、理解力以及灵活的表达力和创造力。为了弥补目前大多数教材没有将跨文化意识贯穿整个编写过程的不足，翻译教师在布置课外练习时一方面要让学生使用讲授过的技巧，另一方面要让学生时时牢记翻译的最终目的，以调动并提高译者对两种语言和文化的理解和运用能力。翻译教师要力求不断改进教学方法，以新的思维、新的理论和观点去熏陶学生，注重学生在翻译中创造能力的培养，使学生既打好语言和翻译基础，又拓宽思路、扩大视野，毕业走上工作岗位以后能够具有一定的创新能力。此外，教师在重视全译研究和能力培养的同时，还要培养学生的"变译"能力，包括编译、摘译、译述、译写、述评、综述等能力，这是提高翻译质量、充分利用国外信息资源的必由之路。

（五）培养学生尊重语言文化差异的意识和正确处理文化因素的能力

跨文化翻译涉及异域文化，异域文化都有着自己的本质特征和不同的文化样式，因为不同的语言或文化在哲学观、思维方式、词汇的文化内涵、句法特点、交往规则等方面都存在着一定的文化差异，正是这些差异决定了各民族文化的特殊性。在跨文化翻译活动中人为地夸大或缩小文化差异都是不可取的，都不利于人类文化的平等交流与发展。因此，我们要建立文化差异的概念，尊重文化差异的存在，从多角度、多方位来认识不同文化的差异性，从差异出发，寻找人和文化的共同习俗，彼此适应，互相理解，寻求共同拥有的"话题"，走出跨文化翻译的误区，建立对话式的跨文化翻译模式。

"归化"与"异化"是跨文化翻译中处理文化因素的两种策略，这一直是翻译界争论的焦点。异化派主张保留源语中的异质成分，即"异国情调""洋汁洋味"；归化派则认为将源语中的异质成分转换成译入语中相应的表达法，即"入乡随俗"。其实，"异化"与"归化"并不矛盾，不应该互相排斥，二者应该是互证、互补的，它们是跨文化翻译中相辅相成、互为补充的两种策略。从功能上看，归化式翻译使读者更好地理解译文，可以更简便地达到交流的目的；异化式翻译可以更多地吸收异域文化的因素，从而丰富译入语文化。在跨文化翻译中，译者应该根据不同的交际目的，针对不同的读者群，采取相应的策略。在译介异域文化时，译者要注意自己的双重道德义务：一是忠实于异域文化；二是要维护自己的意识形态以免给译入语文化造成不该有的侵犯。培养跨文化意识不但可以克服民族文化自恋情结，借助异域文化的营养成分来构建民族本土文化，而且可以避免极端的民族中心主义，避免盲目地排斥异域文化，并可以杜绝"语言称霸"和"文化强权"等现象的滋生。

翻译教学应以文化传递为己任，培养学生的跨文化交际意识，使他们在英汉互译中排除文化差异的干扰。因此，在翻译教学过程中，教师不能只是传授一般的翻译技巧，或只是做机械的练写，而是要教会学生从文化内涵的角度来分析作品、理解作品，并且懂得英汉文化的差异及其语言表达上的不同，不断地向学生传播社会文化背景知识，使其较系统地了解哲学、历史、文学、艺术、宗教及风俗习惯、礼仪交往、衣食住行等方面的知识，提高其跨文化交际意识。只有这样才能从根本上提高学生的文化欣赏与鉴别能力，提高学生的翻译能力和跨文化交际能力。

第二节　翻转课堂在英语翻译教学中的运用

一、什么是翻转课堂

翻转课堂有很多名称，诸如颠倒教室、翻转教学、颠倒课堂、翻转学习，其实它们的意思都一样。到底什么是翻转课堂呢？这是从英语"Flipped Classroom"

翻译过来的术语，一般被称为"翻转课堂教学模式"。

传统课堂教学模式中，教师在课堂上讲课，讲完后布置课后作业，让学生在课外练习。与传统课堂教学模式不同，在翻转课堂教学模式中，教师制作教学视频，学生在课外观看视频中教师的讲解，主要在课外完成知识的学习，课堂则变成了教师与学生之间、学生与学生之间互动的场所。课堂上教师主要通过组织答疑解惑、交流讨论、知识运用等活动帮助学生完成知识的习得，从而达到更好的教学效果。通过图9-1所示的教学结构变化比较图我们能更清晰地看到翻转课堂与传统课堂的区别。

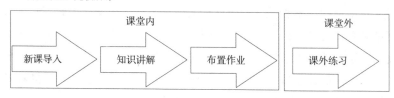

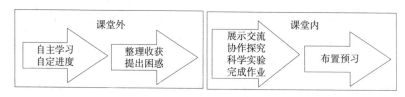

图9-1 教学结构变化比较图

因此，所谓翻转课堂就是教师制作教学视频，学生可以在课外观看视频中教师的讲解进行学习，回到课堂上与教师、同学面对面交流和完成作业这样一种教学形态。

乔纳森·贝格曼和亚伦·萨姆斯通过下面的问答使我们更加准确地理清翻转课堂的含义。

1. 翻转课堂不是什么

不是在线视频的代名词。翻转课堂除了教学视频外，还有面对面的互动时间，学生与同学和教师一起发起有意义的学习活动。

不是视频取代教师。

不是在线课程。

不是学生无序学习。

不是让整个班的学生都盯着电脑屏幕。

不是学生在孤立地学习。

2. 翻转课堂是什么

是一种手段，增加学生与教师之间的互动和个性化的接触时间。

是让学生对自己学习负责的环境。

教师是学生身边的"教练"，不是在讲台上的"圣人"。

是混合了直接讲解与建构主义的学习方式。

是学生缺席课堂，但不被甩在后面。

是课堂的内容得到永久存档，可用于复习或补课。

是所有的学生都积极学习的课堂。

是让所有学生都能得到个性化教育的课堂。

二、翻转课堂的兴起

翻转课堂起源于热衷于创新的美国。早期的翻转课堂实践和研究，主要是在高校中进行的。最早开展翻转课堂研究工作的，是哈佛大学的物理教授埃里克·马祖尔。为了让学生的学习更具活力，他在 20 世纪 90 年代创立了同伴教学法（Peer Instruction）。埃里克·马祖尔认为，学习可以分为两个步骤：第一步是知识的传递；第二步是知识的吸收内化。传统的教学重视知识的传递，却往往忽视了知识的吸收内化。实验证明，同伴教学法恰好可以促进知识的吸收内化。在传统的讲授式教学过程中，知识信息的流动是单向的，既缺乏师生之间的互动，又缺乏学生与学生之间的交流。而同伴教学法讲究的是同类人即学生之间的学习互助，马祖尔将此法应用于物理教学，通过小组内学生对物理概念意义的讨论，使学生参与到教学之中，成为积极的思考者，以此促进学生对基本概念的理解以及解决问题的能力的提高。随着信息技术的发展，计算机辅助教学形式出现了，知识传递的问题已经很容易解决了，所以马祖尔认为，教师的角色完全可以从演讲者变成教练，从传授者变为指导者，教师的作用在于指导学生的互助学习，促进学生对知识的吸收内化。

2000 年，莫林拉赫、格伦·普拉特和迈克尔·特雷格拉发表了论文《颠倒课堂：建立一个包容性学习环境的途径》。文中谈到了美国迈阿密大学在开设"经济学入门"课程时采用翻转教学（当时称为"颠倒教学"或"颠倒课堂"）模式的情况，并着重谈到了如何使用翻转教学激活差异化教学，以适应不同学生的学习风格。不过，文中并未正式引出"翻转教学"和"差异化教学"这些概念。

J. 韦斯利·贝克在 2000 年第十一届大学教学国际会议上提交了论文《课堂翻转：使用网络课程管理工具（让教师）成为身边的指导者》，文中提出了让教师成为"身边的指导者"，替代以前"讲台上的圣人"，一时之间这成为大学课堂翻转运动的口号。教师使用网络工具和课程管理系统以在线形式呈现教学内容，将其布置给学生学习作为家庭作业，然后在课堂上教师更多地深入参与到学生的主动学习活动和协作中——这便是贝克在论文中提出的"翻转课堂模型"。

2000 年秋季学期，威斯康星大学麦迪逊分校在一门计算机课程中进行了翻转教学改革，使用了 eTeach 软件进行流媒体视频（教师讲解与 PPT 演示结合的视频）演示，以取代教师的现场讲座。放在网上的讲座视频允许学生在有空并且最细心和注意力最集中的时候观看，同时还允许学生和教授用上课时间解决问题，增加师生之间的互动，这极大地提高了课程的应用性、便利性和价值。

2007 年，杰里米·斯特雷耶在博士论文《翻转课堂在学习环境中的效果：传统课堂和翻转课堂使用智能辅导系统开展学习活动的比较研究》中论述了翻转课堂在大学的设置情况。作者在自己讲授的统计和微积分课程中，把教学内容录制为视频作为家庭作业分发给学生观看，课堂上再利用在线课程系统 Blackboard 的交互技术，组织学生参与到项目工作中。杰里米·斯特雷耶在论文中谈到学生们会控制正在观看的视频，因此能保持机敏地接受新信息。

我们可以看出，早期的翻转课堂实践，是在高等教育阶段的某一学科开展的初步尝试，希望借助于视频帮助学生学习知识内容。从另一个侧面来说，早期的翻转课堂实践尝试更多的是一种计算机辅助教学形式。其蕴含的教育理念——促进学生之间互助互学、增加师生交流互动、促进学生对知识的吸收内化，与以后发展的翻转课堂的教育理念之间是一脉相承的。

三、大学英语翻译教学中应用"翻转课堂"理论的作用分析

翻转课堂理论的最大优势就在于让学生说了算，这不仅符合教学改革的方向，同时也是英语翻译教学的必然要求。在教学过程中实施翻转课堂理论，能够有效地弥补以往英语翻译教学中缺乏实践教学这一不足。因此，完善翻转课堂教学思路，大大丰富了教学内容，完善了教学体系，对教育和人才培养工作的推动发挥了重大作用。翻译具有的实践性较强，学习者只有经过长期的躬身实践，并反复反思总结经验，才能保障自己具备胜任翻译活动的能力。翻转课堂的核心功能就是通过学习者的自主学习更新其认知结构，提高其社会实践能力，理论上为两者的结合提供了可能。

首先，随着大学英语翻译教学体系的不断完善，如今这一平台体系能够实现学生的自主学习、测验，同时可以完成与学生和教师之间的友好沟通的，达到了完善教学理论、提升学生学习积极性和主动性的目标，有效地解决和弥补了以往英语实践教学的问题和不足。其次，"翻转课堂"教学理论是一种全新的教学理

论。将其与大学英语翻译教学相结合，是教学活动的一次创新和发展，更是对教学改革的大胆尝试。随着教学要求的不断提高，如何激发学生的积极性和实践主动性就成为教学的焦点和核心。实施"翻转课堂"教学理论能够将课堂教学的核心由教师转为学生，课堂教学互动模式的创新和发展能有效解决以往英语翻译教学中学生积极性不够、与社会实践需求相脱节的问题。最后，将该理论融入课堂教学，能有效地推动大学英语翻译教学活动的开展，同时更能通过经验分享和模式探索，为其他学科教学活动的有效开展发挥重要作用。可以说，这一课程的构建可以实现专业人才的培养目标。

（一）实施翻转课堂具有很强的现实意义

翻转课堂采用先学后教的教学模式，利用信息技术设备，学生在上课前进行知识的自主学习，而把课程知识的应用与探究放在课堂上。学生在课前进行学习时，对于课件或教学视频中的难点可以通过反复观看进行理解，遇到疑问时也可以记录下来在课堂上向教师提出，或者直接通过网络向教师提问，从而让教师有针对性地备课。课堂上教师除了对难点进行答疑解惑之外，也会组织学生进行知识分享和小组讨论等互动活动，这样不仅加强了师生间的沟通，也提升了学生在课堂中的参与度，促进了英语教学效果的提升。

（二）翻转课堂符合英语翻译教学的特点

由于英语翻译课程具有很强的实践性，学生只有在大量的实践中才能逐渐积累翻译的技巧和经验，提高翻译能力，而仅靠课堂短暂的教学时间很难促进学生翻译能力的提升。目前的翻译教学主要教授具体的翻译技巧和应对具体问题的具体翻译方案，在教学方式上仍然保持着传统课堂中的直线型教学模式，完全以教师为中心。这种教学模式往往会导致翻译专业毕业生的综合知识存在局限性，而且翻译的实践通常也会受到教学上的翻译知识积累的限制，这就使学生缺乏面向市场服务的翻译意识。实施翻转课堂后，教师可以利用课堂时间组织学生进行英语的表达和互动活动，学生可以获得大量的翻译实践机会，从而逐渐积累翻译的技巧和经验，提高翻译能力。因此，实施翻转课堂的教学模式符合英语翻译教学的特点。

四、"翻转课堂"在商务英语翻译教学中的应用思路分析

（一）探索全面完善的"翻转课堂"应用思路

想要将翻转课堂理论与该教学模式紧密融合，需要根据目前"英语翻译"课程的相关要求，设置符合"翻转课堂"教学理论的教学计划和内容。教师要通过充分结合"翻转课堂"理论的一系列具体要求，设置以培养学生知识储备、实际

应用、岗位要求能力为一体的教学结构，通过课堂教学的灵活实用特色，达到大学英语翻译课程对人才的衡量标准与客观要求。

（二）结合教育技术的创新与发展，融入全新的教学元素

大学英语翻译课程在应用"翻转课堂"教学理论时，要充分借鉴视频资源、语音课件等一系列能有效补充传统教学内容的素材，增加学生对英语翻译实际应用的印象和认知。各高校的英语翻译教师要通过分析这一教学理论的应用背景及现状，结合本专业人才培养的客观要求，创新大学英语翻译课程开展形式，以教学资源的丰富、教学形式的创新弥补以往教学过程中社会实践相对不足的问题，从根本上实现课堂教学的价值和意义。

（三）完善教学反馈机制，提升学生的学习成绩

以往整个教学活动都是以教师为主导，学生缺乏应有的积极性和主动性。因此，结合本课题所探索的教学思路和模式，大学英语翻译教学率先应用翻转课堂教学理论，通过教学互动反馈机制的有效完善，从根本上实现学生学习成绩的提升和综合能力的显著提高。

（四）结合教学要求，设置切合实际的课堂教学方案

结合现阶段社会实践对大学教育的具体要求，根据相关教学理论，我们应该设计满足大学英语翻译"翻转课堂"教学的相关模式。我们还要通过理论教学与社会实践教学的充分融合，实现教学模式的创新与发展；也要通过探索翻转课堂教学理论与大学英语翻译融合的思路与模式，发挥学生的实践性与主动性，从而有效培养人才，达到课程教学的预期目标。

五、大学英语听力翻转课堂教学模式设计

（一）课程开发

这是整个课堂的基础，是翻转课堂成功与否的关键，主要由教师来完成。国内英语教学轻视翻译，大学一、二年级学生普遍没有掌握好翻译技能，甚至还没有入门，教师在课程开发过程中就要着重考虑学习者的现有认知结构，以及其对新知识、新技能的同化能力，然后选择难度适中、略高于学习者现有认知水平的段落原文为学习者设计合理的学习方法。在有条件的情况下，教师还要精心制作学习视频供学习者观看学习。视频涵盖段落翻译解题的整个过程，包括每个细节。学习内容和学习方法都要结合视频、文档、演示文稿、电子书包、网络、计算机、手机等媒介来掌握。

（二）学习先行

学习先行，即学生的自主学习发生在课前和课始。得到教师开发的好的资源

后，学习者应该主动积极自主学习。学生可以通过观看学习视频、学习文档、演示文稿掌握初步的段落翻译技能；遇到难以理解的地方时可以反复观看学习，也可以选择与同学或教师进行交流，最终理解掌握这一知识点；如果有不能解决的难点，可以留到课堂上，在教师的帮助下解决。在学习过程中有困难的学习者，可以通过 QQ 群、微信群或微博等网络媒介与教师进行即时交流，同时，教师也可以对学习者的学习过程起到一个督促的作用。

（三）课堂内化

传统的课堂教学模式将学习先行纳入课堂教学活动，师生共同面对崭新的知识。师生与生生交流、协作的活动形式可以重点解决学习者在自主学习过程中遇到的疑难问题。教师的引导可以强化翻译知识，使其条理化、系统化，并能帮助学习者形成新的知识结构，然后促使学生将翻译知识转化为实践能力。

（四）评价反馈

评价反馈主要是对学习者已完成的学习效果进行科学有效的评测。教师通过布置段落翻译来检测学生对应段落翻译的能力提升情况。评价反馈的主要目的是监测学习效果，包括学习者对段落翻译概念和应对步骤的把握，以及其翻译实践操作的能力；同时，评价反馈也可以检验教师的教学效果、课程开发质量和课堂内的引导效果。

（五）研讨总结

研讨总结主要是指总结成功经验，发现其中存在的不足并找到应对策略。研讨总结不能只由任课老师一个人完成，应在其他任课教师和学习者的共同参与下完成。教师除了总结反省自己的整个教学过程，还要吸收其他教师和学习者的反馈信息，这样才能全方位地对整个段落翻译的翻转课堂进行把脉，形成全面、科学、有效的教学反思，以有针对性地优化整个教学方案，提升下一节的教学开发。

在上面的五个步骤中，翻译课程开发需要教师在了解学生水平的基础上独立完成，课前自主学习需要学习者在教师提供的段落翻译资源的基础上独立完成，剩余的三个步骤则需要教师和学习者的密切配合才能完成。在整个教学过程中，学习者占主导地位，教师则起到辅助和引导的作用，这不仅有助于提高学习者的翻译实践能力，而且有助于发展教师的翻译教学能力。

第三节　专门用途英语（ESP）与英语翻译教学

搞好专门用途英语与英语翻译教学的关系是提高翻译专业性的重要举措，也是培养适合时代需求的翻译人才的重要方式。本节首先对专门用途英语的发展进行阐述，其次对专门用途英语翻译的必要性进行总结，并在此基础上结合专门用途英语翻译的目标对其职业化前景进行展望，最后探究现代翻译技术在专门用途英语翻译中的应用。

一、专门用途英语（ESP）的产生和兴起

作为一个新兴的英语语言教学领域，专门用途英语的产生和发展时间并不长。国内外专家普遍认为专门用途英语产生于 20 世纪 60 年代。它的出现并非偶然，而是社会、经济、文化综合作用的结果，是历史发展的必然产物。下面我们就专门用途英语的起源展开研究，并从中找到当代专门用途英语教学的有关启示。

（一）社会发展的需要

英语语言的推广和使用源于英国海外殖民的扩张。在英国对亚洲、非洲、美洲众多国家和地区长期的殖民统治期间，英语成为殖民地的官方语言。虽然许多殖民地后来从英国的殖民统治下独立了出来，但是英语在这些国家和地区的"统治"并没有完全销声匿迹。许多国家虽然重新使用了本国语言，但是英语作为第二语言在民众中的使用率还是非常高的，如马来西亚、印度等国。还有一些国家甚至直接把英语当作本国语言，如澳大利亚、加拿大等国家。这些国家现在大多都是全球经济、科技发展的中心，想要和这些国家在各项领域中加强来往，我们就必须使英语的学习提升一个高度，即提高专门用途英语的水平。

第二次世界大战以后，美国和西方各国经济、科技、文化等领域飞速发展，世界经济空前繁荣，各国之间的交往十分活跃。作为这一时期经济、科技的先锋，英、美等一些发达国家对经济全球一体化进程的影响重大，同时这也促使英语成为世界各国融入经济全球化的关键。这一点激发了各国人民学习英语的强烈愿望。随着各国间经济、科技交往的日益深入，专门用途英语教学这个旨在满足学习者特殊需求的新的教学概念应运而生。它有效地解决了专业或职业领域内的英语交流问题，满足了人们在各行各业中对英语的需求。

进入 20 世纪 70 年代，世界石油危机的产生对英语向全世界的进一步普及起到了重要的推动作用。对石油的需求使石油输出国和英语发达国家之间的交流密切而频繁。这些盛产石油的国家为了赚取更多利润需要迅速提高英语水平。这使专门用途英语在这些国家迅速得到普及。

到了 21 世纪，国际社会对外语人才的需求趋向多元化。很多企业对于只有英语一项技能的人员需求减少，而对"专业＋英语"这类复合型人才的需求量大大增加。以我国为例，许多本科毕业生在经历了十几年的学习之后英语依然停留

在一个较低的水平。他们仅仅能够阅读一些简单易懂的文章，却不能解决具体的、专业的问题。因此，在社会需求的巨大压力下，专门用途英语教学正越来越受到人们的重视。

（二）语言角色的转变

全球经济一体化开展的同时，英语教学也经历了一场变革。传统的英语教学在于描述语法，教授一些通用英语。以往的学习者常常把学习英语看成一种身份的象征，或者他们学习英语是为了欣赏一些外国作品。学习者对英语并不是直接的、必然的需求，而日益紧密的经济文化交流让英语学习者感到英语在不同的领域中存在着很大的差异，以前学习的通用英语并不能够解决专业领域中的实际问题。那些需要通过英语进行学术研究的学者、希望和外国进行贸易往来的商人都希望能够掌握相关领域的英语以达到目的，这为英语教学提出了新的课题。人们逐渐认识到英语教学不应该再像描述语法那么简单，而应该走向实用。这种认识和人们面对的实际需求加速了专门用途英语教学的产生。

（三）教育心理学的促进

教育心理学的发展对专门用途英语的兴起和发展起到了极大的推动作用。这一时期人们认识到学习者学习兴趣和学习需求的重要性。学习者对于英语的需求千差万别，而传统的一般用途英语教学显然不能满足学习者的特殊需求。例如，在语言教学过程中，教师如果对所有学习者统一教授基础英语，学习者很容易产生厌倦情绪。但教师如果在分析了学习者的需求和兴趣之后，针对不同学生开设与其兴趣、需求相关联的课程，选择合适的教材和教学内容，则会事半功倍。学习者的这种学习动机决定了其学习态度，更决定了其学习效果的好坏。因此在 20世纪 60 年代，西方的一些发达国家掀起了一场专门用途英语的教学和研究活动。

二、专门用途英语翻译的必要性

对专门用途英语翻译前景的探究是以其必要性为基础的。大体上说，专门用途英语翻译的必要性主要表现在以下两个方面。

（一）社会发展的需要

在国际社会趋于一体化的今天，随着国际交流的增加，社会对单一技能型人才的需求逐渐下降，而对综合性英语人才的需求不断提升。这就要求大学英语教学必须重点培养学生的综合素质，让学生在掌握专业知识的同时掌握专业英语技能，以便他们未来的深入学习和职场就业，满足社会需求。同时，跨文化交际的发展也对交际人员的英语翻译能力提出了具体的要求。因此，结合专门用途英语的相关概念和英语翻译人才的具体需求，培养专门用途英语翻译人才成了为社会输送更多优质专业翻译人才的保证。社会发展对专门用途英语翻译的需要是其存在的基础。

（二）翻译行业发展的需要

随着时代的进步，翻译越来越向着专业化和实用化的方向发展。新时代的译者不仅要掌握传统的翻译知识和翻译技能，还要尽可能地了解所涉领域如法律、医学、商务、科技、旅游的专业知识和语言特征。有学者统计称，这类实用性文体翻译在翻译实践中所占的比例高达96%。因此，当今的翻译市场需要大批既有较强外语应用能力又了解某些学科专业知识的复合型翻译人才。可见，进行专门用途英语的翻译是翻译行业发展的必然趋势，翻译行业的发展需要大批翻译工作者勇往直前，这样他们才能在翻译市场占据一席之地。

三、专门用途英语翻译的职业化发展趋势

翻译既是一种交际活动，也是一种职业。可以说，翻译活动存在的前提是其实用性。随着专门用途英语理念的兴起，翻译职业化的趋势更加显著。方梦之教授指出，翻译的职业化是"在市场经济的条件下，由权威的机构（国外通常是翻译协会）导向并监管、以职业翻译为主体、有信息技术支撑的翻译行为过程"。但需要指出的是，专门用途英语翻译的职业化并不是一蹴而就的，需要在众多机构和学者的努力下，形成良性的翻译职业环境。具体来说，专门用途英语翻译的职业化的实现需要做下面一些努力。

（1）建立专门的翻译组织。专门用途英语翻译的职业化需要有一定的组织作为保障。

（2）完善资格认证制度。专门用途英语翻译对译者的专业化水平有着极高的要求，因此完善相关资格认证制度能够在一定程度上保证译者的专业素质，对于翻译市场的管理也有着重要的作用。

（3）规范翻译标准。在国际化交流中，译者可能面临的翻译问题比较复杂，这也对译者提出了更高层次的要求，为了提高翻译的有效程度，规范相关翻译标准十分有必要。

除此之外，专门用途英语翻译对译者的专业素质、职业素质、道德水平也有具体的要求。这些素质和水平的提高都有利于我国专门用途英语翻译职业化的实现，最终促进社会的发展，满足社会对翻译人才的需求。

四、专门用途英语的翻译教学对策

（一）提高专门用途英语教师的素质和能力

专门用途英语的课程特点对英语教师提出了新的要求以及知识和能力方面的新的挑战。专门用途英语的特点决定了该课程的教师必须既掌握基础英语，又比较了解对应的专业领域知识。教师面临从普通语言教师向专门用途英语教师的角色转变，要适应新角色带来的新要求，最重要也是最难的一点就是要了解教学所涉及的专业领域，具有必备的专业知识，满足学生的需求。这是因为就某一方面的专业知识而言，学生往往比语言教师的知识更广泛。此外，由于翻译教学同样重要，教师还应具备较全面的翻译理论知识和较强的翻译实践能力，了解专门用途英语专业文件的一些特点，如句子和用词直接简洁、明白准确。针对这些特点，在翻译过程中译者应多使用被动语态，一般使用现在时，注重使用长句，注意结构清晰明了，避免使用陈腐成语，删除多余繁杂词语，明确重点信息，合理使用衔接词以及合理使用编号。由此可见，提高专门用途英语教师的专业素质和能力十分必要。

（二）改变传统教学模式，发挥学生主观能动性

专门用途英语的翻译教学模式改革势在必行。在翻译教学模式中，传统教学以教师为中心，教师是课堂的指挥者、控制者，也是课堂的主体。如果教师讲解太多，学生就很少有实践和发表意见的机会，这样的传统教学在客观上忽视了翻译活动实践性较强的特点，没有充分发挥学生的积极性，导致其学习兴趣减少，课堂教学效果不佳。"授人以鱼不如授人以渔"，教师要考虑学生的需要，增强学生的参与意识，为其提供参与机会，激发学生的创造性思维。课堂讲解要精练，教师要鼓励小组学习，使学生在学习中取长补短，互相学习。教师对学生的译文进行评价时要以肯定为主，对学生的进步要及时中肯地进行表扬，积极评价优秀译文，发挥学生的主观能动性，培养其主动探索、认真研究、勇于创新的精神。

（三）改进教学模式，提倡自主学习

随着互联网的迅速发展，翻译教学也可以充分发挥互联网的优势，既可以在课堂进行，同时也可以在计算机网络环境下进行。《大学英语课程教学要求》中指出："新的教学模式应以现代信息技术，特别是网络技术为支撑，使英语的教与学可以在一定程度上不受时间和地点的限制，朝着个性化和自主学习的方向发展。"我们从此要求中可以看出，翻译教学可以充分利用网络优势，教师可以用课件或者其他形式发相关的翻译理论、技巧、范例及布置翻译作业，并且灵活地对学生进行辅导，及时讲解学生不明白的翻译问题等。学生在自主学习时也可以浏览翻

译课件，完成并上交教师布置的作业，及时获得教师的详细评价。

这种充分利用网络环境的翻译教学方法，不仅克服了翻译课时间不够、练习不多的难题，还丰富了教学内容，进一步促进了师生之间的互动，对于提高学生的翻译水平起到了很大的作用。

总之，翻译是大学英语教学的重要组成部分。专业用途英语翻译与传统翻译的不同之处就是前者要求英语教师不仅仅应该具备较丰富的翻译理论知识和较强的翻译实践能力，而且应该具有相应的专业知识。教师要改进传统的教学模式，强调学生的重要性，提高学生的翻译积极性，同时也要利用互联网，鼓励学生进行自主学习。

五、现代翻译技术在专门用途英语翻译中的应用

科学技术日新月异，在这个"信息爆炸"的时代，传统的以纸、笔、词典为工具的纯手工翻译已经难以满足不断增长的市场需求。在追求高效、高质译文的市场驱动下，现代翻译技术应运而生。

（一）现代翻译技术简介

"现代翻译技术"概念广泛，可以是翻译实务、翻译研究、翻译教学中使用的和可能使用的各种技术的统称，具体来说它可以是软件，可以是语料库，可以是在线翻译服务。王涛、鹿鹏将翻译技术分为四大类，即机器翻译工具、计算机辅助翻译工具、一般工具和电子资源。

机器翻译（machine translation），又称"自动翻译"，是利用计算机将一种自然语言（源语言）转换为另一种自然语言（目标语言）的过程。机器翻译具有重要的实用价值，从早期的词典匹配，到词典结合语言学专家知识的规则翻译，再到基于语料库的统计机器翻译。随着计算机计算能力的提升和多语言信息的爆发式增长，机器翻译技术逐渐走出象牙塔，开始为普通用户提供实时便捷的翻译服务。

计算机辅助翻译（vomputer aided translation，CAT）与计算机辅助设计（CAD）类似，能够帮助译者优质、高效、轻松地完成翻译工作。它不同于机器翻译，不依赖于计算机的自动翻译，只是借助翻译软件的某些工具，如翻译记忆工具、术语管理工具、对齐工具，由人工来完成整个翻译过程。常用的计算机辅助翻译软件有国外的 Wordfast、STAR Transit、SDL Trados、Heartsome 以及国内的朗瑞CAT、雅信 CAT、爱译智能 CAT。与纯人工翻译相比，计算机辅助翻译质量相同或更好，翻译效率可提高一倍以上。

根据王涛、鹿鹏的观点，一般工具指的是那些虽然不是专为翻译工作者设计却每天、经常或偶尔被翻译工作者使用的软件，如文字处理软件（Microsoft

Word）、文本对比工具（ExamDiff）、图像编辑软件（Photoshop）。

电子资源包括电子词典、电子百科全书、语料库、搜索引擎。使用电子资源的一个重要环节是检索，即要从海量信息中搜索翻译工作者所需要的信息。这里重点介绍一下搜索引擎的功能，它可以帮助翻译工作者解决很多问题。首先，搜索引擎能快速有效地提供某些专业名词如人名、地名及公司名等的对应翻译，这对一些在字典中无法查到的冷僻的名词的翻译尤其有帮助。其次，搜索引擎能提供丰富的背景知识，为翻译提供相关素材，缩短翻译的时间，提升翻译的质量。此外，搜索引擎还能帮助译者确定更为地道的译文，许多表达方式都有一语多译的现象，译者运用一般的工具书无法确定哪种表达方式更为准确和地道，而搜索引擎的使用能恰到好处地解决这一问题。例如，"温室气体排放"有两种译文："greenhouse gas emission"和"greenhouse gas discharge"。我们在"百度学术"中分别将两个英文词组进行搜索后发现，前者有 250 000 项匹配项，而后者有 137 000 项，而且前者多出现在英语国家研究者的学术论文中，而后者主要是被亚洲国家研究者使用。因此，我们可以判断前者更为恰当和地道。

最近几年，翻译语料库的建立和使用也为翻译实践提供了一些便利。张培基指出："翻译的过程是正确理解原文并创造性地用另一种语言再现原文的过程，大体可分为理解、表达和校核三个阶段。"在理解阶段，翻译语料库能够帮助译者确定原文词汇语义韵、作者语义韵及原作风格，从而提高理解的正确性，为译文的忠实性提供前提保证；在表达阶段，通过语料库检索平台的同义词、近义句、词语搭配、句型比较等，译者可获得大量的参考词汇、语句及表达法等，使译文的输出更精确、更地道；在校核阶段，译者可利用翻译评价系统，对自己的译文进行量化分析，通过数据比较发现译文的不足并加以润色、完善。

我们还认为，无论是一名职业翻译工作者还是工作中会用到翻译的其他行业人士，都应该掌握一些基本的翻译技术，合理利用这些工具能够给人们的工作和生活带来许多便利。

（二）现代翻译技术在专门用途英语翻译中的应用

专门用途英语相比于通用英语，具有更强的专业性和针对性，其语言体系有着一定的特殊性，主要体现在词汇量大、句法结构复杂、用词精准、语法严谨等方面。然而，正是因为这些特点，译者在翻译过程中会经常用到一些固定的专业术语、重复的短语和相同的句式结构，这就给现代翻译技术的运用提供了巨大的空间。

现代翻译技术被应用到专门用途英语翻译中是一大进步，可以大大提高专门用途英语翻译的效率。例如，谷歌研发的机器翻译软件，每天接受的翻译指令相当于全球一年的人工翻译量。可见，现代翻译技术已经成为一种不可逆转的趋势。专门用途英语的翻译工作者必须掌握信息与通信技术，重点学习并熟练使用计算机辅助翻译工具和各种网络资源，这样才能提升专门用途英语翻译行业的生产力。

第四节　多媒体技术与英语翻译课堂活动的开展

一、多媒体技术与翻译课堂

多媒体技术出现之后，教师将其用于翻译课堂上，可以使课堂变得生动，内容丰富多彩，师生互动、文本与译者互动增强。

对于知识要点的讲解，在传统的课堂上，教师要一条一条地写在黑板上，占去了不少本来就有限的课堂时间，写完之后还得费力地擦黑板，弄得教室里粉笔灰飞扬。课件幻灯片的切换使一切变得轻松起来；设计美观的幻灯片使学生的注意力很快被吸引到前方。他们也用不着对有些教师潦草的板书猜来猜去，这样也使教师讲课衔接得很自然、流畅。生动的幻灯片加上教师的讲解，不仅给学生生动的听觉影响，而且还带来生动的视觉影响。听觉方面除了有教师的讲解外，还有设置的声音或下载的背景音乐；幻灯片设计美观，色彩搭配协调，图片生动有趣，动画效果特佳，光线柔和适中，可以让学生在汲取知识的同时，获得美好的视觉享受。幻灯片比起白纸黑字来，丰富生动得多。

但是教师在利用多媒体课件上课的时候，一定不要省略讲解，不能以幻灯片简单地替代黑板。幻灯片的内容不要全是文字，教师可以将其设计成美术字，也可以给文字加上色彩，加下划线，或加粗、倾斜。除了文字上的变化以外，教师还可以根据内容的需要，配上背景音乐。但这一切不能取代教师的讲解和课堂的互动，而且这一切都只能作为教学的辅助手段。

多媒体课件运用于翻译教学，对翻译教师提出了很高的要求。一是制作课件是一个非常辛苦的过程。如果事先已有电子文本，教师就会省去文字输入的麻烦。一个图像和一段声音的下载也会花费大量的精力和时间，如果遇到网络不好的情况，花费的时间就更长了。二是即使有了课件，教师的讲解也不能被省去。因此，教师要对所讲的内容烂熟于心，切不可边看讲稿边讲解。

二、多媒体技术在英语翻译教学过程中的作用

素质教学背景下，改变传统的教学理念和教学模式，对于提高学生的兴趣、

发挥学生的主动性有十分重要的作用。在英语翻译教学中，教师要不断创新教学模式，比如在课堂上创设一些有趣的情景，让学生带着好奇心走进课堂，给学生更多主动参与的机会，从而加强学生对各种英语翻译技巧的理解和运用。具体来说，多媒体技术对英语翻译教学的作用主要体现在以下几个方面。

（一）有助于进行情景化教学

英语翻译教学常常需要用到情景教学法，教师要将各种抽象的知识转化成情景内容，使学生对各种知识的理解更加透彻。为了创设情境，很多教师借助多媒体技术，将一些英语翻译技巧用简洁的电子课件展示出来，借助英语视频，让学生体会到英语文化，从而实现情景化教学。

（二）使各种教程变得更加形象

传统的课堂教学是依靠黑板粉笔来完成的，在一定程度上具有局限性，尤其是对于高校教育而言。对学生实践能力的培养是高校教育的目标，理论化教学会导致各种学习素材比较死板，不够形象生动。多媒体教学模式以及各种视频资源的应用，使英语翻译教学变得更加容易，学生在娱乐的过程中进行学习，践行寓教于乐的理念。

（三）便于学生学习

多媒体教学模式的应用使学生的学习习惯渐渐改变。在信息化时代背景下，英语翻译教学也需要结合现代化特征、多媒体技术以及网络信息技术，提供更多便于学生自主学习的素材。多媒体技术的应用使学生能够更加轻松地学习各种知识，教师还可以为学生提供更多的电子课件和一些英语学习资源，逐渐改变学生的学习方式。

除了以上的几个方面，多媒体技术的运用还可以改变传统英语翻译教学模式以及激发学生对于英语翻译的学习兴趣，具体来说有以下几方面。

1. 多媒体网络资源可以改变传统的大学英语翻译教学模式

首先，在教学内容上，多媒体与网络技术的引入使传统的教学模式转向了教师精讲和学生多练。翻译是大学英语教学中的一个重要部分，因此，教师应该根据教学大纲的具体要求，通过集体讨论的方式来确定精讲翻译理论和技巧，为学生提供统一的理论框架。教师也可以根据学生的特点和学校的具体情况进行发挥，设计题材、体裁形式多样的翻译练习。

其次，在课程建设方面，高校要及时补充、更新翻译素材库。翻译是一项跨文化的交流活动，具有很强的实践性。只有通过大量的翻译实践归纳出的基本理论，才能上升到理性认识，并反过来指导翻译实践活动。翻译素材要紧跟时势，能够反映当代社会的各个方面，其难度要体现层次性。并且，教师还可以发挥学生的主观能动性，指导学生根据自己的兴趣、专业收集翻译素材，扩充素材库。

这既保证了授课内容的统一性，又为教师的个性化授课提供了空间；既充分发挥了教师和学生的智慧和力量，又避免了人力、物力和教学资源的浪费。有条件的高校还可以自制课件和素材库，进行大学英语的课程建设改革。

最后，在教学手段方面，教师可以按照课堂讲练结合、课外及时辅导的策略来提高学生的整体英语学习水平。传统翻译教学中，教师讲得过多，而学生练得较少，因此，学生处于被动接受者的位置，难以对课堂提起兴趣。所以，课堂内讲练结合很有必要。在练习的基础上，教师首先引导学生去归纳相关的翻译方法与技巧，然后再给出论述，从而把学生从被动的接受者变为主动的参与者。学生课外练习时，教师无论是从相关技巧上，还是从个人经验和方法上，都要给予及时的辅导。这对学生将会产生积极影响：一来可鼓励并帮助学生解决疑难问题，使他们产生积极的学习情感；二来也可对练习过程进行监控，尽量防止学生互相抄袭译文或胡乱拼凑交差了事。教师还要根据学生的练习情况，及时调整、更新课件内容。

2. 多媒体和网络技术教学可最大限度激发学生的学习兴趣

首先，网络教学手段创造了一个师生间接互动的学习环境，这种学习环境有效降低了学生由于直接面对教师而可能产生的紧张感。因此，教师就可以把先前课堂上讲授的部分内容作为翻译教学模块并将其放到校园网上，让学生自主进行学习。此外，教师还可以有计划地加大练习难度，加强学生对英美文化、跨文化交际等各方面的了解，开阔他们的眼界。而学生则能够通过在校园网上阅读中英文文章，学习自行翻译以及仿照原文的方式写作，逐步提高自己的阅读、翻译及写作水平。

其次，各高校可以直接使用与教材配套的多媒体教学光盘。不过由于各校生源、设备等具体情况并不一样，而且配套光盘大多缺乏系统的翻译教学内容，因此教师因校制宜地制作多媒体课件是十分必要的。多媒体课件的制作应该以教学目标、教学过程、学生的知识水平、教材内容及教学媒体为基础，以互动性为原则，以培养学生自主学习能力为目标，确保不同层次的学生在翻译能力方面得到充分的训练和提高。据此设计的翻译教学模块要尽量利用图片、声音、动画甚至视频影像对学生的大脑形成多种感官刺激，把抽象的内容形象化，使许多难以理解的翻译理论变得生动有趣。这种翻译教学模块既可以对英汉互译的常用方法和技巧进行归纳和讲解，又可以针对句、段、篇和文体补充相关的中国文化与西方社会文化常识，使学生较为系统地掌握翻译的基本常识。教师可以针对各层次的学生设计多个链接，在课堂上由教师指导或学生自主选择翻译内容，这有利于改善传统的英语课堂氛围，有利于营造栩栩如生的外语环境，增加英语学习过程中的习得成分。

最后，网络提供了强大的检索功能，使学生能高效地检索和获取校园网上的翻译素材库，这样学生就成了中心。他们如果是医学院的学生，就可以选择医学材料进行翻译练习；他们如果对科技感兴趣，则可以练习科技翻译。这样学生就可以根据自己的专业和兴趣爱好等选择不同的翻译练习，使自主学习成为现实。而且，网络的交互性功能为学生提供了更为开放的互动对话环境，使教师与学生以及学生与学生之间能够在课外及时交流。一方面教师能够及时掌握学生的练习情况，并可以对学生进行"手把手"式的指导；教师也可以及时发现学生翻译练习中的典型问题并传播给所有学生观看，从而有效地保证了学生学与练的效果。此外，网络环境下的英语教学资源丰富，过程开放，形式多样，为广大的学生创造了更好的语言学习环境，并能够帮助学生终身学习。这种教学模式恰恰符合人文主义教育和素质教育的要求。

三、多媒体技术与英语翻译课堂教学有效结合的方法

（一）PPT 课件教学法

教师可以在英语翻译课堂教学中采用 PPT 课件展示的方法进行教学，进而实现多媒体技术与翻译课堂教学的有效结合。传统的教学环境下，教师通常会将教学内容编制成教案，上课时，教师会按照教案上的内容进行讲解，遇到重点以及难点的内容，教师会在黑板上写板书。这样虽然也可以实现教学内容的讲授，但是由于教案在教师自己的手中，所以学生不能很好地了解教师的教学思路，稍微一走神就可能导致教学内容的遗漏。同时这种板书的形式也会耽误大量的教学时间，进而降低教学效率。倘若教师可以将教学思路以及教学重难点以 PPT 课件的形式展现给学生，这不仅可以激发学生的学习兴趣，还可以提升课堂的教学效率，可谓一举多得。

（二）情景设置教学法

传统的教学环境下，教师大都直接进行教学内容的讲解，缺乏一定的导入环节。在多媒体技术的参与下，教师可以对学生采用情景设置的教学法。即在课堂教学活动正式开始之前，教师先利用多媒体软件播放一段关于本节课教学内容的视频或者是一些知名的翻译视频，吸引学生的注意力，进而将学生的思绪由轻松、欢愉的课外引导到翻译教学的氛围中来。另外，教师也可以通过利用多媒体软件随机找出一段文字，找学生进行翻译的方式进行情景设置。这样一来，一方面可以起到教学导入的作用；另一方面，可以起到锻炼学生口语表达能力的作用。

（三）开放式教学法

传统教学环境下，大都是教师讲课、学生听课的教学模式。多媒体环境下，

我们可以采用开放式教学法进行教学，即学生讲、教师听的教学模式。一方面，这种教学模式可以凸显学生在课堂教学活动中的主体地位；另一方面，它可以提升学生的实践能力。例如，在讲解一节新的教学内容之前，教师可以将学生分成不同的小组，然后每个小组的学生需要完成课件制作、课堂讲解以及课后习题设置等方面的内容，最后教师进行讲解，这种新颖的教学模式不仅可以激发学生学习的自主性以及积极性，还可以加深学生对于学习内容的印象。

四、用多媒体技术进行翻译教学，促进学生自主翻译学习

彼得·纽马克（Peter Newmark）是英国著名的翻译理论家和翻译教育家。他提出："要想通过教学使人成为出色的翻译家就像企图通过教学让某人成为语言专家一样困难。你所能做的只是给学生一些启示、一些实践。作为教师，你可以激起学生的兴趣与热情，从而引导他们通过自身的努力去提高水平。"从这段话中不难看出，纽马克所倡导的是一种以学生为中心的翻译教学模式，与传统的以教师为中心的教学模式不同。这种模式要求赋予学生更多的自由以及自主选择的权利。

（一）培养学生的自主学习意识，鼓励学生自主学习，充分发挥个人能力

笔者曾对所任教班级的学生的英语学习情况进行问卷调查，发现学生学习缺乏自主性，只有23%的学生会制订学习计划，而其中能坚持实施的仅有12%；自主学习的学生所占比例不足25%。因此，培养学生的英语自主学习能力十分必要。许多学生除了上课及完成教师布置的作业外，不知道如何安排自己的时间。教师可以引导学生收集各种相关辅助学习资料，可以给学生提示收集资料的途径（例如，可以上某些英语学习网站查找，可以利用图书馆的馆藏资料），也可以向学生推荐一些辅助学习书刊、英语翻译学习网站。同时，教师还要教会学生利用在线词典、翻译软件与翻译网站、机器辅助翻译。

（二）重视教师的引导以及与学生的互动

在多媒体翻译教学中，我们应通过多媒体演示再现课文内容，并通过与课文主题相关的报刊资料、影视片段以及网络资讯的多维、立体、动态和真实的画面、情境，为学生提供充分、真实和多样化的语言输入，激发他们积极参与交际活动和体验教学过程的兴趣并给学生充分的语言表达机会，强调意义的重要性和语言的流畅性、交际性。而教师则扮演监督、支持、鼓励和帮助的角色。口译和笔译都可分小组进行，口译或小组翻译文本都可被上传到班级网络公共空间或 BBS，供全班同学和老师审阅、评判，学生可以利用多媒体与参考翻译文本进行比较。这样可以让学生自我对照，在轻松愉快的氛围中发扬优点，改进不足。

（三）强调学习策略的培养

教师还要有计划地加大练习难度，加强学生对英美文化、跨文化交际等各方面的了解，开阔他们的眼界。学生则能够通过"网上阅读中英文文章—学生自行翻译—与他人的优秀译文（或参考译文）进行对比并讨论"的方式写作。举一个简单的例子：把"She is a man"学生普遍译成"她是个男人"，却想不到将其翻译成"她不像个女人"。实践证明，翻译教学要取得实效，关键在于让学生进行大量的课堂练习和课后练习。学生掌握一些基本的理论和技巧，具备一定的翻译能力，才能为其将来在实际工作中进行应用打下良好的基础。教师还要指导学生注意英汉句式的表达习惯的不同。如：英语多用长句，多用被动语态，多用无灵主语等。在英汉互译过程中学生应注意这些英汉差异，才能译出地道的译文。

（四）多媒体网络技术能提供智能化的评价和测试方式，学生可随时检查自己对翻译知识的掌握情况

据了解，目前高校的多媒体教室、现代教学资源中心与电子阅览室等使用的多媒体计算机硬件大多来自广州卓越、蓝鸽和浙大方圆。教师如果使用这些具有计算机终端的系统，以校园网的服务器为依托，并辅以相应的多媒体课件制作软件，就能够基本满足大学英语翻译教学的要求。

第五节　学生自主学习能力的培养与网络教学

一、网络课程与学生的自主学习能力

教师除了课堂上采用多媒体技术授课以外，还可以通过制作网络课程给学生一个自主学习的平台。

在这个网络课程平台上，教师可以将电子教案、学生的练习、自制的课件和其他丰富的学习资源上传上去。在课外时间，学生可以根据自己的学习兴趣进行自主学习；通过博客和聊天室，教师也可以在网络上解答学生在自主学习过程中提出的问题；学生之间也可以相互讨论问题。这样既可以有利于教师因材施教、个别辅导，又可以培养学生的自学能力，扩大学生的学习视野，让其从网络这一渠道获取知识，使学习不受时间和空间的制约。对于某些作品，学生可以看到不止一种文本和译本，这样，他们就可以去比较和鉴别。随着时代的发展，他们也可以通过网络搜索新词的表达方式。学生也可以通过搜索与各地的翻译公司取得

联系，为自己进行翻译实习牵线搭桥。同时，其译作可以不受地域限制，被发往各地的翻译公司，这就使翻译这门实践性、时代性很强的课程有了与实际结合的条件，使这门课程的教学与实际紧密结合了起来。学生也可以通过网络了解翻译的动态、行业规范、人才需求状况，为自己的就业做好准备。因此，网络技术为翻译教学提供了丰富的资源和信息，网络技术的应用可以有效地提高翻译教学的质量，使翻译教学与实际翻译能真正结合起来，使学生看到翻译课堂以外的世界，增强学生学习的动力。

二、网络翻译课程自主学习环境的有效构建

自主学习环境是为自主学习的开展而建的，网络翻译课程的有效实施则依赖于自主学习环境的创设。可以说，网络翻译课程和自主学习环境相互促进、相互构建。自主学习环境的构建必须以学习者主动、积极、超越性的学习活动为依据，而网络翻译课程的教学效果则以学生自主学习评估的信度和效度为依据，因此从课程需要和学习环境出发，网络翻译课程的自主学习环境创设应该从以下几个方面入手。

1. 翻译自主学习策略的导入

网络翻译课程是网络课程，也是自主学习课程。网络环境下，使用学习策略的意识越强，自主学习的过程就越完整，其效果也就越好。在课程之初教师起主导作用，有必要通过线上或者线下对学生介绍必要的自主学习策略，帮助学生适应非传统翻译课堂的教学模式。自主学习策略的引入有助于学生对自主学习的理解，减少学习过程中的焦虑，保持学习热情和动力。学习策略得当有助于促使学生在学习上的成功。同时翻译课程的性质也决定了它与其他课程的不同，教师应该针对翻译课程的特点积极引入翻译自主学习策略，明确学习目标，解决翻译理论学习和翻译实践中出现的问题，提高学生的翻译能力。教师要通过对翻译自主学习环境的创设，培养学生自主制定学习目标、学习计划、学习方法，培养他们翻译的意识以及使用相应翻译自主学习策略的意识并使学生灵活运用各种学习策略。

2. 翻译自主学习内容的导向

网络翻译课程的学习内容是课程的核心灵魂。教师要以学生为中心，应充分考虑学生的个体差异、考试需求以及就业方向，最大限度地调动学生的学习积极性，以学生为主体进行翻译教学。自主学习中的理论环节的内容不仅要涵盖书本知识，也要通过网络资源拓展与翻译有关的课外知识，注重知识的更新，这样可以让翻译的教学内容和教学手段紧跟时代发展的步伐，朝着职业化方向发展。在

网络翻译课程的实践练习中，自主学习的内容应该包括利用信息技术和数据库的功能实现翻译技能的专业化、多元化、职业化，把学生知识、能力结构的广度与深度结合起来，实现相关专业与翻译专业之间的复合、交融与渗透，培养符合市场要求的翻译人员。校本网络翻译课程改变了传统的课堂教学，整体上都属于自主学习，但课上的自主学习有时间限制，课程内容也不能忽视网络课程之外的自主学习内容。

3. 翻译自主学习评估的导出

校本网络翻译课程的评估是检验课程学习效果的重要依据。评估形式包括形成性评估和终结性评估，翻译能力的提升是一个循序渐进的过程，这门课程的评估更侧重于形成性评估而不是终结性评估，这更有助于学生增强自主学习能力，调控学生学习路径。评估的形式应该是多维度的，这门课程的评估不但要考核学生对翻译知识的习得，还要关注学生在自主学习过程中运用的学习策略、掌握的翻译技能以及表现出来的相应的情感、态度、合作精神。教师和学生都是评估的主体，多主体的交互式评估以及同主体的互相评估都有利于翻译教学质量的提升和教学方法改革。教师可以通过评估掌握学生的学习动态，了解学生自主学习能力，也可以根据评估结果调整教学计划、改进教学方法，完善校本网络翻译课程的教学形式和内容；学生在评估中可以增强学生间的合作意识与参与意识，总结知识、发现问题，调整自主学习策略，培养自我监控能力、自我评估能力，提高语言运用能力。

三、翻译自主学习能力培养的教学策略

自主学习理论强调以学生为中心，学生不再是被动地接受知识，而是在教师的引导下，在自己原有知识的基础上主动地建构知识；教师不再是课堂学习的中心，而是学生学习的引导者、组织者和督促者。翻译学习的最大特点在于专业知识性强、知识量大、实践性强。翻译能力的发展是个长期的、动态的过程，需要学习者充分掌握自主学习模式，明确学习目标，承担学习责任，重视知识积累，在市场的指导下，通过任务学习、真实项目、小组合作等方式培养自主学习能力和翻译能力。

（一）制定学习目标：以市场为导向

自主学习要求学习者制定学习目标，选择学习内容。作为实践性很强的项目，翻译学习目标和内容的制定必须与翻译实践相结合，以翻译市场为导向。

翻译工作是一个高度专业化的职业，是一项高度创造性的劳动，而且市场真正需求的是能确保翻译质量的高素质翻译人才。以翻译市场为导向能让翻译学习

者了解真正的市场需求，在教学实践中教师应注意培养学习者的市场适应能力、翻译项目求职与管理能力、人际交往能力、团队协作能力、心理素质等，才能够使学习者胜任未来的工作。

（二）承担学习责任：以学习过程为中心

传统的以教师为中心的翻译教学法，偏离了素质教育的轨道，不利于培养学生的创新能力以及独立发现问题、分析问题和解决问题的能力。建构翻译能力的教学方法，必须要打破以教师为中心的传统培养模式，充分发挥学习者的自主性，鼓励学生的创造性。教师应当充分认识自己的角色，教师不是教学的中心，而是扮演引导、组织、参与、评价甚至是中介的角色。

交互式教学法、过程教学法、翻译工作坊教学法、模仿真实情景法都是以发展翻译能力为目的、以学习过程为中心的新型教学方法。教师对学生不再是单向式的知识传播，这些新型教学方法是以学生为中心的互动教学，注重培养和发展学生的翻译能力。教师具体可以采取以下方法：①有针对性地布置翻译任务；②对译文进行翻译讨论批评，在这一过程中内化翻译要求，规避翻译错误；③接受真实的任务，合作翻译；④让用户评价；⑤根据用户反馈组织讨论、总结，将翻译理念和技巧融会贯通。

（三）创建学习环境：以真实情境为依托

建构主义代表乔纳森认为："知识来源于环境的交互作用，学生不是通过教师的传授来获得知识，知识必须通过学生的主动建构才能获得。"翻译活动离不开一定的情境，旨在培养翻译能力的翻译教学应尽量创造真实的翻译活动情境，将翻译活动可能涉及的市场需求、委托人、翻译团体、翻译技术融入课堂。

翻译研究者普遍认为，相关的情境和社会文化背景有利于帮助学习者扮演认知主体的角色，并通过构建意义获得知识。因此，翻译训练和培养的最重要的一个方法是建立真实的翻译情境，帮助学习者构建意义。翻译情境涉及翻译客户或委托人、译者、校审，如果可能，还有目标语用户甚至目标语读者，这些角色都可以在课堂中展现。真实情境项目教学可以帮助学习者发展适应市场发展的决策、评估、资源利用和分配等能力。真实情境项目教学还可以帮助学习者了解翻译团体和翻译协作对于职业翻译阶段的重要性。

（四）翻译教学方法的转变

由于翻译需要处理的信息量大，译者需要掌握的知识和能力非常多，教师应在翻译教学中强调学生课下自主学习的重要性和必要性，促使学生基于现有知识背景，主动建构知识。自主学习模式对教师角色和能力的要求会更多，教师除了是知识的讲授者外，还应该是学习活动的组织者、学习者的学习活动顾问、学习者学习效果的评估者、教学材料的开发者等。除课堂的讲授、讨论和评估外，课外学习也很重要，它是课内教学的延伸。教师要发挥引导者、督促者、评价者的作用，给学生推荐阅读和翻译任务，并定期组织阅读、写作、文化知识、翻译等竞赛，检测学生的知识积累、掌握及灵活运用的情况，并把学习任务完成和活动参与情况纳入平时成绩。

（五）合理使用翻译技术

在自主学习模式中，合理利用学习工具是必不可少的。计算机技术和网络资源是信息量最大、最便捷的语言教材，是可以充分利用的最佳翻译学习环境。在培养翻译自主学习能力过程中，教师应适当培养学习者使用翻译技术的能力。正如诺德主张，为了更好地提高学生的综合素质，至少还需要关注教学过程中的技术能力。需要侧重提高处理稿件和时限紧迫等特殊问题的能力、做好前期准备工作的能力、研究相关技术的能力、把握翻译过程的能力，以及通晓职业操守、翻译市场行业指导和统一监管机制的能力。当前，很多学校已经开始建立翻译实验室，配置 Trados、雅信 CAT 等人助机译或机助人译软件。翻译教学如果仅仅培养基础性翻译人才是远远不够的，因为市场需要的是高端专业性翻译人才。在建构翻译能力过程中，教师有必要积极引导学习者熟悉翻译软件，多渠道创造学生与业界接触的机会，千方百计传授相关行业知识，从而综合提升学生的技术能力和翻译能力。

四、翻译教学中学生自主学习能力的培养途径

（一）重视知识积累的自主学习

翻译教学中，教师应强调学生课下自主学习的必要性和重要性，倡导学生自主阅读，促使学生基于现有知识背景主动建构知识。阅读是学生拓展知识、储备语料、培养语言综合能力的重要手段。在自主阅读过程中，学习资料和知识信息的来源不再仅限于课堂教师的讲授和学生手里的几本教科书。学生可充分利用图书馆、资料室和网络资源等现代科技工具丰富自己的课外阅读，接触尽可能多的真实自然的语言材料。为了培养学生的语言感悟能力，教师可给学生推荐适合的中外名著、报纸杂志等读物。学生可以通过博览群书来增长见闻，掌握中外语言词汇的正确用法，积累经典句式。通过这些丰富的语言信息，学生可以感受不同文体的遣词、行句和谋篇方式，了解东西方思维、语言文化差异。同时，课外学习是课内教学的延伸，教师要发挥引导者、督促者、评价者的作用。教师可以要求学生写读后感，做读书笔记，记录背诵阅读过程中发现的经典的词、句、段并定期交给教师检查，以此了解学生阅读后的体会和收获。教师也可组织阅读、写作、文化知识等竞赛，检测学生知识积累、掌握及灵活运用情况，并把学习任

完成和活动参与情况纳入平时成绩。翻译测试也可增加对学生语言文化知识的检测，促使学生重视知识积累的自主学习，对自己的学习负责。

此外，观摩比较也是一种行之有效的知识积累学习策略。教师可鼓励学生多看名家名译，看一些翻译批评与赏析之类的书籍，对照原文，对比分析别人翻译的范文，并与自己的译文进行比较，学习别人的长处。观摩比较不仅可以积累语言文化知识，还可以增加学生的翻译知识，提高其翻译能力。

（二）发挥网络科技优势，加强翻译实践

翻译教学不能脱离实际，抽象的理论、技巧只有融入实践之后才能被掌握。因此，教师应给学生加大翻译练习量，让学生接触真实的翻译任务，引导学生开展课外翻译实践自主训练，最大限度地增加学生参与实践的机会。

计算机网络的普及使交流和信息的获取变得愈加容易，网络因此也成为学生完成自主学习的得力助手。翻译教学中，教师可结合翻译理论的讲解，每周以电子邮件的形式发给学生一篇长度适中的篇章练习，让学生课后完成。翻译材料的题材、文体尽量多样化，实用性强，难度适中。实践训练中，教师可采用工作坊形式，把学生分成几组，每组组员先独立完成作业，全部组员译完后在小组内进行讨论分析，最后小组组长代笔定稿。以小组合作的方式开展实践活动，有助于学生从同伴中汲取素养，增强学生学习的积极性、自觉性、创造性，增进他们之间的合作交流。在作业完成过程中，除了纸质工具书的使用，教师应鼓励学生充分发挥网络信息资源优势，利用网络钻研学习。网络资源是最新、最地道、最丰富的"语料库"，是信息量最大、最能反映语言发展趋势、更新最快的语言教材，是可以充分利用的最佳语言"习得"环境。遇到难词难句的行文表达，学生可通过网络工具查找资源，探寻答案，解决翻译疑难。

通过网络，小组与小组、组员与组员之间可完成合作、交流、讨论，或通过咨询教师，学生可以主动积极地运用所学知识完成各项任务。网络环境下加强翻译实践，不仅可以使学生的知识能力、语言转换能力得到锻炼，也使翻译实践成了自主探究的学习过程，使学生在翻译实践教学过程中提升发现、思考、争鸣、评判和构建能力并形成严谨的翻译观。

（三）利用多媒体教学，开展课堂互动

学好翻译，除了要有深厚的知识积累，进行大量的实践训练，还应学习掌握一定的理论、技巧，以减少学生翻译实践的盲目性，这一任务可以通过翻译教学来完成。由于课时有限，翻译教学应科学合理地分配课堂时间。课堂应既有教师的讲授，又有学生的参与，1课时以教师讲解翻译理论为主，1课时用于学生展示作业，开展师生互动。在第1课时，教师详细讲解翻译理论原则，对比英汉语言文化异同，介绍翻译转换策略，在讲授各种理论、技巧，演示各种例句、范文时，可利用多媒体技术的声音、图像、文本、网络等多种信息形式进行教学，以增加教学的趣味性，加深学生理解与记忆，提高教学的质量与效果。在第 2 课时，学生可用多媒体进行作业展示，便于全班直观清晰地了解整篇译文。作业展示以小组为单位，每组派一两名代表上台汇报译文完成的经过。演示译文时，学生可先介绍一下本次作业译前的资料准备，译中的分工合作，译后的讨论、修改、定稿及组内人员的参与情况，然后针对本次题材总结翻译体会、心得。这可让其他同学了解各组是如何利用所学知识、理论及现有资源工具开展翻译实践的。在作业展示过程中，教师可以开展课堂互动，师生共同探讨、分析、评判译文的优劣，这可以让学生在下一次作业中避免或借鉴。通过互动译评，教师可以引导学生运用一定的理论，客观、公正地评判译文，培养其"翻译没有最好，只有更好"的观念。教师对学生译文的精当之处应该给予充分肯定，对学生用词、行文等进行讲评时，应多从侧面展开，便于建立以学生为中心的宽松的学习氛围。比如翻译中，学生在词性转换上运用得不恰当时，教师可给出题外的例句，让学生选择译法，让其自己领悟哪种译文中词性的运用更适用于目标语。

利用多媒体课堂展示作业有利于师生互动学习，全班点评，统一更正，从而达到共同学习的目的。同时，这也可以可缓解教师批改作业的压力，让教师有更多的时间钻研教材、教法，搞好翻译教学研究。

高水平的翻译能力不是教师在课堂上教出来的，而是依靠学习者坚持不懈的自主性知识学习和自主实践培养起来的。因此，翻译教学中，注重培养学生自主学习能力，发挥学习主体主观能动性就显得尤为重要。教师应发挥好自身引导者、合作者、监督者和评估者的作用，指导学生管理并监控好自身的学习活动，使其养成自主学习习惯，学会在知识的探索过程中自己发现问题、解决问题，掌握翻译规律，构建翻译综合能力，最终达到翻译教学人才培养的目的。

参 考 文 献

[1] 许明 . 以市场为导向的应用型翻译人才培养研究 [M]. 北京清华大学出版社 ,2016.

[2] 贾岩 , 张艳臣 , 史蕊 . 跨文化翻译教学中本土化身份重构策略研究 [M]. 北京 : 清华大学出版社 ,2014.

[3] 黄勇民 . 翻译教学与研究 [M]. 上海复旦大学出版社 ,2011.

[4] 肖辉 . 语法 – 翻译教学法面面观 [M]. 上海复旦大学出版社 ,2015.

[5] 孙乃荣 . 融合与创新 [M]. 天津 : 南开大学出版社 ,2017.

[6] 李红丽 . 翻译意识培养与翻译教学研究 [M]. 太原 : 山西人民出版社 ,2013.

[7] 李冰冰 . 英语教学与翻译理论研究 [M]. 北京 : 北京理工大学出版社 ,2017.

[8] 郭建中 . 翻译 : 理论、实践与教学——郭建中翻译研究论文选 [M]. 杭州 : 浙江大学出版社 ,2010.

[9] 黄建滨 . 英语教学理论系列 : 英语语言与翻译研究 [M]. 杭州 : 浙江大学出版社 ,2016.

[10] 庄智象 . 我国翻译专业建设 : 问题与对策 [M]. 上海 : 上海外语教育出版社 ,2007.

[11] 方梦之 . 翻译策略的理据、要素与特征 [J]. 上海翻译 ,2013（2）:1-6.

[12] 方梦之 . 翻译策略的构成与分类 [J]. 当代外语研究 ,2013（3）:50-54.

[13] 祁爱玲 . 信息化条件下高校英汉翻译教学改革研究 [J]. 海外英语 ,2016（13）:63-64.

[14] 牛晓晗 . "互联网 +" 时代大学英语翻译教学改革探索 [J]. 哈尔滨职业技术学院学报 ,2017（4）:151-153.

[15] 刘涛 . 多元文化背景下的大学英语跨文化翻译教学模式改革研究 [J]. 人力资源管理 ,2016（9）:140-141.